本书是2022年北京高等教育本科教学改革创新项目"'扎根北京、文□□用型人才培养模式创新与实践"、北京联合大学"新文科应用型人□□研究"（JJ2022Z06）的阶段性成果。

新文科背景下的
新闻传播理论与实践

刘文红　罗茵◎主编

知识产权出版社
全国百佳图书出版单位

—北 京—

图书在版编目（CIP）数据

新文科背景下的新闻传播理论与实践／刘文红，罗茵主编. —北京：知识产权出版社，2024.9
ISBN 978-7-5130-9220-3

Ⅰ.①新… Ⅱ.①刘… ②罗… Ⅲ.①新闻学—传播学—研究
Ⅳ.①G210

中国国家版本馆 CIP 数据核字（2024）第 029847 号

责任编辑：王颖超　　　　　　　　　　责任校对：谷　洋
封面设计：北京麦莫瑞文化传播有限公司　　责任印制：刘译文

新文科背景下的新闻传播理论与实践

刘文红　罗　茵　主编

出版发行：	知识产权出版社 有限责任公司	网　址：	http：//www.ipph.cn
社　址：	北京市海淀区气象路 50 号院	邮　编：	100081
责编电话：	010-82000860 转 8655	责编邮箱：	wangyingchao@cnipr.com
发行电话：	010-82000860 转 8101/8102	发行传真：	010-82000893/82005070/82000270
印　刷：	天津嘉恒印务有限公司	经　销：	新华书店、各大网上书店及相关专业书店
开　本：	720mm×1000mm　1/16	印　张：	17.25
版　次：	2024 年 9 月第 1 版	印　次：	2024 年 9 月第 1 次印刷
字　数：	250 千字	定　价：	108.00 元
ISBN 978-7-5130-9220-3			

序

我国新文科建设始于 2018 年 10 月教育部等六部门印发《关于实施基础学科拔尖学生培养计划 2.0 的意见》。2019 年 4 月，《教育部办公厅关于实施一流本科专业建设"双万计划"的通知》，明确提出要推动新工科、新医科、新农科、新文科建设。近几年，国内学术界围绕"新文科"概念、内涵和建设召开了多次研讨会，各高校不断进行探索和实践。相较传统文科，"新文科"涉及科研改革创新和人才培养改革创新，这两方面都需要持续探索。

《北京联合大学"十四五"时期发展规划（2021—2025 年）》提出坚持立足高水平应用型大学学科和专业建设特点，持续深化人才培养模式改革，推动成果导向教育（Outcome Based Education，OBE）理念和"北京味道"深度融入人才培养全链条，加快推进学分制改革，健全完善本科生导师制，创新应用型拔尖创新人才培养模式，推进多学科交叉人才培养。

2022 年，在学校支持下，北京联合大学应用文理学院在多年坚持扎根京华大地办学、学科支撑专业发展、不断探索文科应用型人才培养模式创新、以"+文化"为特色深化课程思政和专业思政建设的基础上，以"'扎根北京、文化培元、集成融合'的新文科应用型人才培养模式创新与实践"为题申请并获批了北京高等教育"本科教学改革创新项目"，旨在落实学校高水平应用型大学办学定位，适应新时代对应用型文科人才综合素质、文化素养、创新意识、国际视野和现代信息技术应用能力要求不断提高的形势，建设适用性强的新文科应用型人才培养体系，提升文科专业集群立德树人成效。

我院新闻与传播系现设有新闻学、网络与新媒体两个本科专业，一直注重教育教学实践总结和改革研究，积极参与探索"'扎根北京、文化培元、集成融合'的新文科应用型人才培养模式创新与实践"，在全院率先组织教师撰写论文，汇集形成论文集《新文科背景下的新闻传播理论与实践》。这是新闻与传播系自2017年以来的第四部教育教学研究论文集，是该系将教学实践适时总结，进行教育教学理论提升的又一次实践。

新闻与传播系一直坚持将课堂教学与教学研究紧密结合，并将之常态化，引导教师及时从理论上阐释在课堂中发现的现实问题，从而解除课堂授课的困扰，教师的教学研究工作紧紧围绕自身的课堂教学来进行，关注并解决课堂教学中紧迫的、现实的问题，使课堂教学与教学研究有规律地互动，实现教学相长。近些年，新闻与传播系取得了丰硕的教育教学研究成果，也取得了良好的立德树人成效。

2017年，新闻传播学界正在讨论全媒体人才培养的相关问题时，新闻与传播系领导班子组织全系教师围绕这一问题展开讨论，并撰写系列论文，最后结集出版《全媒体新闻传播应用人才培养论文集》，对这次讨论进行系统总结。2018年，教育部提出"课程思政"这一概念，北京联合大学以党支部为抓手，在全校各专业推进课程思政，新闻学专业率先抓住这一机遇，在课程建设、专业建设中全面贯彻这一理念，组织全系任课教师围绕专业课程进行深入研讨，先后于2018年和2020年出版《新闻传播课程思政论文集》和《新闻传播专业思政的理论与实践》两部论文集，这两部论文集分别是国内新闻传播类专业第一部讨论课程思政、专业思政的论文集，出版后产生了良好的示范效应。

本次即将付梓出版的论文集《新文科背景下的新闻传播理论与实践》同样是践行"课堂教学与教学研究紧密结合常态化"的一次尝试。该论文集汇集29篇论文，有以下三个特点。一是以新文科建设为背景聚焦线上教学相关问题，主要讨论线上教学模式、教学效果改进、学生自主学习等问题。二是围绕落实OBE理念开展课程改革的讨论，主要对新闻传播类专业实践课程的改革进行讨论，具体涉及视听语言、摄影与摄像等课程，当然这些讨论的问题都来自新闻与传播系教师的真实课堂。三是关注在线教学的技术应用和课程思政。高校教师的课堂教学如果过不了互联网这一关，就过不了长期站讲台这一关，否则会被快速发展的时代所淘汰。令人欣慰的是，新闻与传播系的每一位教师都孜孜于自己所担任的课程，并愿意投入心力去钻研、建设这些课程，这是教师保持教书育人初心与使命的一种体现。

党的二十大报告对教育的发展提出了新的要求，不仅提出要"深化教育领域综合改革"，"加强师德师风建设，培养高素质教师队伍"，还提出要"推进教育数字化"，这是高校教师未来努力的方向。期待新闻与传播系踔厉奋发、勇毅前行，为落实学院的"+文化"战略、推动新文科人才培养模式创新而努力，为学校建成高水平应用型大学作出积极贡献，为首都北京及全国输送更多的城市文化传播人才。

张宝秀　李彦冰
2024 年 8 月 8 日

目　录

新文科理论探讨与实践

教学模式创新研究

课程教学改革

课程思政研究

新文科理论探讨与实践

"互联网+教育"背景下的应用型全媒体
人才培养模式探究*

高胤丰** 王 伟***

摘要： 基于互联网的教学活动已经扩展到高等教育体系中，重构了传统的教学方式。与媒介技术发展息息相关的新闻传播学科建设，更要借助互联网的优势，寻找培养应用型全媒体人才的创新路径。"互联网+专业认知"加深学生对日常全媒体的生活环境的感悟和理解，加强学生对全媒体技术本质的认知；"互联网+学习场景"从细节处提高学生的综合素质能力，如筛选能力、洞察能力、沟通能力、数据能力等；"互联网+实践平台"通过提供实践教学基地、技术设施保障、专业实践指导、作品发布机会等提升学生专业业务水平。

关键词： "互联网+教育" 应用型 全媒体人才

---

* 本文系教育部产学合作协同育人项目"网络视听内容创新生产与专业素养提升研究"（项目编号：220905242295203）、北京联合大学 2022 年度教育教学研究与改革项目"基于科教融合的广播电视学课程教学改革研究与实践"（项目编号：JJ2022Q001）的研究成果。

** 高胤丰，博士，北京联合大学应用文理学院新闻与传播系讲师，主要研究方向为网络文化、新媒体视听。

*** 王伟，新华通讯社音视频编辑部编辑，主要研究方向为融合新闻报道、新闻直播。

一、引言

现代信息传播技术的发展与升级，拓宽了人类生产与生活空间的边界。互联网不仅是人们日常生活休闲娱乐的必备工具，更扩展到人类社会的各个领域，推动新兴行业的发展，成为"驱动创新、促进经济社会发展、惠及全人类"❶的重要力量。2015年《国务院关于积极推进"互联网+"行动的指导意见》指出，互联网与各领域的融合发展具有广阔前景和无限潜力，已成为不可阻挡的时代潮流。

"互联网+教育"是指运用新的信息传播技术（ICTs）开展的基于互联网平台的新型教育互动。这类教育服务是"在线教育发展的新阶段"❷，秉持了互联网多元开放、移动互联的精神，超越现实物理空间的边界，提供了新的教育理念、教育方式、教育方法、教育手段与教育资源，同时对于高等教育结构调整及专业内核提出了新的要求。

对于新闻与传播学相关专业而言，专业属性与媒介环境要求新闻与传播学子对于新的信息传播技术具有高度的敏感性。2018年教育部、中共中央宣传部发布的《关于提高高校新闻传播人才培养能力实施卓越新闻传播人才教育培养计划2.0的意见》指出高等新闻传播教育要紧贴新闻传播专业学生成长成才需要，紧扣全媒化复合型专家型新闻传播人才培养目标，紧跟信息技术新发展和业界格局新变化，开展全方位全过程新闻传播教育质量文化建设。

在全媒体人才培育过程中，"应用"成为全媒体教育的目标导向。强调"应用"，并不是对技术的盲目崇拜，而是对传媒行业全媒体人才需要的呼应，也是对高等教育内涵式发展的响应。在"互联网+教育"的背景下，应用型全媒体人才培养也将获得新的发展机遇。

---

❶ 陈丽，林世员，郑勤华."互联网+"时代中国远程教育的机遇和挑战［J］.现代远程教育研究，2016（1）：3.

❷ 陈丽."互联网+教育"的创新本质与变革趋势［J］.远程教育杂志，2016（4）：3.

二、应用型全媒体人才培养的基础

党的十八大以来，习近平总书记多次深入考察调研，深刻洞察互联网时代的新技术、新机制、新模式，为全媒体时代和媒体融合发展指明方向。随着新技术的不断发展，新闻传播行业对于全媒体人才的需求越发明确。

新闻与传播学长期以来被视为"文科中的理科"，体现了专业自身极强的实践性。国内许多高校的新闻院系在教学模式上显现出动态特征，借鉴了"强调动手做和职业取向"的美国密苏里模式以及"培养社会主义新闻传播人才"的苏联模式。❶ 在"边学边做"中避免技术更迭与理论发展、知识结构不匹配的困局，更新知识操作体系。新闻院校的实践平台与业界保持同步，各院校依托新型平台，驱动创新发展，建立融合媒体实践基地及平台。❷

掌握全媒体技能（multi-skills）已经成为学界与业界的共识。然而，由于传媒生态快速演进，全媒体人才的能力需求具有明显的时间性与情境性，对于"核心能力"（core skills）的探讨成为国内外新闻传播学者的重要议题。美国新闻与大众传播教育认证委员会（Accreditation Council on Education in Journalism and Mass Communication）列出了新闻传播学子需要掌握的 12 项核心能力，包括写作能力、数理统计技能、思辨能力等，并着重强调利用当下适用于新闻传播事业的工具与技术，并理解数字世界。❸ 英国"国家记者培训委员会"（National Council for the Training of Journalist）的调查报告显示，新闻传播的核心技能没有变化，但是商业环境、信息技术及数字化等因素驱动了新闻传播工作方式的变化，特别是在伦理、质量控制与事实确认、数字技术、

❶ 骆正林. 我国新闻学教育模式的历史选择与当代创新 [J]. 现代传播（中国传媒大学学报），2017（8）：145-150.

❷ 高晓虹，赵希婧. 守正创新：我国新闻传播教育理念探索与实践转型 [J]. 中国出版，2020（14）：3-9.

❸ Accreditation Council on Education in Journalism and Mass Communication. Journalism and mass communication accreditation 2020-2021 [EB/OL]. [2021-01-21]. http://www.acejmc.org/wp-content/uploads/2020/10/ACEJMC_ AccreditingBooklet_ Revised-10-20. pdf.

公共传播策略、整体策划、用户关系等面向的能力需要增强。❶ 欧内布林（Örnebring）等将新闻核心技能归类为报道技能（reporting skills）、编辑技能（editing skills）、网络技能（networking skills）。❷

全媒体传播由概念进入实践阶段，不仅从操作层面对传统新闻传播工作者造成冲击，更从理念逻辑层面造成直接的影响。吴炜华等通过对传统媒体及互联网企业需求展开定性比较分析，并对相关能力重要程度进行排序，由高至低依次为个人能力与思想素质、智力素养、专业能力、新技术素养、人文与科学素养。❸ 为解决业界实际需求，新闻传播教育改革亟待解决综合能力强的应用型人才不足的问题。

"互联网+教育"从学习阶段便挪用互联网思维，嵌入多元的信息化教育技术，不断引导新闻与传播专业的学生自主认识与适应不断变化的媒介景观，理解受众/用户需求，形成创新思维与应用思维，实现学业向专业的过渡。

三、"互联网+教育"背景下的应用型全媒体人才培养模式

"互联网+教育"为教育实践提供了一种新的变革思路，促进了知识生产与传播的变化。"互联网+教育"带来的创新服务将解决深层次的教育需求和尖锐的矛盾。❹ 随着各类信息传播技术向现代化、智能化深度发展，"互联网+教育"也日益丰富，不只停留在过去在线教育平台，仍然依靠知识传播主体进行单向度的信息传递，而是更加注重作为用户的学习者的主体性及体验感。在应用型全媒体人才培养方面，"互联网+教育"更是展现出高度的协同性，具体体现在专业认知、学习场景、实践平台三个方面。

---

❶ National Council for the Training of Journalist. Emerging Skills for Journalists［EB/OL］.［2021-01-21］. https：//www. nctj. com/downloadlibrary/NCTJ%20Emerging%20Skills%20FINAL. pdf.

❷ ÖRNEBRING H, MELLADO C. Valued Skills Among Journalists：An Exploratory Comparison of Six European Nations［J］. Journalism, 2018, 19（4）：445-463.

❸ 吴炜华, 张守信. 全媒体人才之业界需求：基于定性比较分析方法［J］. 现代传播（中国传媒大学学报）, 2020（3）：154-161, 168.

❹ 陈丽. "互联网+教育" 的创新本质与变革趋势［J］. 远程教育杂志, 2016（4）：3-8.

（一）"互联网+专业认知"加深行业理解

应用型大学除了帮助学生掌握相关专业技能，更重要的是形塑学生思考与应用的能力，适应社会的变化。长期以来，新闻传播学科发展都与行业生态密不可分。应用型大学中的新闻传播院系也已形成差异化发展的初步格局，以培养出更加适配于当前传媒行业需求的人才，与全媒体传播体中央媒体、省级媒体、市级媒体、县级融媒体中心四级融合发展布局相互呼应。

在新闻传播学科的培养方案与课程体系建设方面，多数新闻院系以"宽口径、强基础"为目标，理论课程与实践课程双线并行，提升学生理论水平的同时，重视对学生专业业务能力、团队合作能力等应用能力的培养。以北京联合大学网络与新媒体专业为例，除了开设通识教育必修课程与模块化的专业课程，还有"独立设置实践教学环节"，以加强学生对全媒体技术本质的认知以及使用技能的掌握。

全媒体对于学生而言并非新鲜语汇，即使是从未接触过专业理论学习的大一新生，也能从生活经验与媒介使用经验中形成他们对全媒体内涵的想象，并且从"他者"视角审视与媒介社会的关系。要使学生真正融入专业体系与学科中，需要为其打造"网络与新媒体"的全媒体生态，将信息传播技术与课程整合在一起。

在教学设计上，教师可以将网络专业教学视为互联网项目管理，纳入构思（conceive）、设计（design）、实施（implement）、运作（operate）等方面，鼓励学生从用户视角进行信息反馈；同时启发学生以教师为示范，自主学习环节模拟互联网项目管理模式，加强学生对"全程媒体、全息媒体、全员媒体、全效媒体"的理解，同时提升学生的综合素质与能力，如组织能力、协调能力、抗压能力、时间管理能力等，促进学生的全面发展。

"互联网+教育"要求学生紧跟互联网发展的时代浪潮，在网络学习过程中深度融入互联网，审视新时代媒介环境变革、媒介技术发展、媒介样态更新、媒介受众迁移、媒介文化多元等诸多方面的变化，掌握应用技能，具备"与新闻传播实践的发展变化相适应的业务动手能力和实践创新能力"❶，同时加深学生对专业的认知与认同，明确专业定位与发展前景，更好地了解自身所处的环境与未来前景。

（二）"互联网+学习场景"提升综合素质

学习者在"精心设计"的网络中开展学习活动，获取知识、共享知识、创造知识，在参与中促进知识的自然流动。在学习的过程中，学习者的主体性与社会性得到充分凸显。作为媒介化行为的工具，信息平台允许学习者将知识获取的行为超越物理的边界。"互联网+教育"提供了不同于传统的学习场景，让知识的习得与获取具有新的媒介价值。学习资源、学习方式、学习社交、学习数据等潜移默化地提升新闻传播学子的全媒体应用型能力。

互联网集纳了文字、图像、音频、视频等全媒体形态的资料信息，能够随时随地存取且流通方便，成为信息与知识的主要载体。各类知识以碎片化的方式存储在云端，网络知识和学习走向连通，最终形成动态网络中的"知识流"。❷学生可以从互联网上筛选、寻找到自己需要的学习资源，开展学习活动。面临"信息过载"的互联网环境，新闻传播学子需要掌握媒介素养，学习如何利用现代化技术在日常媒介使用过程中进行信息筛选。对于海量"知识流"学习资源的搜寻，也锻炼了学生的"把关"能力。

得益于互联网的开放性，学生学习过程变得更加灵活，自主安排学习的时间、地点以及进度，也有助于提升学习的能动性。微课、慕课、翻转课堂等模式满足了学生随时随地学习及复习的需求。这些新型教学模式具有浓厚的互联网特性。在课程时长方面，单集视频时长一般在5—20分钟，适合学

---

❶ 中国新闻史学会新闻传播教育史研究委员会. 中国新闻传播教育年鉴（2016）［M］. 武汉：武汉大学出版社，2016：10.

❷ G. 西蒙斯. 网络时代的知识和学习：走向连通［M］. 詹青龙，译. 上海：华东师范大学出版社，2009：1.

生利用碎片化的休闲时间观看；在环节设计方面，课程视频多设置有实时检验效果的学习活动，体现了互联网的非线性、交互性。新闻传播学子在学习中可以培育用户思维与产品思维，感知当前的行业动态及产业需求，关注媒介生态的变化。

在线的学习场景还有助于形成开放的学习社交网络，促成高质量的思想对话。教师与学生之间、学生与学生之间、班级与班级之间可以在学习过程中产生持续的协同作用，对于某一个议题进行讨论，发表观点与意见，评论他人的观点，促进多方思想的交流，启发学生互相学习及主动思考的能力，避免学生闭门造车。在新闻传播学子未来的工作中，他们需要具有较强的表达能力和人际交往能力，与他人进行沟通与交流，同时具有一定的思辨性，展开媒介批判与新闻评论，并且能够将自己的观点清晰地呈现。

"互联网+"打造的学习场景还提供了基于云计算与大数据服务的教学评价，能够及时地将教师的意见以及系统分析的结果进行汇总，并反馈给学生。学生能够根据大数据统计结果的分析，发现自己知识体系的缺失与不足；同时也能够对自身的阶段表现以及与教学班的整体情况进行比对。学生能够在数据的支持下以自己的问题解决需要为中心，❶ 更加有针对性、更有效率地查缺补漏，寻找学习资源。网络教学评价有助于提升新闻传播学子的数据素养，即读取、理解、处理、分析、利用数据的能力，从而提升自身的洞察能力。

（三）"互联网+实践平台"提升业务水平

高水平应用型大学的建设，是为了解决我国在经济结构调整与产业升级过程中出现的应用型、复合型、创新型人才紧缺的问题，是教育领域人才供

---

❶ 王竹立，李小玉，林津. 智能手机与"互联网+"课堂：信息技术与教学整合的新思维、新路径 [J]. 远程教育杂志，2015（4）：14-21.

给侧结构性改革的重要内容。❶ 高水平应用型大学尤其注重产学研协同创新，❷ 与区域发展及产业紧密联系，打通专业与行业的界限。党的十九大报告中也指出要把科技创新放到重要位置，建立以企业为主体、市场为导向、产学研深度融合的技术创新体系。"互联网+实践平台"通过与各级宣传部门、媒体机构、互联网企业共建，能够为学生提供实践教学基地、技术设施保障、专业实践指导、作品发布等机会，帮助学生掌握互联网环境下新闻传播规律，提升专业业务水平。

新闻传播学的实践伴随着媒体融合传播矩阵的建设以及全媒体传播体系的完善，越来越依赖于新的信息传播技术。越来越多优质的融合新闻"爆款"登录各大新闻平台，充分发挥自身的强大舆论引导能力，成为新闻传播学子全媒体实践的示范与标杆。在内容建设方面，需要培养学生的创新能力与创造能力，在马克思主义新闻观的指导下创新生产内容与叙事方式，以优质内容为流量切口，赢得传播优势，唱响主旋律，弘扬正能量。在先进技术方面，一方面需要培养学生掌握媒体生产全流程的能力，加强先进技术手段学习；另一方面还要重视学生的创新扩散与采纳的能力，善用技术资源增强时度效。在创新管理方面，需要帮助学生着眼市场、俯身行业，熟练掌握业务模式，优化工作流程，游刃有余地开展运营工作及品牌包装，并在全媒体传播体系发生物理变化时能够参与深化机制改革，将内容市场的变化与市场需求紧密联系。

此外，"互联网+实践平台"便于邀请具有丰富行业经验的人员进行授课或开设讲座。这些人员长期工作在行业一线，对于行业前沿与发展动态有着敏锐的洞察，了解当前行业需求的人才方向，能够为学生提供精准的实践指导。同时，行业前辈的精神能够深深感染学生，培养学生的家国情怀与专业素养。

---

❶ 教育部发展规划司. 支持应用型本科高校发展有关工作情况 ［EB/OL］. ［2021-01-21］. ht-tp：//www. moe. gov. cn/fbh/live/2019/50294/sfcl/201902/t20190219_ 370019. html.

❷ 吴中超. "双链融合"应用型大学的产学研协同创新运行机制分析 ［J］. 宏观经济管理，2020（4）：44-50.

四、结语

"互联网+教育"给知识传播与学习带来了深刻变化。知识的生产、传播与分享变得更为便捷，学习者得以深入学习的各个环节，促进自身能力的提升，教育者也能够充分利用网络教学的优势，调整传统教学模式，优化教学效果。"互联网+"与新闻传播类专业有着紧密的联结，为培育应用型全媒体人才提供了成长沃土及技术支持。在新文科建设工作中，高校新闻传播教育战线应继续跟进互联网生态变革，在文科与工科、科学与艺术、智能技术与人类创新力等方面融合发展，培育适应社会进步以及行业发展需求的优质应用型全媒体人才。

新文科建设背景下新闻学专业实务专题的教学设计

杜剑峰*

摘要： 新文科建设对于高校推动文科创新发展、构建以育人为中心的发展新格局具有重要意义。北京联合大学新闻学专业在推进新文科建设中遵循守正创新、价值引领、分类推进三个基本原则，聚焦城市文化视听传播，探寻北京城市新空间，发掘"京味文化"内涵，并以文学地理学的研究视角进行北京文化主题微影像的创意实践，在发展新兴学科和推进学科交叉融合方面进行了有益探讨。

关键词： 新文科背景　学科交叉融合　新闻专业　实务专题

2020 年 11 月 3 日，由教育部新文科建设工作组主办的新文科建设工作会议在山东大学（威海）召开。会议研究了新时代中国高等文科教育创新发展举措，发布了《新文科建设宣言》，对新文科建设作出了全面部署。所谓"新文科"，就是文科教育的创新发展，培养知中国、爱中国、堪当民族复兴大任的新时代文科人才，培育新时代社会科学家，构建哲学社会科学中国学派，创造光耀时代、光耀世界的中华文化。文科教育培养有自信心、自豪感、自主性的人，产生影响力、感召力、塑造力的文化，是形成国家民族文化自觉

---

* 杜剑峰，北京联合大学教授，研究方向为影像传播、文化传播。

的主战场、主阵地、主渠道，文化繁荣需要新文科。新文科建设对于推动文科教育创新发展，构建以育人育才为中心的哲学社会科学发展新格局，加快培养新时代文科人才，提升国家文化软实力具有重要意义。

一、新文科建设推进学科交叉融合

北京联合大学（以下简称联大）新闻学专业的历史与中国改革开放的历史同向而行。联大新闻学专业诞生在北京市西城区的丰盛胡同，即创办于1978年中国人民大学分校时期，迄今已积累40余年的办学经验。自创办以来，联大新闻学专业顺应首都北京传媒行业的迅猛发展，依托自身的专业优势，形成自身的办学特色。新闻学专业曾调整为汉语言文学专业（新闻传播）方向，2000年恢复新闻学专业本科招生，2002年新增新闻学（影视传播）专业和新闻学（体育新闻）专业，2011年新增新闻学（专升本）专业，2019年调整为新闻学（影视传播）和新闻学（融媒传播）方向，迄今为社会输送了8000余名毕业生，广泛地分布在北京地区报刊、出版、电视、广播、网络新媒体、影视等相关传媒领域，成为北京区域报道、媒介沟通、社会人文建设和文化传播的重要力量；同时也诞生了一批批联大新闻学专业的知名校友，他们在北京传媒业的各个领域发挥着重要作用，其中有中国新闻奖、长江韬奋新闻奖、北京新闻奖的获得者，更有诸多活跃在媒体业界的杰出人才，从《联大走出的传媒人》一书中可窥见一斑。近几年随着外地生源的逐步扩充，已然由"桃李遍京城"扩展为"桃李满天下"。

如何建设新文科？推进新文科建设要遵循守正创新、价值引领、分类推进三个基本原则，要夯实基础学科、发展新兴学科和推进学科交叉融合。从新闻学专业到汉语言文学专业（新闻传播）方向，再到新闻学（影视传播）和新闻学（融媒传播）专业方向的调整和设立、培养方案的修订、课程体系的设置等方面，可以清晰地看出，联大新闻学专业在40余年的办学实践中始终坚持服务北京传媒业态的变化发展和北京社会人文建设，坚持学科专业交叉融合的建设思路，使新闻学专业的学生除了具备新闻传播的基本史论、实务和技能，兼具较为深厚的人文素养和文化底蕴，由此形成的专业特色和优势，能够更好地服务北京全国文化中心建设，使学生能够适应媒介融合转型需要，成为具有马克思主义新闻观、高度的社会责任感、正确的舆论导向、敏锐的社会洞察力、深厚的文化底蕴、熟练的融媒体技能、较强的创新意识、家国情怀、国际视野和新闻理想的全媒型高素质、复合应用型新闻传播人才，能够胜任融媒体和企事业单位的新闻内容生产、媒介运营管理及文化传播工作。

二、新文科建设与新闻学实务专题

实务专题教学模式研究是高校高等职业教育实践教学改革与建设的重要内容之一。受社会需求多元化影响，为培养学生创新能力、实践能力和创业精神，各学科在专升本专业中普遍推行实务专题制作课程。实务专题课程的修读，能极大地调动学生的学习积极性，提升学生的职业理想、专业能力、学习能力、创意能力、合作能力、沟通能力、收集与分类信息能力、解决问题能力、撰写文档报告和实施工程项目等关键能力。对于联大新闻学专业的学生来说，近年来，随着我国传媒事业的飞速发展，尤其是北京全国文化中心建设，作为北京市属高校的新闻学实务专题课程的教学设计、教学组织、教学保障、实施过程、交流展示、总结提升、学科竞赛、融媒传播，形成了一整套的机制和较为成熟的做法，学生在锻炼和提升专业能力的同时，更多地发掘中华文化尤其是北京文化，体验北京文化，感知北京文化，传播北京文化，从而极大地提升学生的身份认同和文化认同，增强文化自信。习近平总书记在《中央民族工作会议上的讲话》中强调："文化认同是最深层次的认同，是民族团结之根、民族和睦之魂。文化认同问题解决了，对伟大祖国、对中华民族、对中国特色社会主义道路的认同才能巩固。"❶ 对此，该课程取

---

❶ 习近平. 论党的宣传思想工作 [M]. 北京：中央文献出版社，2020：85.

得了良好的教学效果，教学成果显著，社会影响力大。

（一）聚焦城市文化视听传播

随着我们国家文化复兴助推民族复兴方针的确立，以文化支撑国家民族强盛的思想为引领，以制度为本、传统为根、价值为魂的逻辑阐述，一系列文化建设的理论与实践课题摆在我们面前。为此，应用文理学院提出学科、专业、课程"+文化"的工作思路，为推进和落实学院"+文化"这一工作特色，新闻与传播系在学科、专业、课程建设方面全方位开展理论研究与实践探索，在新闻学（专升本）专业毕业实务专题实施过程中，聚焦北京城市文化尤其是北京西山文化，开展视听传播实践，取得了令人满意的实践成果。

2016级新闻学（专升本）专业的实务专题共有7组，拍摄了8部纪录片或专题片，分别为《九州清晏》《老山密码》《贝家花园记忆》《石鱼归园记》《玉米哥的歌》《这个冷哥不太冷》《一盏社区的灯》《老伴儿》，这些作品一方面揭示和展现北京西山文化意蕴，另一方面揭示和表现在城市疏解新政策下北京社会普通人的众生百态，感人至深，催人泪下。例如：《九州清晏》以动画和沙画的形式复现了圆明园中最大的一组建筑群"九州清晏"的历史面貌和时代变迁，解读了作为国家象征的"九州"的文化内涵与历史意义，创新了优秀传统文化的传播形式；《老山密码》讲述了2000年老山汉墓发掘的始末以及2017年我校历史系在老山地区考古发现新的汉代遗迹的过程；《贝家花园记忆》重走"自行车驼峰航线"的"运药路"，以"戏中戏"的方式追忆了"贝家花园"在中法文化交流史上浓墨重彩的乐章；《石鱼归园记》以圆明园遗失的西洋楼海晏堂一对会吐水的石鱼百年沧桑回归路为线索，揭示了中华文物的历史保护和当代传承的历史命题。《玉米哥的歌》表现了外来务工人员这样普通而卑微的小人物在时代大潮里有尊严地活着；《这个冷哥不太冷》表现了地铁工作人员对平凡工作的尊重和坚守；《一盏社区的灯》《老伴儿》表现了社区生活的点滴和相濡以沫的陪伴，体现出深刻的人文关怀。

学生们纷纷表示，他们在全面检验和锻炼自身的专业能力和团队合作能力的同时，深刻地了解和体味了中华优秀传统文化和北京独特地域文化，认清了自身的责任和使命。

（二）探寻北京城市新空间

在传统的印象中，北京城市空间书写以京味文学为代表。近年来，关于北京文化的创作和作家笔下的作品表现出一些复杂的因素，地理的北京好像在创作中失去了。如果考察一下近几年有影响力的北京题材文艺作品，会发现在书写北京方面卓有成效的作家中，除了少数京籍作家如刘一达、石一枫比较活跃，很多都是"移民"，即他们并不是原本意义上的北京人，而是通过高考、工作调动等方式进入北京的"移民"，是城市的"他者"。在这些作家的笔下，原来熟悉的北京城市空间是陌生的，而他们书写的北京城市空间在老北京人的眼中，却挖掘出了新的体验与味道。2017 级新闻学（专升本）专业实务专题以北京城市新空间为题，组织学生开展微影像的创意实践，让无论是京籍学生还是外地来京的学子都能够通过自己的发掘、丈量和体悟，找寻、体验和表达出北京这座城市空间的新变化和新味道，进而深度探寻城与人、人与城的真实关系。

纪录片 Remember Me 采用"显性采访"的策略，以挖掘北京普通民众的内心世界为主题，探索他们对"人生"、"爱"与"梦想"的理解，从而引发人们对"生命价值"的深刻思考；《我们》讲述了五位即将毕业的大学生最后一次回家过寒假的故事，观众清晰地看到了他们从哪里来，带着各自的经历和创伤要到哪里去；《当我们一起走过》通过一对漂在北京的情侣的生活状态、工作状态及情感状态，形成对奋斗着的青年群体的基本认知；《我的东辛店》揭示了北京城中村村民的生存境况；《幕后》表现了明星身边的"夜之精灵"在光鲜亮丽的背后不为人知的艰辛；《和你一起飞》以皮村打工群体为切入点，表现了打工群体物质生活现状的同时，揭示了他们对精神文化的需求和渴望；《单车守护人》以共享单车的搬运工为拍摄对象，通过对单车守护人日常生活模式和生活状态的跟踪调查，探讨"北漂"在构建城市共享空间发展中所扮演的角色和拥有的地位；《三里屯的北京三联韬奋书店》表现了城市时尚空间和阅读空间的重叠和并置，并进一步上升到对当代人精神空间的探寻；《花丝奇遇》以花丝镶嵌技艺传承人作为主人公，讲述传承人与花丝镶嵌技艺的渊源和文化传统、文化传承的意义；《"心"潮儿》以花园路街道龙翔桥社区花园榜样人物为拍摄对象，表现了其在社区建设中的责任担当。

（三）发掘"京味文化"内涵

2018 级新闻学（专升本）专业实务专题的主题设计为北京"京味文化"，成果形态以纪录片和实务专题报告呈现。从 2019 年 10 月开始，学生以团队的形式围绕京味文化开展了研究与实施，从文献检索与阅读到实地调研与采访，认真思考，反复磋商，从中确立选题，确立拍摄对象，制订拍摄计划，最终通过开题答辩的题目有关注北京民俗文化的《王爷爷和他的老物件》，关注北京声音的《京响》，关注北京饮食文化的《一家一味》《守》，关注北京传统体育的《摔跤吧！北京》，关注凡俗百姓的《三伯》《熟食店老板的南口战役》，关注社区文化的《社区人物系列》，等等。

此次实务专题的作业，使学生浸润了深厚的北京文化，在谈及收获时，有的学生说："我是土生土长的北京人，但是这么多年对北京文化的理解和体味却不及此次实务专题来得深刻。"有的同学说："通过对北京文化的调研和体验，了解了北京文化的内涵，感受到了北京文化的魅力，加深了对其的自信和热爱。"有的同学说："通过此次实务专题的作业，使自己明确了肩负的文化传承和传播的责任，作为中华民族的一员，既然对中华文化可以共享，自然也对中华文化必须保护和传承。"纪录片《王爷爷和他的老物件》聚焦京味文化中的市井文化和民俗文化，以京城老物件作为物质载体，通过对其文化内涵的揭示，让更多的人感受如今"饮、食、衣、用、居"等各方面事物的根源与演变过程，了解老北京平民的智慧，在唤醒人们共同记忆与情感的同时，让京味文化得以弘扬与传承。作品以北京安定门京城老物件陈列室作为创作背景和纪录片主要拍摄地点，以陈列室负责人王金铭和他的老物件为主要拍摄对象，通过王金铭这一人物揭示出京味文化的内涵和文化传承的责任和意义。该片荣获校级优秀毕业实务专题，被选送参加了北京联合大学第九届"红黄蓝"杯影像大赛，荣获纪录片竞赛单元一等奖，同时入选中国教育电视协会高校电视专业委员会举办的"2020年高校影视作品、论文交流展映活动"纪录片类。

三、新文科建设与实务专题教学设计

联大新文科建设的全面部署是在2020年11月初正式展开的，为了贯彻落实新文科建设的要求，在新文科建设背景下的新闻学专业实务专题的教学设计进行了新的尝试和探索，采用"文科+文科"的交叉融合方式。2019级新闻学（专升本）专业实务专题的教学设计一方面继续强调价值引领，另一方面回归文学，以"文学的北京"为题开展作业，以北京的文学景观为影像的基本依托，透过实体性的文学景观进一步深入虚拟性的文学景观，从而揭示作品的文化内涵以及作者、作品与北京这座城市的关系，最终通过影像的方式将其展现与传播。

（一）文学地理学的研究视角

这次实务专题课程实践尝试从文化地理学或文学地理学等多种角度来揭示和把握这一课题。文学景观是地理环境与文学相互作用的结果，它是文学的另一种呈现，既不是传统的纸质呈现，也不是新兴的电子呈现，而是一种地理呈现。它是刻在大地上的文学。所谓文学景观，是指那些与文学密切相关的景观，它属于景观的一种，却又比普通的景观多一层文学的色彩，多一份文学的内涵。一个景观之所以能够成为文化景观，在于除了它的自然属性，还有人文属性；同理，一个文化景观之所以能够成为文学景观，在于除了它的人文属性，还有文学属性。简而言之，所谓文学景观，就是具有文学属性和文学功能的自然或人文景观。❶

作为历史文化名城的北京，有很多文学家在现实生活中留下的景观，包括作家故居、后人为他们修建的墓地、纪念馆，以及他们生前曾经光临游览和题咏过的山、水、石、泉、亭、台、楼、阁等。例如，郭沫若为中国书店、荣宝斋、四川饭店（勋贝子府）题写的牌匾和匾额等，这些都是实体性的文学景观。在北京的作家故居有鲁迅故居、郭沫若故居、老舍故居、茅盾故居、凌叔华故居、林海音故居、冰心故居、梁实秋故居、沈从文故居、丁玲故居、欧阳予倩故居、沙千里故居、田汉故居等；作家纪念馆有曹雪芹纪念馆、老舍纪念馆、纳兰性德纪念馆、郭沫若纪念馆等；作家墓地有朱自清墓、曹禺墓、萧军墓、戴望舒墓、穆旦墓等；此外尚有作家居住过的胡同，如魏染胡同（吴伟业、查慎行、邵飘萍）、东总布胡同（张光年、艾芜、萧乾、赵树理）、鸦儿胡同（萧军）、史家胡同（凌叔华、胡绳）、东堂子胡同（沈从文）、八道湾胡同（鲁迅、周作人）、西颂年胡同（叶广芩）等。许多作家笔下书写了北京这座城市的风云际会、历史际遇、文化样貌和众生百态，如曹雪芹的《红楼梦》、文康的《儿女英雄传》、老舍的《龙须沟》《茶馆》《正红旗下》《老张的哲学》、林海音的《城南旧事》、凌叔华的《女人》《花之寺》《红了的冬青》、张恨水的《金粉世家》《啼笑因缘》、林语堂的《京华烟云》、松友梅的《小额》《那五》《烟壶》、李敖的《法源寺》、刘心武的《钟鼓楼》、史铁生的《我与地坛》、刘绍棠的《运河的桨声》、徐则臣的《北上》、付宁的《什刹海》、宁肯的《中关村笔记》、刘一达的《胡同根儿》《北京爷》《京城玩家》《城根众生》《故都子民》、陈建功的《皇城根》《北京滋味》、刘恒的《贫嘴张大民的幸福生活》、叶广芩的《全家福》《采桑子》《状元媒》、邱华栋的《印象北京》《新都市人类》、李碧华的《霸王别姬》《生死

---

❶ 曾大兴. 文学地理学概论［M］. 北京：商务印书馆，2017：233.

桥》、张北海的《侠隐》等，形成语意丰富、意义多重、复杂多样的虚拟性文学景观，是取之不尽、用之不竭的文学资源和文化资源。

（二）实务专题选题的意义

为了寻找和表现"文学的北京"，学生通过文本阅读、资料搜集、案头分析、实地调研、人物专访、小组讨论以及与导师沟通等方式和步骤，确定了分组和9个选题，题目分别为《从老舍〈茶馆〉看旧京文化》《史家胡同走出的民国才女》《林海音的城南旧事》《李碧华的钟楼与历史想象》《万松老人塔下的正阳书局》《我与地坛》《北京的色彩》《寻找角落里的北京文化》《以街访形式谈北京文学》。旧京时期北京天桥一带有很多茶馆，如清茶馆、戏茶馆、棋茶馆、书茶馆等，茶馆繁多，种类齐全。老舍写于1957年的三幕话剧《茶馆》是一部具有较长时间跨度的"历史概括"，反映了当时的历史变迁和文化样貌，该剧借北京城里一个名为裕泰的茶馆在清末1898年初秋、袁世凯死后军阀混战的民国初年，以及抗日战争结束、解放战争爆发前夕三个时期的变化，来表现19世纪末以后半个世纪中国的历史变迁。《从老舍〈茶馆〉看旧京文化》试图从《茶馆》出发，探究茶馆与旧京文化的关系。《林海音的城南旧事》以探访《城南旧事》的作者林海音在北京南城的旧居为基本线索，复现她在孩提时代在《城南旧事》中的生活轨迹，借以理解和感悟作家笔下的城南味道。林海音5岁到北京，31岁离开北京，26年的北京岁月让她终生难忘，她也一直称北京是她的"第二故乡"。选题通过那一个个都已湮灭不见的曾经的居住地，试图探寻林海音在北京这座充满底层平民色彩的城市中的流离和奔波，并体悟她为这座城市增添的别致的文学风采。

北京这座有着悠久历史和深厚文化内涵的城市，本身具有巨大的想象和书写的空间，它已经超越了单纯的地理范畴里的城市概念，越来越成为一个文化符号的象征，这给李碧华提供了"超经验"写作的可能。而李碧华对北京的文学书写又反过来增加了北京的文化内涵，使这座城市变得更加丰富多彩和全面立体，这种文学与城市之间的互动是《李碧华的钟楼与历史想象》所要发掘的。《李碧华的钟楼与历史想象》选取北京钟楼这一文学景观，通过《霸王别姬》和《生死桥》对之的描述加以影像呈现，揭示李碧华的小说与文学景观钟楼的关系。

史家胡同自明朝起就从未换过名字，是北京城古老的胡同之一。在这条700米长的胡同里，众多政坛大佬和社会名流曾云集于此，从抗清名将史可法，到慈禧身边的大总管李莲英，再到民国大总统曹锟，都曾在此居住，因此它有"一条胡同半个中国"的美誉。不仅如此，这条胡同还曾走出过一位风华绝代的才女，与林徽因、冰心并称"民国文坛三大才女"，她就是中国近现代文坛奇女子凌叔华。《史家胡同走出的民国才女》讲述凌叔华出身豪门受教名师、文坛新星崭露头角、叱咤文坛才女本色、落叶归根梦幻诗人的故事。

《我与地坛》是中国当代作家史铁生的一篇哲思抒情散文，是作家十五年来摇着轮椅在地坛思索的结晶。他在好几篇小说中都提到过这座废弃的古园，实际上就是地坛。多年前旅游业尚未兴起，园子荒芜冷落得如同一片野地，这片无人问津的荒凉古园与史铁生失魂落魄的艰难处境形成某种契合。在满园弥漫的沉静光芒中，他独自一个人看到了时间，也看到了自己的身影。地坛只是一个载体，而文章的本质却是一个绝望的人寻求希望的过程，以及对母亲的思念。实务专题《我与地坛》试图用影像复原那曾经的孤寂、彷徨、失落、痛楚与奋起。

四、小结

近年来，新闻学专业实务专题的教学设计契合了国家文化发展的时代选择，契合了建设社会主义文化强国、提升国家文化软实力和北京全国文化中心建设的现实需要，是落实当下新文科建设的总体要求的路径，落实我校城市型、应用型大学的办学定位和学院"+文化"的发展特色的举措，新闻学专业的师生长期以来坚持不懈地努力践行。新闻学专业实务专题的教学设计将丰厚的北京文化作为发掘的资源，作为表达的内容和表现的对象，形成生动实践，使校园弥漫着浓郁的"北京味道"。北京文化及其内涵借助微影像获得有效传播，而微影像的创意实践也成为培养和训练传媒专业学生基本的职业理想、专业能力、媒介技能、综合素质、人文底蕴、创意思维、团队合作等方面知识、技能和能力的一种行之有效的手段。

新文科背景下高校开展科幻通识
教育的意义、机遇和策略*

金　韶**

摘要：近年来，我国科幻文学、科幻电影蓬勃发展，引起业界的关注和学界的研究，更引起社会各界对于科幻人才培养、科幻教育功能的重视。高校开展科幻通识教育，能够有力培养学生的科学精神和人文素养，激发学生的想象力和创新能力。新文科建设的理念和实践，为高校开展科幻通识教育带来重要机遇，为科幻通识教育的发展提供了新动能和新方向。高校科幻通识教育的实施策略：一是加快科幻通识教育课程的研发，二是加强科幻教育师资力量的培养，三是促进产教融合和校企合作。

关键词：科幻通识教育　新文科　实施策略

近年来，我国科幻文学、科幻电影蓬勃发展。2015 年刘慈欣的科幻小说《三体》获得"雨果奖"；2019 年电影《流浪地球》上映，开启"中国科幻元年"；2023 年初电影《流浪地球 2》上映，使《流浪地球》系列的总票房突破 80 亿元。根据中国科协的数据统计，2022 年我国科幻产业的总产值超过

---

　　* 本文系北京联合大学通识教育核心课程建设项目"科幻之光：科技和人文的奇妙结合"的阶段性成果。

　　** 金韶，博士，北京联合大学应用文理学院新闻与传播系教授，研究方向为影视传播、科幻产业。

800 亿元。❶ 中国科幻文学、科幻电影的发展，不仅引起业界的关注和学界的研究，更引起社会各界对于科幻人才培养、科幻教育功能的重视。部分高校尝试开设科幻通识教育课程，开启人才培养模式的创新实践。重视高校科幻通识教育的意义，把握新文科建设的机遇，推进科幻通识教育的实施，具有重要的时代内涵、理论意义和实践价值。

一、高校开展科幻通识教育的意义

科幻因其独特的科学精神、文化价值和未来意识，发挥着重要的教育功能。多部科幻作品入选中小学语文教材，很多中小学校将科幻影片用作科学教育的教学素材。高校是高等教育的阵地，接续中小学阶段的素质教育，为国家培养社会经济发展所需的人才。高校开展科幻通识教育，能够充分发挥科幻的教育功能，为我国科技人才、文化人才培养打下坚实基础，这也是我国建设科技强国、文化强国的战略所需。

（一）培养学生的科学精神和人文素养

一方面，科幻在内容和形式上呈现"幻"的特色，但"科"的逻辑始终是科幻的支撑，科幻的基础是"科学性"，在客观上发挥着促进科学传播、培养科学精神的作用。学生能从科幻作品中培养科学探索的精神，汲取科技创新的启发，领会科学理念和方法。另一方面，科幻既让人们感受到科技带给世界的进步，又启迪人们辩证地思考科技影响下的人类生存和未来命运，科幻的深层意义是对科技未来的哲学反思。学习和欣赏科幻作品，能提高学生的人文素养，增强学生对人类命运共同体的理解和认同。

---

❶ 吴岩，陈玲. 中国科幻发展年鉴 2023［M］. 北京：中国科学技术出版社，2023.

（二） 激发学生的想象力和创新能力

科幻是对科技进步所开创的未来的想象，想象力是科幻作品的文化内核。科幻作品中的异想天开和天马行空的想象，往往成为预见性的科学前奏。比如世界上第一部科幻电影《月球旅行记》诞生于 1902 年，领先于现实中人类首次登月的 1969 年半个多世纪。科幻能够有力激发年轻人的想象力和创造力，提高学生的创新能力，推动科学探索的进程和科学技术的进步，让科幻作品中所展现的未来场景不断成为现实。丰富的想象力和浓厚的创新精神是科幻作品的价值体现。❶ 早在 2015 年，国务院就发布《关于深化高等学校创新创业教育改革的实施意见》，提出要推进创新创业教育，培养学生的创新精神和创新能力。党的二十大报告中提出，要坚持创新在我国现代化建设全局中的核心地位。培养创新型人才、提高学生的创新能力，是高校人才培养的任务，也是创新型国家建设的需要。

二、新文科背景下高校开展科幻通识教育的机遇

2018 年教育部高教司在"四新"建设中明确提出"新文科"概念，2019 年 4 月，教育部、科技部、工信部等 13 个部门启动了"六卓越一拔尖"计划 2.0，标志着新文科建设正式启动。新文科建设，是指哲学社会科学与新一轮科技革命和产业变革交叉融合形成的交叉学科及其建设工作。2020 年 11 月，教育部新文科建设工作组发布《新文科建设宣言》，提出要促进文科专业优化，积极推动人工智能、大数据等现代信息技术与文科专业深入融合，积极发展文科类新兴专业，推进文科与理工农医的交叉融合，引领带动文科专业

---

❶ 张铮，吴福仲，林天强."未来定义权"视域下的中国科幻：理论建构与实践路径 [J]. 南京社会科学，2021（1）：154-162.

建设的水平提升。❶

（一）新文科建设为科幻通识教育的发展提供新动能

新一轮科技革命兴起和信息技术的发展，不仅推动了理科教育的进步，也促进了文科教育的变革。"新文科"之新就在于新科技发展与文科融合引发的文科新增长点以及人才培养模式的更新换代。❷ 通识教育又称为"通才教育"，是相对于专业教育而言的，是指打破单一专业和学科界限，培养综合型人才的教育方式，和新文科建设所倡导的文理交叉不谋而合。近年来，教育部采取一系列有力措施，加强高校通识教育，提高人才综合素质和培养质量。科幻是科技创新和想象力文化的融合，新文科为科幻通识教育的发展提供了新动能。新文科建设是在新时代背景下提出的教育理念和实践方法，面向科技创新、提倡"学以致用"，弘扬科学精神、传播科学思想，并且鼓励创新文化、促进交叉融合，这些将有力推动科幻通识教育的快速发展和普及。

（二）新文科建设为科幻通识教育的发展指明新方向

新文科是运用新技术开辟文科发展的新视野和新领域，这也为科幻通识教育的发展指明了方向。在新文科理念的驱动下，科幻通识教育和科普相互融合，高校自觉承担起加强科普、促进科学传播的职能和责任。习近平总书记在 2016 年全国"科技三会"上的重要讲话中明确提出，科技创新、科学普及是实现创新发展的两翼，要把科学普及放在与科技创新同等重要的位置。科普发挥着传播科学思想、普及科学知识、弘扬科学精神、提升公众科学素养等重要作用。高校教育的目标是培养具备科学知识、人文素养和创新精神

---

❶ 张明新，袁向玲. 新文科背景下科学传播专业建设的契机和路径 [J]. 科学传播与科学教育，2023（2）：3-11.

❷ 樊丽明. 中国新文科建设的使命、成就及前瞻 [J]. 中国高等教育，2022（12）：21-23.

的人才。高校通过开展科幻通识教育，能够助力推进新文科建设，促进科学传播，推动国家科普事业的发展。

2021 年国务院印发《全民科学素质行动规划纲要（2021—2035 年)》，明确提出要提升优质科普内容资源创作和传播能力，将科幻作为科普信息化提升的重要方式，实施科幻产业发展扶持计划，搭建高水平科幻创作交流平台，推进科技传播与影视融合，加强科幻影视创作，并组建全国科幻科普电影放映联盟。科幻成为助力科普发展的重要手段。在我国科技强国和文化强国的战略带动下，科幻和科普相互融合、彼此赋能，创新出科普型科幻的新内容、新产品、新场景，发展成为培养公众科学精神、激发年轻人想象力和创造力、提升全民文化自信与科技自信的重要产品。❶

三、新文科背景下高校开展科幻通识教育的实施策略

（一）加快科幻通识教育课程的研发

通识教育的首要基础是具备相对完善的课程。科幻通识教育作为创新课程，课程内容建设尤为重要。科幻是文化和科技的融合，科幻类课程综合了文化、科技、社会、艺术等多学科理论知识，能培养学生的跨界思维和综合素养。高校范围内，新闻传播、影视艺术等文科专业教师和人工智能、物理、化学等理科专业教师可以联合起来，共同研发和设计科幻通识教育课程。聚焦科幻作品中的文化和科技，贯彻"新文科"建设理念，打造以科幻为特色、以跨学科丰富内容为支撑的全新课程。

比如北京联合大学 2023 年推出的校级通识教育核心课程"科幻之光：科技和人文的奇妙结合"，就是面向全校各专业学生开设的选修课。课程内容包括国内外科幻的发展特点、科幻中的文化、科幻中的科技、科幻和科普传播、

---

❶ 金韶．创新与未来：北京科幻产业发展报告［M］．北京：中国国际广播出版社，2022.

科幻和数字文化产业、科幻和元宇宙发展前沿等六大方面，让学生对科幻的发展历程及科幻作品中包含的科技和文化有全面的认识，充分理解科幻对于提升国家科技硬实力和文化软实力的价值，掌握科幻作品赏析、科幻创意写作、科幻视频创作的基本技巧，培养学生的科学素质和人文素养，激发学生的创新思维和精神，提升学生的创意创造和创新能力，树立学生的科技自信和文化自信。该课程是北京市属高校中率先推出的科幻通识教育课程。该课程抓住北京市发力建设科幻产业集聚区的机遇，面向产业发展需要培养文化科技融合型应用人才，既能突出北京联合大学作为应用型大学的特色定位，又能在北京高校中起到较好的示范作用。

（二）加强科幻教育师资力量的培养

教师是人才培养和教育工作的实施主体。高校师资力量的培养是科幻通识教育的关键。科幻教育的师资由两部分构成，一部分是高校内部的教师队伍，另一部分是社会上的科幻作家群体。高校内部的教师队伍，拥有扎实的理论知识和丰富的教学经验，在课堂教学上发挥重要作用，特别是科幻文学、科幻电影的研究者，能够把研究成果融入科幻类课程的知识讲授和教学过程中，为人才培养的专业性、规范性、持续性和价值观导向等提供有力保障。社会上的科幻作家群体，具有较强的创作技能和丰富的实践经验，更能把握市场动向和行业走向，在实践教学上可以发挥重要作用。科幻作家可以作为高校大学生的校外导师，指导大学生的科幻创作，科幻作家还可以引入业界的文化科技公司，为大学生作品的转化提供支持。

北京市自 2020 年起大力促进科幻产业的发展，在石景山区以首钢园为核心，建设科幻产业集聚区，定期召开科幻产业论坛、科幻人才培养和教育沙龙、科幻作家训练营等，旨在促进产学研的协作，集结高校教师和业界专家的力量，为大学生科幻爱好者、年轻的科幻从业人员提供创作指导和培训服务。

（三）促进产教融合和校企合作

高校可以和出版社、科幻电影制作公司等文化科技企业开展合作，依托高校的影视、文学、传媒专业师资和文化科技企业的实践资源，共同研发科幻专业教材、理论课程和实践教学体系，成立科幻创作和制作实践基地，加强面向科幻产业的创作型、应用型人才培养。目前部分高校都成立了学生科幻社团，由爱好科幻的大学生自发组成，这些社团有专业指导教师进行授课，也会组织一些科幻比赛、科幻沙龙等。但整体而言，这些社团中学生的学习视野和活动范围较多局限于校内，与校外和业界联动较少。促进产教融合和校企合作，能够帮助高校大学生中的科幻爱好者，将知识学习、创作实践和业界实习联动起来，以科幻为突破口，加强综合能力的培养。

高校可以和企业合作主办科幻作品征集比赛、大学生科幻文化节、科幻短片创作大赛等活动，以赛事活动带动大学生科幻爱好者、科幻创作者的参与，加强科幻文化的传播，促进科幻作品的成果转化。比如中国科协每年面向全国中小学举办科幻征文活动，在中小学生群体中有力地推广了科幻文化。但是现阶段，高校大学生较少参与科幻作品比赛，大学生对科幻文化的关注度和参与度低，这与社会层面的科幻蓬勃发展形成鲜明对比。科幻通识教育课程可以很大程度上号召和组织起大学生群体和科幻爱好者。通过举办科幻微电影、短剧、短视频的征集评选活动，激发大学生的创意和创新，产出更多的科幻原创作品，并通过企业搭建创投孵化平台，支持大学生科幻 IP 的培育和产出。

新文科背景下的融合新闻课程建设研究*

高胤丰**　王　伟***

摘要： 新文科的内涵与价值正不断被高等教育实践者与研究者探索、发现、认识及落实。从"宽口径、强基础"的呼号到当前的融合教育，新文科倡导的文理交叉融合、整合学科思维在新闻传播学科教育中早有体现。融合新闻课程是其中最体现人文与技术融通的课程。本文认为，融合新闻课程与新文科的概念内涵在技术性、融合性、协同性上具有高度同一性，并进一步对高校开展融合新闻课程过程中的共性问题及可能解决路径展开讨论。

关键词： 新文科　融合新闻　课程建设

一、引言

"新文科"的概念最早由美国希拉姆学院提出，旨在通过对人文社科项目

---

　* 本文系北京联合大学应用文理学院 2021 年度院级教学创新课程建设项目"融合新闻作品创作"的研究成果。
　** 高胤丰，博士，北京联合大学应用文理学院新闻与传播系讲师，主要研究方向为网络文化、新媒体视听。
　*** 王伟，新华通讯社音视频新闻编辑部编辑，主要研究方向为融合新闻报道、新闻直播。

与新技术融合交叉，实现跨学科的思维重组。我国在研究新时代高等教育之后也开始推动教育变革及学科建设。2019 年 4 月，教育部等 13 个部门联合启动"六卓越一拔尖"计划 2.0，全面推进新工科、新医科、新农科、新文科建设；2020 年 11 月，教育部召开新文科建设工作会议，并发布《新文科建设宣言》，对新文科建设作出全面部署，提出要培养适应新时代要求的应用型复合型文科人才。时任教育部高等教育司司长吴岩同志也指出新文科建设的时代使命是提升国家文化软实力，塑造国家的硬形象，要会讲中国故事，讲懂中国故事，讲好中国故事，这也呈现了新文科建设与新闻传播学科建设的紧密联系。新闻传播学科在新的信息传播技术发展推动下，通过"对现代科技的应用与创新、理论与实践的结合、学科交融和交叉"❶，走在了新文科建设的前列。在新闻传播学的诸多课程中，融合新闻课程最具有"新文科"的特征，昭示了新闻传播学类专业人才培养的创新理念。因此，本文通过对新文科背景下融合新闻课程建设的内涵思考与问题思辨，以北京联合大学应用文理学院新闻与传播系的课程路径探索为例，希望能从微观层面对新文科背景下新闻传播"课程—专业—学科"的发展作出贡献。

二、融合新闻课程与"新文科"内涵的同一性

伴随着移动互联网、人工智能、云计算、大数据等信息传播技术对媒介生态的深度渗透，融合新闻已经成为新闻行业的"生力军"及"新常态"。技术融合下的新闻传播实践模式再次掀起新闻传播教育的创新改革浪潮，融合新闻课程成为网络与新媒体、新闻学等专业的必修课程。融合新闻课程强调学科知识、信息技术、专业技能、实践平台、创新思维，其内涵与"新文科"概念在技术性、融合性、协同性上具有同一性。

---

❶ 强月新，孔钰钦. 新文科视野下的新闻传播人才培养 [J]. 中国编辑，2020（10）：58.

（一）技术性

新文科的提出，很大程度源于当前文科学生"缺乏对技术发展的兴致与创造力"❶ 以及社会发展与日益更新的技术前景之间的矛盾。新文科建设通过学科重组、文理交叉，加强对技术的想象力、创新力与批判力，回应技术发展引发的新的社会问题。

融合新闻的出现亦是媒介技术融合发展的必然。融合新闻进入大众视野之后，其关注焦点从最初对于多种媒介元素的使用，逐渐转移到各类软硬件设备及技术创新。

党的十八大以来，习近平总书记多次深入考察调研新闻传播行业，洞察互联网时代的新技术、新模式、新业态。2014 年 8 月，中央全面深化改革领导小组第四次会议审议通过《关于推动传统媒体和新兴媒体融合发展的指导意见》，明确提出要以先进技术为支撑、内容建设为根本。2016 年，习近平总书记在党的新闻舆论工作会上又对新闻工作者提出了殷切期望，"要解决好'本领恐慌'问题，真正成为运用现代传媒新手段新方法的行家里手"。这些论述都表明了对技术层面的重视。融合新闻课程不仅要帮助学生掌握先进媒介技术，更要培养学生技术与内容的交叉意识，提升"人文+科技"的全媒体素养，这与新文科建设期望培养的数字人文意识不谋而合。

（二）融合性

新文科建设打破了借鉴自西方的现代学科分类体系，其最显著的特征便是交叉融合，消解学科与学科、专业与专业之间的壁垒。魏琛认为新文科建设强调学科建设的交叉融合性、开放包容性与技术人文性，以求同存异、互

---

❶ 王之康. 新文科：一场学科融合的盛宴［N］. 中国科学报，2019-05-08.

鉴共进、协同发展为核心基准。❶ 新文科建设特别强调博雅通识教育，强化人文基础，超越学科边界，并在社会发展中寻找到新文科的落脚点，最终培养出"专业素养高、学术能力精、综合实力强、有创造视野"的人才，为构建人类命运共同体、深化文明交流互鉴作出巨大贡献。

融合新闻除了是指在新闻业务层面对文字、图片、音视频等多种媒介形态的整合与融通，更是指新闻传播工作者的知识结构与专业素养上的融通。廖祥忠提出未来传媒要在文科与工科、科学与艺术、智能技术与人类创新力等方面实现融合交叉，建构未来传媒人才的复合知识理论体系。❷ 舆论生态、媒体格局、传播方式发生的变化，改变的只是新闻传播的工作方式，而非核心能力。在媒体变革的框架中，融合新闻涵括了新闻生产、事实确认、数字技术、公共传播、整合营销、用户运营等面向，打破了新闻与传播学科下属专业的局限。2018年教育部、中共中央宣传部发布的《关于提高高校新闻传播人才培养能力实施卓越新闻传播人才教育培养计划2.0的意见》指出高等新闻传播教育"全媒化复合型专家型新闻传播人才"的培养目标，也要求新闻与传播学科建设紧跟信息技术新发展和业界格局新变化，培养全媒体链条上的生产、传播、运营、管理等环节的能力。

融合新闻课程要求学生团队完成文案策划、内容采集、拍摄剪辑、稿件撰写、信息采集、平台发布、宣传推广等诸多环节，在实践中实现了新闻与传播类学科内部的融合、人文内容与数字技术的融合、专业技能与跨学科领域的融合，数字技术、人工智能技术、大数据技术等在融合新闻中得到应用，为更广义的人文社科与信息技术交叉融合奠定基础。

（三）协同性

培养具有世界水平、中国特色的新文科人才，需要全社会联动，跨界协

---

❶ 魏琛. 新文科视域下认知语言学研究的五个维度 [J]. 北京科技大学学报（社会科学版），2020（1）：39-50.

❷ 廖祥忠. 未来传媒：我们的思考与教育的责任 [J]. 现代传播（中国传媒大学学报），2019，41（3）：1-7.

力，共同构建协同创新的培养体系。教育部新文科建设工作组组长樊丽明认为新文科建设要重视文科实践课程建设，完善实践教学体系，让学生真正地深入了解基层、了解社会。❶ 通过整合社会优质资源，实现高校、企业、政府等各方的深度协同，提升新文科学生的问题意识。

融合新闻的样态在近年来的实践中已经被社会各界高度认可，主流媒体、企业宣传、广告公司等都在探索融合新闻的新范式。融合新闻的教学也不应当将学习场域局限在校园内，而是要加强横向合作，通过校政、校企之间的交流与协作，综合提升学生的实践水平。

美国密苏里大学新闻学院融合新闻系，从通识课程到专业基础课程再到专业核心课程，最终开展"顶点课程"（capstone curriculum），让学生充分利用所学知识，通过市场调查确定融合新闻选题题材，以问题为导向、以项目为导向，完成新闻作品，同时学生要通过品牌营销寻找项目市场支持。❷ "顶点课程"模式是未来融合新闻课程的发展方向，也体现了新文科建设全过程、全方位的协同理念，学生通过实践不断增强"脚力、眼力、脑力、笔力"，讲好中国故事。

三、新文科背景下融合新闻课程建设的问题

面临媒介生态的巨大变革，新闻传播学科教育改革创新已成为各新闻传播院系亟待解决的难题。重视理论传授，缺少实践训练；强调专业知识，忽视人文教育；教学理念没能与时俱进，课程体系与现实媒介环境脱节已成为共性问题。❸ 新文科背景下，新闻传播学科改革讨论的是"培养什么人、怎样培养人、为谁培养人"的全局问题，融合新闻课程建设则是从更微观层面切

---

❶ 樊丽明. 新文科建设：走深走实 行稳致远［EB/OL］.［2021-10-02］. https：//m. gmw. cn/baijia/2021-05/10/34831619. html.

❷ 郑敏，章于炎. 媒介融合时代美国密苏里新闻教育的变革与创新［J］. 国际新闻界，2014，36（4）：170-176.

❸ 董小玉，金圣尧. 新时代新闻传播教育的变革［J］. 当代传播，2019（1）：53-55.

入，寻找在底层建设节点中的问题。

（一）教师技术引导缺失

融合新闻课程注重培养学生熟练运用全媒体技术的能力，以满足当前行业发展及受众需求。其中，全媒体技术既包括摄影摄像、音视频编辑等传统业务能力，也包括数据爬取、信息可视化等数字技术，是在新闻理论与实践方法上的延伸。然而，目前的教师团队受到原有人才培养体系下知识结构的一定局限，在教学内容、课程设计、思维范式等层面具有一定的割裂性，具有文理交叉跨学科背景的教师较少。具体而言，新闻与传播学科类专业出身的教师对于信息技术更新不够敏感，对于技术内涵理解不够深刻，对于技术应用操作不够熟练；信息技术类专业出身的教师对于新闻传播的本质与意义理解较浅，利用技术发现新闻选题的意识较弱，这也使得对于课程的技术引导出现偏向。

（二）课程整合衔接不畅

新闻传播学科类专业学生多在本科一年级、二年级学习大量与专业相关的基础课程，如新闻学原理、传播学概论、广告学概论、美学概论等，并开设网页设计与制作、Python 基础等计算机科学基础课程。但是在后续的学习中，学生的知识基础并不牢固，在融合新闻课程的整合应用实践中无法充分利用所学。这主要是因为在课程设计层面，未能充分考虑课程之间、学科内部的交叉融合及重组优化，统一目标服务于媒体融合深度发展时代"全程、全息、全员、全效"的传播特性。

（三）专业配套设施滞后

许多新闻传播院系的专业实践设备更新较慢，设施陈旧，无法满足融合新闻课程教学及实践教学的需要。尽管当前移动智能手机已成为重要的创作设备之一，但是在学生实践中这只是设备无法配套的折中办法。此外，与移动设备相配套的其他设备也并未到位。特别是对于一些新闻传播专业弱势的地区与院系，缺乏足够的资金支持，无法联系到高新科技公司，使得专业实践设备的及时更新难以为继。这也使得学生无法体验全媒体技术变革，无法深刻感受传媒行业创新发展前沿趋势。

（四）学生思维意识被动

融合新闻课程的学生多是因为培养方案设置而选课，尽管通过前序课程的学习以及自身的媒介经验，学生多少能够了解到媒体环境及媒介生态的变化，但是学生对于媒体融合顶层设计背后的逻辑不求甚解，对融合新闻产生跨学科、跨行业、跨文化融合理解有限。融合新闻在出现伊始便以深度报道与技术创新见长，是对多元社会问题及社会需求的全媒体表达，是科学性、人文性、综合性和专业性的统一，❶ 而学生仍然停留在过去学习业务技能的思维范式，视野受限，亟须对外拓展。

四、新文科背景下融合新闻课程建设的路径探索

新闻传播学科长期以来被视为"文科中的理科"，体现了专业自身极强的实践性。中国新闻传播高校院系结合"强调动手做和职业取向"的美国密苏里模式以及"培养社会主义新闻传播人才"的苏联模式动态发展，形成具有中国特色的新闻传播教育模式。新文科建设推动下，北京联合大学应用文理学院新闻与传播系依托新型平台、驱动创新发展，探索有效的融合新闻课程建设路径，助力学生自主认识与适应不断变化的媒介景观，形成创新思维与应用思维，实现学业向专业的过渡。

---

❶ 单波，陆阳. 媒介融合与新闻传播教育的"融合"[J]. 新闻记者，2010（3）：71-73.

（一）"学中做"提升全媒化应用型新闻传播人才核心能力

改变过往新闻与传播学科存在的理论与实践不完全匹配、技术引领行业变革、校内软硬件更新频次过低的问题，注重学生新闻业务能力和综合运用全媒体技术能力培养，强调"学中做"，打通信息生产与传播的全链条。通过设置集中实践教学环节，要求学生对既定选题进行融合新闻项目的策划及制作，联动数字媒体技术、计算机语言、网络与新媒体调查课程，实现专业内部的课程融通及技能融通，推动新闻传播专业教育与当前媒体生态深度融合，增强与传媒行业的深度联动，创新教学模式。

（二）"宽口径"探索跨学科交叉融合的有效路径

围绕北京市文化事业及创意产业发展，突出北京全国文化中心建设需要，结合戏剧影视学科、设计学、广告学、计算机科学等学科内容，开设精品通识课程，利用在线教学、混合式教学等现代化信息教育手段，打破学科专业壁垒，整合学科优质资源，交叉共融，探索新文科背景下的新闻与传播教育转型，拓宽学生视野及知识结构，推动人文社会科学与自然科学、人文精神与科学精神的融合，为学生未来可持续发展奠定深厚基础。

（三）"成果集"打造北京文化融合传播的亮丽名片

建设充满北京文化特色的课程内容，引导学生自主探索北京特色与家国情怀的创作题材，创新方法手段，提供学生发掘能力与实践能力，强化价值引领，实现成果转化，出版学生作品合集，报送创新实践项目、挑战杯项目培育、创新创业大赛项目等项目，并转化为优质的教学资源与教学成果，建立学科、学校在该领域的知名度，同时提升学生对课程及专业的认同度。

（四）"校媒企社"共建发挥协同育人优势

联动各级媒体以及传媒公司等实习基地与人才培养基地形成开放协同的育人模式，以人工智能、物联网、5G 技术、虚拟现实等大数据行业前沿尖端技术热点为切口，发挥校外导师优势，共同开发课程、合作开展研究、开展嵌入式教学，提升人才培养与行业需求的契合度，提高学科、学院、学校在北京文化传播中的社会服务能力。同时，鼓励教师与学生参与行业项目，通过课程制与项目制的结合，及时勾连理论知识与社会实践，体验行业工作，提升专业技能的同时培育学生的媒介素养、职业操守与责任意识。

五、结语

新文科建设是发展具有中国特色的哲学社会科学的必然道路，其根本要求是价值引领，彰显人的意义，体现人的价值，要将"人的回归"作为新闻传播人才培养的落脚点。❶ 新闻传播学科是新文科建设的排头兵，融合新闻课程更是其中的"先遣部队"。未来，融合新闻课程建设除了着力加强媒介技术融合、专业知识融合、学科领域融合、理论实践融合，还要以反哺学科建设为目标，成为学生认识世界、认识社会、认识自我的重要工具，为服务社会发展实务需要作出贡献。

---

❶ 蔡斐. 学科赋能、跨界驱动与人的回归：论新文科背景下新闻传播人才的培养［J］. 中国编辑，2021（4）：77-81.

"互联网+"背景下应用型大学文科一般课程改革研究

——以通识写作课程为例[*]

"互联网+"背景下应用型大学文科一般课程改革研究

——以通识写作课程为例[*]

罗 茵[**]

摘要： 本文讨论在"互联网+"教育改革背景下应用型高校的文科一般课程的转型路径。首先，冷静思考"互联网+"对执行普通课堂教学的文科课程所能提供的助力；其次，结合文科课程面临的普遍痛点，讨论如何结合"互联网+"的助力进行课程的顶层设计，应遵循的开放性原则、延展性原则、自主性原则；再次，论文以通识写作为个案展示具体的教学改革的设计环节；最后，在讨论通识写作教学困境的基础上，对课程的目标、内容、实践和考核三个主要环节进行设计，并对其关键问题进行阐释。

关键词： "互联网+" 应用型大学 文科课程 教改 通识写作

---

[*] 本文系北京联合大学 2024 年度教育教学研究与改革项目"讲好中国故事：基于创意写作课程的应用型高级能力培养模式研究"（项目号：JJ2024Y003）的阶段性成果。

[**] 罗茵，博士，北京联合大学讲师，主要研究方向为写作学、新闻学。

一、"互联网+"对应用型大学一般课程改革所能提供的助力

自 2015 年由教育部正式提出"互联网+教育"❶，以教育信息化带动教育现代化的布置以来，国家大力推进教育公平化，扩大优质教育资源的覆盖面。在宏观设计上，蓬勃发展"互联网+"提供了从硬件到软件的技术支持。目前主要取得的建设成果包括各种教学资源在内的资源库的建设、教学平台的研发，慕课、云课堂等的录制和公开播放，以较低成本的运行就能帮助边远地区、教育资源相对较为落后的地区改善教学环境和提高教学质量。即使是北上广拥有丰富教育资源的地区，同样也因为受惠于这些技术，能够实现与国内外高校的优质课程资源同步，而一些高端技术比如 AR/VR 等，更让人大开眼界，提升了知识传播的趣味性和广泛性。网络资源在生活和校园中随手可得，虽然其得到实质性的高速发展仅有短短不到十年的时间，但已经对社会发展和教学大环境产生了重要的影响。

"互联网+教育"的提出极大地提高了教育改革探索的热情。在中国知网以"互联网+教育"为关键词检索得到 41628 条信息，其中引用量、下载量最高的文章主要讨论两类问题：一类是改革的宏观设想和基本原则，如张岩的《"互联网+教育"理念及模式探析》❷、平和光和杜亚丽的《"互联网+教育"：机遇、挑战与对策》❸；另一类是讨论智慧教学、慕课、微课等混合式教学的设计，如岑健林的《"互联网+"时代微课的定义、特征与应用适应性研究》❹、冯晓英等的《国内外混合式教学研究现状述评——基于混合式教学的

---

❶ 中华人民共和国教育部. 加快推进"三通两平台" 全面深化应用 以教育信息化带动教育现代化[EB/OL]. [2015-05-13]. http://www.moe.edu.cn/publicfiles/business/htmlfiles/moe/s8721/201505/187317.html.

❷ 张岩."互联网+教育"理念及模式探析 [J]. 中国高教研究, 2016 (2)：70-73.

❸ 平和光, 杜亚丽."互联网+教育"：机遇、挑战与对策 [J]. 现代教育管理, 2016 (1)：13-18.

❹ 岑健林."互联网+"时代微课的定义、特征与应用适应性研究 [J]. 中国电化教育, 2016 (12)：97-100.

分析框架》❶。

在以"互联网+教育"的前期硬件、软件投入和网络课程资源库快速建设取得令人振奋的阶段性成果之际，改革探索的热潮中也不乏冷静的思考。李碧武指出，"互联网+教育"不等于线上教育，"互联网+教育"是对传统教育形式的升级改造，是要摒弃传统教育中低效率、反人性、不公平。❷ 的确，并不是每一门课程都有经费、有资源和有必要制作慕课、AR/VR 等，面对面的课堂教学仍然有其不可替代的重要优势，因此，当下的高等教育的课堂，尤其是应用型大学一般文科教学改革要思考的是，"互联网+"除了上面提到的资源和技术优势，在解决普通高校文科课程的教学痛点问题上它还能提供哪些助力？互联网除了提供形式更加丰富多样的资源库，其对促进教改还有哪些助力？

"互联网+"在社会各领域的常态化运用，重塑了社会环境和教学环境。从大的方面说，其短短数年间已经深刻影响了新一代年轻人的行为和认知模式；从具体课堂教学来说，其既提供了信息的滋养，也是对培育新的学习和教学模式的敦促。如果课程对其配合使用恰当，将会初步培养学生终身学习的意识和习惯。

信息多元化、多层次性，为因材施教提供了更多的支持和实现的可能。课程在设计和实施时能保持开放的指导思想，允许"变数"的存在甚至专门设置"变数"环节，让学生根据自己的需要有所取舍，必然也能提升学习的动力，从而提高教学的效率。

社交媒体和智慧教学平台基本都有良好的互动功能，拓展了教学的时空，它们既给了教学设计以灵感和支撑，也让学生突破课堂 45 分钟的限制，提供了自主学习的更多途径和方式。

---

❶ 冯晓英，王瑞雪，吴怡君. 国内外混合式教学研究现状述评——基于混合式教学的分析框架 [J]. 远程教育杂志，2018（3）：13–24.

❷ 李碧武. "互联网+教育"的冷思考 [J]. 中国信息技术教育，2015（17）：96–99.

二、"互联网+文科一般课程"改革的顶层设计原则

开放、平等、协作、分享，是互联网的精神特质。❶ 文科一般课程想要把"互联网+"结合好、应用好，就必须充分尊重和认识互联网的精神特质。而"互联网+教育"作为教育发展的一种必然形态，其技术的形式仍然要为教育的实质服务。思考高等教育文科课程的本质，认识到本科教学是处于学科教育的通识阶段这一基本前提，本科生最重要的是从专业通识教学中得到什么、怎样得到的问题，才能敦促教师透过现象而发现高等教育与初中等教育的实质差异、本专业与其他专业的重点区别等教学设计的深层内核。

"互联网+"带来的教育改革的要求，其实与早前高校文科本科教学培养方案毕业所需总学分"瘦身"的意图是一脉相承的，即压缩纯知识性课程的讲授，而让学生有更多可以自主学习的空间。但教学固定时长压缩了，培养人才的信息浓度都不能压缩。在遵循教育的基本规律的前提下，除了考虑前瞻性、层级性、课程如何与其他先修和后续课程对接这些常规问题，文科一般课程的顶层设计还须针对课程所存在的积弊，思考怎样结合互联网所能赋予的动力和助力以求缓解。

（一）开放性原则

所谓的开放性，是指除了教学最核心的内容保持一段时间的稳定，其他的教学内容都不是封闭的，而是具有较强的灵活度和自由度。当前文科教学课堂僵化的归因之一在于教师只习惯用固定的内容灌输，而学生也只习惯被动地接受内容。这是由于传统教学中知识来源有限，教师掌握着绝大部分的知识资源，将之尽可能完整地传承下去是人类知识体系的基本要求。互联网

---

❶ 李碧武. "互联网+教育"的冷思考［J］. 中国信息技术教育，2015（17）：96-99.

较以往的知识储备系统最大突破之处在于其知识以指数量级增加且获得成本方便低廉。因此信息知识的更新也非常快。只有师生双方都充分认识到这一事实，才能不拘泥于一时一处的知识点的讲授和接受。教师要有开放的专业眼光，更要着眼于教思路、教方法，学生受其带动，才能渐渐习惯用方法和思路去选取对自己有帮助的内容，而学到的知识也才更有较长远的价值。

（二）延展性原则

所谓延展性，是指教学和学习都不仅仅局限于固定的教室和课堂短短的数十分钟，而是以课堂教学为锚点，在时间和空间上有更多的延展。要达到这个设计原则，要解决教学供应和学习能动性两方面问题。传统文科的学习讲求厚积累，但大量的资源（主要以书籍为主）往往储存在特定的地方（图书馆等）而借阅不便（体积太大、数量太多），并且往往以白纸黑字一种单调的载体为主，易使学生有畏难情绪。而互联网和相关的多媒体多模态技术却从根本上解决了教学供应的难题，各种资源不再仅仅掌握在教师手里，也不仅仅储存在少量的图书馆中，而是只要有网络接入，不仅唾手可得，而且形式丰富多样，完全不受时间、地点的限制。所以目前要解决的重点，就在于使用资源的能动性上。

一开始教育者为网络建设资源的井喷而欢呼，认为资源丰富了，教学效果就能取得实质性的飞跃，但冷静思考会发现，知识再丰富，也需要学生接受才算成功。如何提升学生的学习动力才是现阶段需要解决的主要问题。因此，在教学的顶层设计中要充分考虑课程的延展性，要"余味悠长"，在教学和学习的时空上有更多延展，才能使用更多渠道手段，促进学生发挥学习的能动性。

（三）自主性原则

自主性主要是面对教学主体双方的，既要允许教师用自己擅长的方式来组织教学，当然，前提是教师方面要对各项信息技术有更多的了解，尤其是对与本专业相关的各种新技术的发展要了解和熟悉；也要允许学生自行选择最适合自己的方式达成目标，前提是要促进学生认识并善于利用网络技术，而不仅仅是将其作为普通的娱乐和交际的工具。应用型高校的文科课堂教学一般是大班教学，因此受主客观条件影响，"因材施教"在很大程度上只是一个理想，其瓶颈主要在于教师和学生都没有太多选择的自主性。"互联网+"则为多样化的选择提供了在不同层次均非常丰富的素材，只要教师能有意识地引导，每个学生都能得到适合自己的内容。

三、"互联网+文科一般课程"改革的教学设计展示——以通识写作课程为例

实事求是地说，相较于理工科在接纳新技术的包容和转型上，文科课程显得较不敏感和滞后。这与文科的学科性质重思辨、重内容而不太与技术直接相接触有关。应用型高校的文科课程，仅从理论质量教学上而言，往往难于与研究型的高校相抗衡，因此不易分享得到慕课、视频公开课的建设红利。但这些客观因素的存在并不意味着应用型高校的文科一般课程在"互联网+"的大潮前束手无策，相反，文科课程教师更应该积极地把握这样的机会，这是课程质量提升的绝佳机会和助力。下面以通识写作课的设计为例，对文科一般课程应该如何在前述顶层设计的指导原则下具体实施进行讲解。

（一）通识写作课的教学困境

写作能力是高等教育一直强调应该培养的一种基础素养和能力，各高校都在积极推动写作教学的展开。目前写作课程设计主要分为三类：第一类是以复旦大学为首，后来在中国人民大学、北京大学等展开的"创意写作"类课程，该类课程以培养专业作家为主要目的，因此对学生个人条件有较高要

求，教学面相对最窄；第二类是直接针对专业教育的专门写作课，如剧本写作、新闻采访与写作、论文写作等，这类教学对象主要针对特定专业的学生，对学生的先修课程有要求；第三类是作为通识类的写作课程，该类课程是经过多年的发展，把高校原先开设的文学写作、应用文写作等内容进行了不同程度的融合，如陕西师范大学、武汉理工大学、广西大学，这类课程授课对象最广，难度最大，也是本文研究的重点。

由于写作能力需要大量基于教师指导下的训练才能逐步提高，而高校本科写作课程一般每门课设置为 32—48 学时，明显无法仅仅通过课程就能达到培养目标。再加上课程在评阅指导上投入高、产出比相对低，所以高校写作教学长期处于一种比较低迷的状态。

另外，由于写作教学是历史较为悠久的教学内容之一，因此传统上形成的教学思维模式根深蒂固，在遇到"互联网+"浪潮时难于迅速结合和转型。但实际上这也正是通识写作教学打开突破口的重要契机。

通识写作的教学可以分为写作本体理论知识和写作实践方法两部分。在本科教育之前，写作本体理论知识和实践在升学考试的指挥棒下，只能完成写作的初级基础知识和训练，而到了高校阶段，又因为专业的差异，以及写作教学本身学科定位不够清晰，所以相关的本体研究还存在较大空白，即哪些内容是具有普遍适用度的写作基本理论，哪些是支持高级写作的基本理论，目前都尚存争议。另外，学生普遍对写作有畏难情绪，能否破除这个心理障碍，是写作教学成功与否的第一步。

（二）通识写作课程的目标设计

第一，写作能力是一个长期积累的过程，不可能基于一门课或几门课就能从根本上得到提升，因此写作课的时空延展就显得格外重要。教师在设计教学目标时，首先应该打破学生对写作恐惧的心理障碍，学生对写作不再畏难，甚至觉得有意思，写作课的时空延展性就实现了一半的目标。如果以互联网为素材选取的范围，会有很多有趣的例子可以让学生模仿练习。

第二，写作能力不仅仅是"写"，要写得好，需要阅读、思维和语言使用技巧三个维度的共同作用，这是写作课程设计应该围绕的核心思路。互联网为学生精读和泛读提供了取之不尽的素材，但在初期，教师应该重点教授学生如何选取恰当的素材作为阅读对象，以及怎样对素材加以分析和使用。

第三，职业写作的完成往往需要很多专业背景知识，而这些背景知识很难通过几次课的讲解就能让学生体会，因此通识写作不宜将专业性较强的具体文种设计为学习目标，而应该重点训练学生对语言和不同类型文章的结构和语言的把握能力。

（三）通识写作的内容设计

通识类写作课程教学的核心任务，就是训练学生掌握在面对一个新的写作任务时——即使之前没有学习过类似的写作——仍能自觉调动相应的手段，按要求完成任务的能力。这种核心写作能力可以帮助学生较快速地、顺利地实现职业能力的转化，达到"以不变应万变"的写作需求。只要训练的方法恰当，普通学生是能掌握这种能力的。至于教学过程中教授什么文种，或学生对哪些文种感兴趣，都不必拘泥于这些，这就是内容设计的开放性的具体体现。要具有这种能力，可以从以下三个方面来训练。

第一，查阅资料的能力。阅读是最重要的信息输入，其储备量和储备质量的好坏，直接影响输出（写作）能力的优劣。因此，查阅检索资料能力的训练是写作能力培养的第一步。以往的写作教学，往往是教师指定某些经典篇目让学生阅读，而以互联网为依托，新写作实践则完全可以把检索资料——包括经典例文——的任务交由学生完成。教师的引导主要在检索方法的引导上，可以按专业资料的检索、搜索引擎的使用、检索质量的判断依据等内容循序渐进地进行练习。在浩如烟海的信息中能找到与写作任务同类近似的范文，判断范文的权威性与否，是否值得作为学习参考，这些具体内容的培训可以直接提升学生的精读和泛读的能力，同时培育选题的预选、写作支撑材料的预收集等能力。查阅资料的能力如果能得到较好的发展，对扩展课堂教学的时空性有直接的作用，对后续写作任务的完成起到事半功倍的作用。

第二，模仿学习范文的能力。这个能力的实现，具体可通过对文体基本类型、文章结构知识、文章外部形式（如构成要素，包括标题、附件、注释、参考文献等要素）和文章常用的行文风格（如特殊词句、语气等）的识别和模仿进行，要着重培养学生识别这些要素中在特定的文章里，哪些是必要体现的重点。教师要做的引导工作，主要是教授学生具备上述要素的基础知识，并带领学生在互联网中了解其常见的类型及其变体。了解"变体"其实也是课程开放性的重要体现，因为传统教学中往往不够注意这种变体，而恰恰可能在真实任务中，文章类型不可能像教师精心设计的例文那样容易识别，如果学生能掌握这种能力，就是实现了"授之以渔"的重要步骤。在寻找和模仿范文的过程中，学生可以有较大的自主性。

第三，调动恰当语言手段的能力。语言手段具体包括在不同的语体——口语体、书面语体、专业语体——中的用词用句，文章的常见结构方式，表达的人称、切入的视角、语言的修辞技巧与其他艺术样式，比如图片、视频、音乐等配合的方式等。这个能力是写作质量的直接体现，往往需要超出课程教学时间的更长时间的训练才可能完成。但是由于学生的写作能力培养不必是全能的，因此仍然可以允许学生在有限的领域中达到精专，甚至允许学生只要跟自己之前的写作能力比较，有收获、有提高，就可以算是达到这一能力课堂训练的效果。

从方法论来说，无论学生学习哪一种具体的文章写作，都需要经过这些步骤，只要方法对了，具体过程的实现就可以因人而异，学生完全可以按自己感兴趣的方向进行，并且据此也能得到较好的教学效果。

（四）通识写作的实践和考核设计

通识写作的实践和考核可以以互联网为依托，设计立体的实践任务体系和评价考核体系。

从写作实践设计上，可以由纯书写的练习、短小的写作任务、不必完整完成的写作任务、口头写作任务等作为正式的写作任务的重要补充，交织进行，目的是打消学生的写作畏难情绪、提升写作的趣味性，重要的是向学生传递出无论哪种写作练习都是在点滴提升写作能力的训练意图，并且都纳入最终课程的评价体系中。

在写作的评价考核设计上，传统写作成果评价的主要方式是以教师为主的对学生习作的批阅和点评，其主要问题是受评阅时间和精力成本居高不下的"供"的短缺与写作水平的提升需要多次反馈的"需"的旺盛之间的矛盾，成为制约写作教学快速发展的主要瓶颈之一。因此，写作课程的改革应该发展多层次的评价考核体系。比如，可以对写作的数量、写作参与的热情等设置一定比率的评分，鼓励学生动笔就是写作成功的最关键的一步。对写作质量和评价，除了常规教师评价、学生互评，还可以充分利用互联网的功能让考核体系更加开放。

另外，可以将互联网提供的海量信息作为真实工作环境的模拟，把写作的成果放在其中。比如在自媒体或论坛上发表文章，可以将其视为真实任务的执行，因此将得到的浏览量、评语、点赞量等视为真实有效的任务反馈，直接作为写作项目的评价。

综上所述，在"互联网+"对高校教育改革不可逆转的浪潮袭来之际，文科课程一方面应该主动敞开怀抱，由教师带领学生去认真探索并实践二者的结合之路；另一方面也要时时警醒，既不要被表面的热闹轻易裹挟，也不要让对新技术的使用流于形式。只有不断地认真思考归纳教学的本质规律，顺应教学的基本规律，应用型高校的文科一般课程的教改才能事半功倍，真正帮助学生提升素质。

论生涯规划发展理念下新闻学
学生创新创业教育研究
——以省属 T 大学为例

邵　将[*]

摘要：本文积极落实政策指导，依托当前教改形势，结合新闻学专业学生创新创业教育与职业生涯规划的现状，考虑双创教育要融入人才培养全过程中的现实情况，有针对性地参考生涯教育理论，以田野调查法、文献法、综合分析法等方法为依托，提出以职业生涯规划发展为基础的创新创业教育施行的具体方法与步骤，切实帮助学生通过创新创业教育和产教融合的专业实践方式，提升其职业生涯规划能力，同时也希望可以为应用型高校"双创"教育和职业生涯规划教育提供一些理论与实践参考。

关键词：生涯教育理论　职业生涯规划发展　产教融合

　　社会变革给人类社会带来了深刻影响，在很多方面重塑了职业环境，改变了传统的职业形态，给大学生的就业创业和职业生涯发展带来巨大的挑战。对于新闻学专业的学生来说，媒体的转型升级已进入深度发展阶段。在当前全媒型、专家型人才培养的需求下，培养既具有扎实新闻传播理论及实践能

---

*　邵将，博士，北京联合大学应用文理学院讲师，研究方向为网络新媒体与影视剧研究。

力又具有创新创业精神的新型新闻传播类人才已是大势所趋。❶ 职业环境的快速变化和工作任务的不断更新，使得既定的工作思路、工作模式不足以应对。媒体工作者必须怀有创新意识和精神，用新的工作思路、工作方式来解决新问题，勇于变革、敢于变革、善于变革将是未来工作的常态。

创新创业教育在培育大学生创新创业精神能力方面起着重要作用，职业生涯发展决定着大学生面向充满不确定性的未来的选择与规划。创新创业教育要让大学生认识自我，并且不断完善自我，从生涯教育的角度来说，就是要让学生学会作出正确的选择，学会给自己定一个发展的方向。职业生涯规划与创新创业教育的结合具有重要意义，可以让学生反思创业的经验教训，进而获得成长，而创新创业实践又去验证职业生涯规划理论，不断调整自我认知和自我定位，从而使自己的职业生涯规划更加具有操作性。❷ 在这种情况下，大学生只有将创新创业教育与职业生涯规划有机融合，以生涯发展的大局观进行创新创业教育领域的学习与实践，并以创新创业教育之所学促进职业生涯的发展，才可以不断赋予生活和人生以价值和意义，积极悦纳职业生涯的不确定，始终对生涯决定持开放和灵活态度，培育终其一生的生涯适应力、生涯构建力、生涯创新力。❸

一、新闻学专业学生创新创业教育的背景和意义

缓就业、慢就业、逃避就业，甚至"躺平"，是当前描述大学生就业的网络热词。虽然这不能代表高校毕业生就业现状的全貌，但根据对新闻学专业学生的调查，媒体行业整体生存难、离职情况多见、就业稳定性不高，尤其

---

❶ 张伟."互联网"时代新闻传播类专业"双创型"人才培养研究［J］.教育教学论坛，2018（48）：153-154.

❷ 杨柳青，李蔚然.高校创新创业人才培养现状调查分析［J］.学校党建与思想教育，2017（16）：80-82.

❸ 张兄武.高校创新创业人才多元协同培养机制的构建［J］.国家教育行政学院学报，2016（4）：30-37.

在当前新媒体发展迅猛的态势下更是出现了主流媒体从业者离职潮的现象。回到新闻专业类院校，新闻教育一直强调"铁肩担道义"的新闻理想，而真正到了择业阶段，尤其是当前的社会发展情况和媒体行业生态下，大多数新闻学专业毕业生都主动选择分散到远离这一"理想"的其他各类高新热门行业或"体制内"，从而放弃新闻专业教育的培养目标。在当前就业人数创新高和社会环境变化的双重压力下，职业环境的一系列变化让我们看到职业生涯发展规划教育与创新创业教育结合的重要性，我们需要以新的思路重新界定大学生的生涯发展与就业成功。

（一）新闻学专业学生需要努力建构自己的生命意义

在复杂多变的世界里，当外界的规范和指导减少，又面对很多人生选择和发展道路时，我们内在的生命意义能够引领我们作出决定，克服迷茫与困惑。生命的意义感有很多来源，有对未知真理的探索，有对美的艺术追求，也有对公平正义的坚守，作为当代中国的大学生，要自觉地把个人的发展和国家的发展、社会的需要等联系在一起。作为新闻学专业学生，应回归媒体的本质与价值。这就需要通过基于职业生涯规划发展的双创教育让学生明确理想信念上的问题，用先进的思想和崇高的理想来武装大学生的头脑，只有让学生认识到不管是创业还是就业都可以给社会创造价值，才能获得足够的力量面对不断变化的挑战及复杂因素交织的选择。❶

（二）新闻学专业学生需要努力提升自己的生涯适应力

媒体行业发生着日新月异的变化，"互联网+"背景下，媒体发展又迎来新一轮的战略机遇期，同时也会催生对新闻传播类专业人才的旺盛需求。而

---

❶ 王雪梅，陈锦宣，郝雯婧．智媒时代传媒教育与双创教育多维融合生态体系构建［J］．成都中医药大学学报（教育科学版），2020（12）：26-29.

此时，行业对专业人才的要求将会更高。新闻学专业学生只有不断地提升自己的生涯适应力，才能够在快速的变革中得以很好的生存与发展。职业生涯适应力与创新创业精神及能力存在着直接关系。在新媒体时代下，很多高校新闻传播类专业着重培养能够适应多媒体形式的多元化、技能型人才，未能很好地凸显出对学生创新创业能力的要求。而媒体行业恰恰是一个需要创新能力的行业，同时也是具有巨大创业潜力的行业。基于职业生涯规划发展的双创教育要与时俱进，结合当前形势，努力培养既具有系统扎实的专业理论及实践能力，又具有创新创业思想和较强生涯适应力的新型复合人才。

（三）新闻学专业学生需要提升专业实践能力

新闻学专业的发展虽有无限机遇，但也面临着人才培养方面的巨大挑战。一方面，专业培养跟不上时代发展趋势，人才培养的质量标准和用人单位的要求不一致，存在较严重的脱节现象，不能有效适应行业快速变化对人才需求的变化；另一方面，在人人自媒体的大背景下，专业门槛不受专业限制，其他掌握一定媒体运营、视频制作等能力的文学、法学、财经类专业毕业生大量涌入传媒业，给新闻学专业毕业生就业造成了极大冲击。作为与创新创业关联度较高的专业，新闻学教育和创新创业教育的融合是人才培养供给和社会产业迭代的共同需求，应制定富有创新思维的教学内容和实习实训方案，尤其是在实践教学中培养新闻学学生跨媒体、跨学科、跨文化的视野，推动其知识应用能力和知识转化能力的双重提升，强化其创新意识与创业意愿，训练学生的创新创业能力，帮助学生做出创新创业成果，最终促进专业与产业的良性互动及学生职业发展能力的提高。❶

基于职业生涯发展规划的双创教育对于帮助新闻专业学生建构自己生命的意义、提升自我生涯适应力、提升专业实践能力均具有较为深刻的意义。

---

❶ 乔秀峰．项目化：地方高校新闻专业实践教学的有效路径［J］．传媒，2019，3（上）：85-87.

同时，对于学校创新创业教育来说，融入职业生涯发展规划观念与理论体系，一方面，有助于创新高校人才培养机制，基于生涯规划的创新创业教育模式，通过将创新创业教育融入职业生涯教育实践活动中，构建自主导向的人才培养机制和需求导向的创业培养结构，使创新创业教育不仅有效地促进高校大学生成才发展，也与个体生涯发展、行业市场发展、社会经济发展紧密衔接。另一方面，基于生涯规划的创新创业教育模式有助于与学校现有的就业职业指导平台充分衔接，有助于依托学校就业部门建立学校就业创业信息服务平台，整理发布最新创业政策、行业技术动向等信息，提升就业创业一体化服务质量，引导学生把握创业机会、捕捉创业商机。❶

二、职业生涯规划理念有机融入创新创业教育

职业生涯规划是指个体在职业生涯历程中所经历的职位、职业及相关社会角色、活动、成就的总和，是个体发展与组织发展相结合，对决定个体职业生涯的主客观因素进行分析、总结和测定，确定个体职业奋斗目标，并选择实现这一事业目标的职业，确定发展目标和途径，根据社会发展和自我发展现状调整发展策略，实现自我职业发展的一种策略和安排。❷

职业生涯规划理论由职业指导发展而来，起源于 20 世纪初的美国，弗兰克·帕森斯《择职业》的出版标志着职业指导理论的创立。20 世纪 50 年代，美国生涯教育家舒伯提出生涯发展理论，强调个体的全方位发展并尊重个体差异。20 世纪 70 年代，职业生涯规划理论在美国各高校已经普及，主要内容有生涯察觉、生涯探索、生涯决定、生涯准备等生涯发展理念和技术。学者们在致力于研究如何在政策上实现全面就业的同时，又在微观上研究个体如何增强自身技能和就业能力以实现自我价值。至今职业生涯规划理论已形成

---

❶ 卓泽林，赵中建. 高水平大学创新创业教育生态系统建设及启示 [J]. 教育发展研究，2016（3）：64-71.

❷ 谢伟. 职业生涯规划理念下大学生就业促进机制研究 [J]. 山西农业大学学报（社会科学版），2011，10（4）：340-343.

一系列的职业生涯规划理论和技术，对促进当前大学生就业具有重要意义。❶

每个人的生涯发展都不是一成不变的，都是需要人们主动改变、探索，并加以创新才能实现的。在当今多变的世界，唯有将创新与生涯发展有机融合，才能帮助我们找到更多的可能性。创新者行动的四个步骤分别为：自我认知（创新基础）—思考（创新想法）—行动（创新创业行动）—审视（成果反馈）；生涯的四个步骤分别为：自我认知（生涯认知）—思想（生涯唤醒）—行动（生涯行动）—成果（生涯评估），创新创业教育与职业生涯规划之间有着充分且必要联系。

（一）职业生涯规划理念融入创新创业教育的必要性

1. 职业生涯规划中的自我认知有助于创新创业的方向选择

职业生涯规划的第一步就是自我认知，通过认知自己的性格、兴趣、能力、价值观等来选择自己合适的方向，并且在自我认知过程中，发现自己的优势，并且不断充分地运用自我优势来实现职业生涯目标。职业生涯规划中的自我认知对于创新创业也尤其重要。对于新闻学专业的学生来说，不管是媒体品牌塑造还是个人品牌塑造，均需要对自己的能力、优缺点等有充分的认知，才能够在创新创业的选择中找到最合适的路径，释放个人的最大潜能，取得最大程度的成功。笔者统计了省属 T 大学新闻学专业 2013—2017 级毕业生就业情况，学生在本专业相关行业领域工作占比仅 18.83%，体制内工作占比 22%，考研并被录取占比 11.04%，自主创业占比 0.04%，其他占比 48.09%。

由此可见，学生在本专业领域就业和自主创业的人数占比很低，通过本文研究和平台搭建，针对 T 大学 2018 级新闻学专业毕业生进行跟踪统计，预计本专业领域就业率和自主创业率会有提升。

---

❶ 谢伟. 职业生涯规划理念下大学生就业促进机制研究 [J]. 山西农业大学学报（社会科学版），2011, 10（4）：340-343.

2. 职业生涯规划的大局观有助于创新创业的可持续发展

职业生涯规划是为职业生涯这一场马拉松做准备，是对整个人生的通盘考量。创新创业不是一蹴而就的事情，也是怀着理想信念的长期坚持与坚守。创新是一项复杂而艰苦的工作，不仅需要锲而不舍的意志品质，还需要高涨的创新热情。创新热情是创造性思维的催化剂，使创新者在进行创造活动时情绪振奋，精神饱满，始终保持旺盛的创新活力。创新成果的取得不是一蹴而就的，往往要历经长期的奋斗过程。创新者需要呕心沥血、自强不息，要具有百折不挠、坚韧不拔的奋斗精神。而保持创新热情，静待创新成果，就需要职业生涯规划的大局观为创新创业持续输入动能，不因一时得失而放弃，也不因一时的辉煌而骄傲自满，不断为人生补充燃料，实现创新创业的可持续发展。就业地区选择也是职业生涯发展的重要参考指标，好的就业地区有助于职业发展，但相对落后地区的经济社会转型、发展同样需要人才补给。

（二）创新精神对职业生涯发展的促进与提升

1. 创新激发生涯唤醒意识，创新提供生涯体验的各种新方法

要想深化改革，促进创新创业人才培养，就要了解"创"的本质规律。"创"的本质规律是什么？创新的第一步该怎么走？"创"的本质是改变、是变化，而人是创造的主体，所以创新的第一步是要考虑如何激发创造者本身的主体意识和内生动机。只有创造者的主体意识被成功唤醒，才有可能更加主动积极地加以创造，进行创新，才可以挖掘自身更多的发展潜能，因为创新是用创新思维找到多种解决办法，提供更多解决思路和方法，融合创新艺术，创造行业奇迹。

2. 创新是实践的创新，创新精神促进个体生涯自信，落实行动

当今社会的发展日新月异，"道在日新，艺亦须日新"，因此，在科学技术、文化传播方式、舆论环境深刻变化的今天，我们更要以创新精神砥砺奋进，做创新的实践者，展现我们的生活活力。创新精神是一个国家和民族发

展的不竭动力，也是一个现代人应该具有的素质。创新精神是指能够综合运用已有的知识、信息、技能和方法，提出新方法、新观点的思维能力和进行发明改造、改革、革新的意志、信心、勇气和智慧。一个人如果想要实现自身价值的转变和成功发展的生涯之路，创新必然是其中关键的环节。创新与风险相伴而行，这就需要创新精神促进个体形成积极向上、自立自信、不畏风险、勇猛精进的拼搏态度。创新精神是指一个人有能力将想法转变为行动，因此它是一种核心竞争力，能够帮助年轻人在从事任何工作时都具有创意、更有自信。

3. 创新提供了生涯行动的方向，为生涯发展的资源配置提供思路

政治经济学家约瑟夫·熊彼特说过，创新是对已有资源进行更有效的重新组合，达到更高的效率。如何体现出更高的效率是在双创教育中不断钻研的命题，一要有洞察力，就是直击事物本质的能力，要习惯于忽略不同行业的细节。太多的人高估了行业的差异性，低估了彼此之间的相似性。二要抓住机遇，整合资源，大胆创新。只有成功创新的人，在未来多变的世界中才不会被淘汰。因为创新提供了生涯行动的方向，为生涯发展的资源配置提供思路。通过创新我们知道了如何定义自我，决定了我们有什么勇气做什么层次的事情。当我们觉察到自己想要更好地拥抱这个不确定的时代、发现机会时，就会有效地配置自己身边的资源，不断地行动，也就在成为自己最好的样子的路上走得更远。当我们赋予了行动意义时，也就给了自己更多的动力，每一个人都是生涯问题的解决者和决策者，都有能力成为自己的生命专家，设计自己的精彩人生。

（三）职业生涯规划理念融入创新创业教育的方式

1. 将职业生涯规划理念与知识植入创新创业教育课程

职业生涯规划和创新创业教育在学校中是两套独立的体系，由于课时安排的问题，无法将双方很好地结合在一起，而经过笔者调查研究，如前文所

讲，职业生涯规划理念融入创新创业课程有其必要性。因此，在工作室的运行以及团队的培养过程中，学校导师团队与企业导师团队共同合作，将职业生涯规划的自我认知、职业认知、外部环境认知、生涯目标建立、生涯行动与调试等内容与创新思维、创业方向选择、项目目标设立、创业行动等内容有机地融合在一起，让学生以生涯发展观的视角看待创新创业进程。

T大学新闻学课程在创新创业教育的基础上融入职业生涯规划理念，整体课程框架还在不断的完善过程中，已有的课程更新已经取得了学生不错的反馈，即生涯发展的理念可以帮助学生更清晰地认识到创新创业对自我成长的帮助，以及对未来职业发展的影响，更明确了方向与路径。同时工作室定期可以开展职业生涯规划相关的讲座与分享会，在指引工作室更明确发展方向的同时，帮助团队成员建立职业生涯发展概念，清晰人生规划，建立更明确的目标，实施更具体的行动，促进工作室的发展，增强自身竞争力。

2. 团队成员撰写职业生涯规划书明确未来发展路径

无论创业与否，创新精神都应该伴随整个职业生涯。对于大学生来说，单纯地参加创业项目、创业教育，很难真正地理解创新创业精神、能力对自身的影响，也很难认识到创新创业教育的重要性。为了解决这一问题，新闻学专业的学生需要在导师的指导下撰写职业生涯规划书，通过对自己的认知以及对新闻传媒领域的职业发展、行业发展、国家社会发展与需要进行充分的认知，树立自己的生涯发展目标，选择未来的职业方向，建立大的职业生涯发展框架后，再考虑创新创业教育的重要性，就可以发现创新创业精神、能力的培养能够极大地促进自身的职业发展。建立这样的认知后，学生在参加创新创业教育培训以及具体项目中，更有方向性，具有更强的内驱力，能清晰地意识到自己不是为了完成项目而工作，而是不断给自己的职业生涯发展增加动能而努力。

三、产教融合背景下新闻专业工作室模式的创新创业教育新探索

新闻专业就业具有实践性强的特点，新闻专业人才培养的主要任务是培养应用型人才，专业毕业生相对缺乏其他领域的专业知识，需要在工作岗位上有针对性地补充学习。院校人才培养更加侧重知识学习，若要提升学生创新创业能力及就业能力，有必要依托产教融合增强其知识应用及技能提升。

对于新闻专业大学生来说，无论是创新创业还是职业生涯发展，都需要通过实践来检验自己的专业能力、创新能力、理论知识习得能力以及自我规划能力。产教融合的一大特点就是将学校的知识带入现实职场环境中加以实践与检验，促进学生在玩中学、做中学、错中学，在实践中发现问题、分析问题、改进问题，从而得以更好的成长。理论知识与实践知识存在一定鸿沟，只有通过产教融合的形式才能快速有效弥补。❶

（一）模拟新闻媒体的工作环境，构建由专业指导教师辅导，学生自我管理的专业实践工作室

在笔者的调查中，T大学新闻学专业学生在学校与企业导师的共同辅导和在汉诺威清洁能源国家级众创空间（以下简称汉诺威众创空间）的支持下，成立了摄影工作室、纪录片工作室、广告片工作室、新媒体工作室四个工作室。工作室模拟新闻媒体的工作环境，导师指导，学生自我管理。在筹备期间，学生自行完成工作室章程、工作室规章制度、工作室人力资源管理制度、工作室发展规划等内容，并且根据不同团队的特点，为工作室注入不同的文化元素。工作室的筹备工作基本完成，还需要通过不断的项目运行来检验学生的自我管理能力、创新创业能力。在校外众创空间开办的工作室，既有学

---

❶ 应中正. 美国高校的实践教育与创新创业教育考察［J］. 思想教育研究，2015（12）：93-95.

校的理论支撑，又有企业提供真实的职场环境与新闻媒体工作环境，学生可以身临其境地工作，由被动接受变为主动探索。

（二）充分发挥产教融合优势，利用众创空间平台，引入实践项目

T大学新闻学教学团队与汉诺威众创空间合作，结合国家"碳达峰碳中和"的政策目标，由学院教师与汉诺威众创空间导师共同指导学生完成一系列新闻访谈报道、拍摄活动照片等项目。学校团队与汉诺威众创空间通过沟通协作建立了友好、高效的合作关系。校外众创空间具有更大的开放度，学生可以接触到更多的社会资源。汉诺威众创空间主要是以清洁能源为主，这为学生工作室进行"碳达峰碳中和"领域的媒体工作提供了技术、知识、资源支撑，工作室也拥有更多的实践项目与机会，使学生能够不断地通过实践来增强创新创业能力，产教融合取得了良好的效果。同时，新闻学教学团队还与当地的电台、电视台、媒体人等建立联系与合作，使学生在行业前辈的指引与熏陶下开展工作。

（三）完善工作室建设，为学生提供更专业更齐全的设备和模拟工作环境

T大学没有将创新创业教育局限在教室中与理论中，而是以工作室的形式实践融入了职业生涯规划的创新创业教育课程体系。工作室模式的课程体系建设着眼于开发以项目课程为核心的模块化课程体系，立足于新闻学专业课堂教学内容的理论补充，体现技能操作与理论知识的融合。针对不同工作室的特点与学生理论知识学习的梯度，撰写以项目运作为核心的教案，并利用现场教学对学生进行创业模拟训练。

新闻学专业创新创业工作室为媒介融合环境下学生的创新性思维与个性

化能力的发展营造了提升空间，使学生成为兼具专业知识、职业素质、综合能力的优质传媒人。但是在运作过程中，还有很多问题需要深入探索并逐步完善，工作室的模式还需要继续通过项目进行验证。

综上，本文以省属 T 大学为例，通过将职业生涯规划理念融入创新创业教育，尝试为新闻学专业学生的培养提供创新、有效的思路，但文中提到的模式、课程仍须不断完善更新与持续研究，以期研究成果更为完善与精准。

乡村振兴背景下推动"直播带货+农产品"高质量发展研究

李幽潭[*]

摘要：在互联网经济快速发展，乡村振兴战略大力推行的背景下，直播带货的方式给农产品的销售带来新的生机，"直播带货+农产品"的发展模式逐渐得到推广和认可。但是快速发展过程中必然会存在一些问题，比如农产品质量参差不齐，专业人才缺乏，等等。因此，本文针对农产品直播带货行业的发展现状进行研究分析，对其中存在的问题提出针对性意见，推动"直播带货+农产品"这一模式高质量发展。

关键词：乡村振兴　直播带货　农产品　高质量发展

一、引言

2016 年被公认为直播元年，直播带货兴起。2016—2019 年直播带货飞速发展，相关市场版图迅速扩大，各类行业都开发线上板块进行直播带货。随着直播带货的不断发展，农业领域也慢慢进入其中。2020 年，疫情给物流运输造成重大困扰，农产品滞销增量，这却给"直播带货+农产品"模式带来了

---

* 李幽潭，天津农学院学生。

巨大的发展空间。党的十九大报告提出实施乡村振兴战略，要大力推动乡村经济发展，在乡村振兴背景下如何推动"直播带货+农产品"高质量发展成为重要研究课题。本文通过分析客观现实、剖析问题，提出可以让农产品直播带货更高质量发展的建议，以更好地助力乡村振兴战略的实现。

二、农产品直播带货行业发展现状

近年来，电商行业一直都是互联网经济的焦点之一，直播带货更是其中发展最快的一种表现形式，这种新兴网购方式的异军突起，让更多的乡镇和农村消费者不出门也能买到来自全国各地的产品。同时，全国各地的农村和农民也借助电商通过直播带货这种方式，向大众介绍当地农产品，出售当地的农产品，获得全新的致富机会。

2020年初，中央"1号"文件发布，其中提及要有效开发农村市场，扩大电子商务进农村覆盖面，支持供销合作社、邮政快递企业等延伸乡村物流服务网络等。2月18日，农业农村部又在发布会上提出充分发挥电商、直播带货的作用，加大农产品推介和销售力度。这些政策的发布为农村电商铺好了路，有利于"直播带货+农产品"模式的发展，更加响应了乡村振兴战略，促进农村经济发展。

随着互联网电商行业的不断完善和发展，直播带货的模式慢慢成熟，可以更好地服务于农村农产品的出售，助力农村经济，助力乡村振兴。

（一）"直播带货+农产品"模式发展的规模

中国互联网络信息中心（CNNIC）发布的第48次《中国互联网络发展状况统计报告》显示，截至2021年6月我国网民规模达10.11亿人，互联网普及率达71.6%。农村网民规模为2.97亿人，农村互联网普及率达到59.2%。农产品网络零售规模达2088.2亿元。互联网的普及和发展，为农产品直播带货模式的规模化发展提供了硬件基础。

从农产品直播带货的注册网点来看，近年来，农产品直播带货迅猛增长，越来越多的农村地区搭上了"电商快车"，开启"直播带货"模式，宣传自己当地的农产品，农产品也逐渐成了新网货，手机成了新农具。2022年上半年，全国直播带货增长58.2%，增长跨度大，增长迅速。红火的农产品直播带货为乡村产业振兴注入了强劲动能。

从平台支持力度来看，目前，各大平台加大支持力度，使得农产品直播成为一个综合性电子商务平台，成为一个综合性直播平台、社交电商以及农产品直播与购物平台。各个平台利用不同运作形式以及对接的方法，助农助商，提高农产品销售额。因此，直播带货模式在农村农产品销售中发挥着积极的影响，并且这种模式会越做越成熟，越来越完善，得到更多人的认可，成为农产品销售的一个重要的途径和渠道，增加农产品市场销售额，改变以往的直接销售模式，节省人力和物力的同时创造更多利润和价值。农产品直播带货也会成为农产品营销的主要手段，助力农产品直播带货的平台也会越来越多。

除了平台的支持，各地政府也纷纷开展农产品直播带货模式，当地政府官员化身主播，亲自上阵带货。各地政府支持农产品直播带货的力度也在扩大。例如，甘肃庆阳市副市长在直播间向全国推荐庆阳苹果，一小时卖出苹果两万斤。浙江省衢州市市长在直播间介绍浙江衢州柑橘种植的历史，吸引了一大批观众前来观看直播，购买柑橘，当天的销售量也十分可观。

"直播带货+农产品"这种模式的发展确实可以给农民带来很大的收益，对于推动农村经济发展也十分有效。不管是从互联网的普及和发展的角度、农产品直播带货的注册网点角度，还是从平台支持力度、政府扶持角度来看，农产品直播带货的规模只会越来越大，具有很大的发展潜力。

（二）"直播带货+农产品"的特征分析

"农产品直播带货"这种销售模式属于网络直销模式，就是生产商自己在网上直接面向终端客户进行商品销售,而不经过中间商这一环节,让客户自己在网上进行订购。这种销售模式相较于传统的农产品出售模式具有很大的优势,它不仅可以实现农产品的跨区域销售,让消费者可以购买到各个地方的优质农产品,而且销售方式具有多样性的特点,可以更好地让消费者体验、观看到商品的特点和优良程度,还有销售环境的特殊性,可以为农产品销售的增量提供更多的可能性。因此,直播带货不仅可以解决农产品的销售渠道问题,还可以更好地宣传农产品,对于提高农产品的销售量有很大的促进作用。

(三) 农产品直播带货模式迅速发展的原因

随着 2016 年直播元年的到来,直播带货快速兴起。直播带货迅速蔓延至各个行业,农产品售卖也从其中得到了很多启发,网络零售加速渗透农产品电商。近几年农产品电商依然保持较高速度增长,但网络零售占农产品流通的比例依旧较小,仍然有较大的发展空间。

农产品直播带货这种销售方式拥有巨大的利润空间。"直播带货+农产品"这种模式通过在直播间内进行推广售卖,大大节省了传统的广告营销模式所要花费的宣传费用。在这种销售方式下,农产品无须通过经销商之手,精简了销售渠道环节,利用直销的方式在直播间内直接向消费者出售农产品,极大地降低了商家成本。除此之外,网络直播销售打破了销售的空间限制,开拓了大量的市场,提高了农产品销量。巨大的利润空间吸引了更多的人参与农产品直播带货,从而加速了农产品直播带货的迅速发展。

(四) 农产品直播带货对乡村振兴的促进作用

《数字农业农村发展规划 (2019—2025 年)》要求以产业数字化、数字产业化为发展主线,着力建设基础数据资源体系,加强数字生产能力建设,加快农业农村生产经营、管理服务数字化改造，强化关键技术装备创新和重大工程设施建设，全面提升农业农村生产智能化、经营网络化、管理高效化、服务便捷化水平，以数字化引领驱动农业农村现代化，为实现乡村全面振兴提供有力支撑。

在新农村建设中，直播电商已经成为广大农民致富的新手段。因为直播门槛低、上手快、易掌握，所以，现在广大农村涌现出不少"三农"自媒体和直播团队，他们熟练掌握了直播带货的技巧和节奏，在这片领域开辟天地，成了农村致富的新带头人和领路人。

在新农村建设中，直播电商在农村供给侧改革中发挥着积极作用。农村供给侧改革，其中的核心就是优化农产品的结构，让其生产、销售和运输符合现代商业的规则和方法，能够让农产品走进千家万户，让他们吃上田间地头的真正新鲜食品，用上经过深加工的农村商品。农产品直播带货这一发展模式正好为农村供给侧改革开辟了新的思路和途径，为农村经济发展搭建了新的桥梁。

农产品直播带货不仅能带动农产品的销量，还能引导消费者关注农村的绿水青山，从而带动乡村旅游、休闲农业的发展，这也会成为直播的新热点，发展农村旅游业，进一步为农产品销售和农村经济发展增添动力，多角度为乡村振兴进行助力。

三、"直播带货+农产品" 发展存在的问题

尽管农产品直播带货为农村经济发展带来了新的生机，为农产品销售提供了新的思路，并且从直播元年开始到现在农产品直播带货仍然处于高速发展状态且有较大的发展空间。但是，在我们的调研过程中依然发现了该发展模式中存在一些亟待解决的问题。

（一）农产品质量参差不齐

不管是农产品还是其他任何产品，产品的质量都是消费者关注的首要问题。但是当前市场上出售的农产品质量参差不齐，一方面，不良商家寄出劣质产品，出现直播展示时展出的农产品是优质、新鲜的，但是消费者拿到手中就是毁坏的或者过期的，出现展出与实物严重不符的现象。中国新闻网发布信息，在"有通过直播平台购买过农产品经历"的受访者中，50%的受访者表示曾经遇到过"买到不安全或来源不明农产品"等问题。另一方面，商家虚假宣传，虚构农产品本身不具备的品质，为了利润故意夸大农产品的品质，造成宣传与实物不相符的情况。53%的受访者对网络直播中出现的虚假宣传、假流量、假评论等数据造假情况比较担忧。电商直播屡被曝光数据造假问题，"刷观看、涨粉丝、销售量刷单"被明码标价，甚至已形成灰色产业链，数据造假给消费者造成较大的误导。

（二）冷链物流渠道不通畅

2021年11月26日国务院办公厅印发《"十四五"冷链物流发展规划》指出，推动冷链物流高质量发展，是减少农产品产后损失和食品流通浪费，扩大高品质市场供给，更好满足人民日益增长美好生活需要的重要手段；是支撑农业规模化产业化发展，促进农业转型和农民增收，助力乡村振兴的重要基础。当前冷链运输存在一定的技术难题，比如，"断链""伪冷链"问题突出会导致一些需要冷藏的农产品在运输中途出现变质等问题。冷链物流运输不畅会导致农产品的运输时间加长，不停转换运输工具，一定程度上增加了运输成本，也给商家带来一定的利益损失。

（三）直播行业内缺乏市场监管

直播带货虽然在一定程度上解决了农产品滞销的难题，扩大了农产品的销路。但是直播行业内仍然存在一定的乱象，一方面主播为了冲销量进行虚假宣传，农产品质量得不到保证；另一方面售后体系存在缺陷，消费者收到质量存在问题的农产品置换麻烦，当前的普遍售后现状是商家不接受退货，但是以优惠券的形式补偿给消费者，这种情况如果长期得不到治理，不仅会造成农产品的浪费，还会降低消费者的消费信心，从而降低直播带货客户的黏性。

直播带货发展速度过快，导致社会各类人群迅速涌入直播行业，直播带货人员鱼龙混杂。但是其中的直播带货专业性人才量少，直播期间会存在由于主播自身的局限性而回避消费者的提问或者没办法清晰解答消费者问题的情况，也会由于缺乏专业的团队配合，商品链接的售卖跟不上主播节奏或者售卖链接上架出错的情况，等等。

四、"直播带货+农产品"高质量发展的优化建议

为了解决"直播带货+农产品"发展过程中的问题，推动其高质量发展，须从选品、运输、监管到直播人员，从产品选择的源头到产品出售售后全方位、多角度地思考，根据发现的问题，有针对性地提出解决问题的方法。

（一）提高农产品的种植技术以及选品质量，从源头保证农产品的品质

农产品的质量关乎人民群众的身体健康，保障农产品质量就是保护消费者的身体健康。因此，要严格把控农产品的质量。一方面，要从源头上提高

农产品的质量，提高农产品的种植技术。深入贯彻落实中央农村工作会议，推进品种培优、品质提升、品牌打造和标准化生产，引领农业绿色发展，提升农业质量效益和竞争力。积极生产优质的农业产品，从源头杜绝劣质、不健康的产品。另一方面，严格选品，杜绝对有问题的农产品进行出售，给每一个选品进行备案，严格审查，保证每一个入选的农产品都有质量保证，从源头上保证农产品的质量。

（二）打通冷链物流的运输渠道，从物流运输方面保障农产品的品质

打通冷链运输渠道，可以解决农产品运输过程中的一大难题。首先，加大科技投入，对农产品冷链物流新工艺、新技术、新型高效节能的大容量冷却冷冻机械、移动式冷却装置、大型冷藏运输设备、冷藏运输车辆专用保温设备和质量安全追溯装置等进行集中攻关与研制，从技术层面突破冷藏难题。其次，建立平衡、流畅的冷链物流运输系统。我国交通运输系统发展较不平衡，西部交通相对于东部发展较为滞后，并且大部分的冷链基础设施也存在于东部地区，西部地区的冷链运输发展也较为落后。为解决这一问题，可以采取因地制宜的方式，进行实地调研勘察，利用当地的优势，采取特殊的、与当地环境相符的运输方式，从而保证农产品的质量。最后，发动企业的力量，大力支持冷链企业的创新发展，鼓励各冷链物流企业之间建立战略合作关系，促进冷链物流资源、设施、设备、人才等诸多资源的共建、共用、共享，进而在冷链物流"任务分配"方面更具有科学性，能够最大限度地降低经营成本，激活冷链企业迸发出市场活力，从而推动冷链运输系统的发展创新，从物流运输方面保障农产品的质量。

（三）加强直播带货行业内的市场监管，规范直播带货的管理

切实规范直播带货行业内的行为，加强市场监管，才能使该模式更健康、

可持续地发展，有利于维护消费者的权益，取得客户的信任，吸引更多的人信赖农产品直播带货这种模式。首先，从直播主体入手，严格监察农产品的质量和主播，对于有问题的产品和主播立刻采取整改措施。其次，从平台着眼，对农产品直播平台进行监控，确保平台值得信赖，切实维护销售者和消费者双方的权益，让售买双方都对直播带货这种模式更有信心。然后，集中于售后方面，农产品直播带货的售后是当前发展的难题，由于农产品自身的特殊性，换货退货难度大，所以，要建立流畅完备的投诉机制，售后要及时回复消费者的要求。对于劣质产品采取回收再处理的方式，让其发挥其他作用，减少资源浪费；对于消费者要全额退款赔偿，提供让客户满意的服务。最后，直播带货的从业者要积极配合相关政府部门做好接受监管的工作，让农产品直播带货对推动乡村的经济发展、方便人民群众生活真正地起到积极作用。

（四）强化对主播直播带货的培训，引进直播带货的人才

一次直播带货的完成，不是一个人的功劳，而是一个整体在发挥作用。一个带货主播的脱颖而出，背后往往有一个专业团队在支撑。我们不仅要培养专业的主播、带货达人，还要培养专业的策划、宣传、运营人员等。一方面可以充分发挥当前市场上直播平台和 MCN 机构的作用，整合资源，从而培养一批可以直接投入市场的成熟的直播带货团队；另一方面可以依托院校和专业培训机构，开设主播培训、策划、宣传、运营等与农产品直播带货相关的专业课程，培养学生和新就业者成为对口人员，从而为该行业源源不断地输入人才。还可以支持专业服务机构、培训机构、直播基地联合培养直播专业服务、供应链管理和技术应用等复合型人才，从而提高该行业内从业人员的质量。此外还要注意，农产品直播带货从业者中也有很多农民，所以，可以在农村当地设立专门的"一对一"辅导机构，为农民提供切实可行的技术理论指导。

五、结语

"直播带货+农产品"模式不仅打开了农产品的销路，为农产品滞销问题的解决提供了新的思路，还为推动乡村经济发展、助力乡村振兴注入了巨大的能量。但是，要使其高质量、可持续发展，就要从农产品质量、冷链运输、市场监管以及专业性人才培养这几个方面入手，全方位注意，多角度思考，补齐短板，实现发展的永续性。

教学模式创新研究

新媒体环境下我国视频公开课的
发展现状研究

钟 静[*]

摘要：随着网络与新媒体技术的发展和新媒体应用的成熟，近年来全世界范围内各层次教育领域在开展线上教学方面都取得巨大进展。我国教育领域内诸如网络学堂、视频公开课、慕课等都取得了较为显著的成就。本文主要从视频公开课现阶段发展状况出发，对视频公开课的源起、发展特点、主要内容以及存在的问题等进行全面梳理，希望能发现视频公开课从内容到形式、从方法到效果等方面存在的问题，并提出较为合理的解决对策。

关键词：新媒体 在线教育 视频公开课

最早的视频公开课程来自国外的耶鲁大学、哈佛大学、麻省理工学院等知名院校，它们在网络上向公众无偿提供自己的精品教学资源，课程内容涉及人文科学、自然科学、社会科学等各教育领域，这种"视频公开课"的模式一经面世，就在社会上引起了极大的反响。于是，作为一种新媒体环境下实现教育资源共享的有效形式，视频公开课迅速发展起来。国外视频公开课为中国提供了一个了解国外教育水平和教育新模式的机会，同时也推动了信息化时代背景下我国视频公开课的发展。这些由世界名校和国内高校通过网

* 钟静，北京联合大学应用文理学院新闻与传播系副教授，主要研究方向为广告传播、媒介研究。

络向社会公众免费开放的优质课程资源，受到网民的热烈追捧。随着新媒体技术的发展和视频公开课程资源的增多，我国的视频公开课在开放资源建设上虽然取得了显著成就，但是依然存在诸多问题，本文围绕新媒体环境下我国视频公开课的发展现状及其存在的主要问题展开论述。

一、我国视频公开课的源起与发展概述

我国的视频公开课来源于 2003 年教育部启动的"高等学校教学质量和教学改革工程"，其中的"精品课程建设工程"计划建设 1500 门国家级精品课程，并利用现代化的教育信息技术手段将精品课程上网并免费向社会开放。作为"十二五"计划的重要组成部分，国家级精品视频公开课被定义为以视频方式记录和传播，以在校学生为服务主体，同时面向社会大众免费开放的科学、文化素质教育网络视频课程与学术讲座。2010 年 11 月，网易推出"全球名校视频公开课项目"，引进哈佛大学、牛津大学等世界知名高校的视频课程，内容涵盖人文、社会、艺术、金融等领域，首批上线 1200 集，其中 200多集配有中文字幕。之后，网易又推出由国内多所高校共同录制的首批 20 门"中国大学视频公开课"和多所学校的数门视频公开课。在网易的带动下，新浪、搜狐、土豆等网站也纷纷推出了视频公开课，复旦大学等国内高校也和这些网站展开合作，把本校视频课程进行公开共享，在国内掀起了视频公开课收看热潮。同时，上海交通大学、中国开放教育资源协会、网易、中国开放教育网加入"国际开放课件联盟"（Open Course Ware Consortium，OCWC），与世界各地 OCWC 成员共享课程资源。这样，中国的大众就有机会获得更多高质量视频开放课程。视频公开课的产生和发展，不仅有利于推进教育信息化进程，也是实现教育公平、提高教育质量的重要手段，对于在教育和课程建设方面连通世界和中国的学校与大众都具有重要意义。随着视频公开课的发展，其在广泛呈现优秀成果、传播现代科技前沿知识、提升大众科学文化素养等方面也都起到越来越重要的作用。

二、我国视频公开课与其他开放教育资源的发展比较

和视频公开课类似的概念有很多，比如在线教育、慕课等，这些都属于开放教育资源（Open Educational Resources），都是为了让教育资源能够更好地共享。

慕课与精品视频公开课有很多相同的地方，它们都是网络课程，学习者都可依托它们的资源随时随地学习，都是将课堂模式网络化。视频公开课作为一种以视频为表现形式的公开课，在影视制作和传输技术发展的推动下，其公开程度、共享范围不断扩大，影响日益深远。从媒介发展及视听教育的角度看，视频公开课是传统意义的教育电视、精品课程教学视频的发展，与它们具有一定的持续性与相似性。视频公开课主要是以网络视频为媒介进行传播和共享的公开课，因此也被称为"网络公开课"，课程内容主要是科学、文化素质教育类的网络视频课程与学术讲座。新媒体技术的发展能方便更多人通过网络平台享受到更多公开的、优质的教育资源，而好的视频公开课具有非常好的启蒙作用，能开阔视野。网络视频公开课就相当于在学校里听一场讲座，能启发学生在某一方面的思考。

MOOC（慕课）是"大规模开放在线课堂"的英文简称❶，顾名思义就是一种针对大众人群的在线课堂。人们可以通过网络来学习，在网上经历教、学、评、测、练、认证、小组、社交等全部功能。慕课在各方面都做得比视频公开课更好。学一门慕课里的课程就相当于在学校旁修了一门课程，有作业、考试和证书。好的慕课课程能让学生掌握一门新的知识。慕课与视频公开课的区别主要体现在慕课具有较强的灵活性，受众更加广泛，课程互动更加完善，在观看课程的过程中可以答题，在每节课程结束后便可完成作业，

---

❶　慕课英文缩写中 MOOC 中的字母含义："M"是 Massive（大规模），指课程注册的学习者众多，不受人数限制；第二个字母"O"是 Open（开放），指课程对所有想学习者开放，不论学习者的年龄、学历等条件；第三个字母"O"代表 Online（在线），指的是学习者可以随时随地在线学习课程，同时可以依托网络进行课程的线上交流；第四个字母"C"则代表 Course（课程）。

同时线上传阅了课程的课件等教辅资料，课程结束后也能够与老师进行课程的互动，及时提供反馈。

在线教育也称为远程教育，今天的远程教学模式已经在不同程度进入"主流"——几乎所有普通高校都或多或少采用或借鉴远程教学模式。远程教育对全球经济社会发展的贡献有目共睹，在某些情况下，远程教育是满足（高等）教育需求、促进高等教育大众化和实现千年发展目标的必然选择。从微观层面看，远程教育的质量是能够得到保证的，很多研究已经证明这一点。❶

三、新媒体环境下我国视频公开课发展过程中存在的问题

（一）视频公开课的平台和界面问题

网络平台作为我国视频公开课的主要载体，发挥了举足轻重的作用。然而，虽然许多人知道网络视频公开课，却并不知道它的共享平台是什么。例如提到腾讯首先想到的是新闻，提起优酷首先会想到视频网站，而对于网络视频公开课网站大部分人却了解甚少。究其原因，主要还是其宣传力度不够。随着社会发展和竞争的加剧，学习成为许多人的需求之一，但是各类应用软件、课程群、读书会等学习资源过多，使得视频公开课的信息淹没在大量的课程信息洪流中，最终导致广大受众无法在第一时间找到自己心仪的课程和平台。

多数大型网站都开发了视频公开课的界面供大家学习，但是很多网站的页面设计都不统一。比如网易公开课将课程分为文学、数学、哲学、语言、社会、历史、商业、传媒、医学健康、工程技术等几方面，而新浪公开课则

---

❶ 安妮·盖斯凯尔，罗杰·米尔斯，肖俊洪. 远程教育和 e-learning 的挑战：质量、认可度和成效 [J]. 中国远程教育，2015 (1) 5-15, 41, 79.

按照学校、学科、机构进行分类，其他的视频公开课网站也有自己的分类。各种视频公开课的学习界面不一致、分类标准不统一，令课程学习者感觉混乱，同时增加了查找课程的难度。如果教师、学习者和公众对于视频公开课这种远程学习体验能够与他们心目中的传统学习方式一样好甚至更好，就不会造成视频公开课接受度低等问题。

（二）视频公开课的课程内容和课程设计问题

我国视频公开课的内容资源绝大部分都是来源于国内，比如公开课网站"爱课程"上面推荐的大多数公开课都是来自国内高校资源。这其实更像是把线下课堂通过录像播出的方式搬到网络上。国内课堂的特点就是以单向传播的教师讲授为主，搬到线上以后，依然保持了这种特点。因此我国自主开发的视频公开课一般都比较侧重于呈现课程，而进入平台的网络学习者则像是在普通课堂中的旁观者。视频课程中的讲师单方面地进行传播知识，学习者则只是被动地接受。讲师只是简单地传授知识，至于学习者是否对课程有困惑，是否掌握了知识，他们并不清楚。当学习者不理解讲师所传授的内容时，也不能及时地进行提问，当学习者对课程有看法或者意见时只能单方面地进行评论，并不能够得到及时的反馈。从这一点来看，新媒体形式下的网络视频课程学习并不如传统的课堂学习效果好。

从课程内容上看，目前占主流地位的视频公开课体系设计大都是以提供静态信息为主，而不是更丰富的、更具参与性的网络学习资源，也并不是十分注重设计参与性的深度学习体验。从教学设计上来看，视频公开课缺乏线上互动、形式单一，有些仅仅是课后发帖而已。因此，网络上的视频公开课并没有充分地利用好互联网上的互动优势，反而由于缺少反馈和交流，在一定程度上降低了学习者的学习兴趣和学习效果。因此，致力于在开放课程中开发更多的视频材料就显得非常重要。

我国的视频公开课在管理体系上也存在不够完善等问题，每个公开课视频网站都有自己对于公开课的分类，并且各个网站的公开课资源的来源也各不相同。目前我国还没有建立一个完善并且权威的全国性公开课管理系统，对于全国众多的公开课视频网站也缺乏统一的管理与调配，课程资源的获取也缺乏明确的管理制度与获取途径规范。我国对视频资源课程的不完善管理，不仅制约着我国视频公开课的标准化和规范化建设，也不利于我国的视频公开课自身的发展。

（三）视频公开课的受众分层问题

新媒体环境下，互联网得到了普遍应用。无论是年轻人还是中老年人，利用手机或者电脑上网成为一种趋势。国外的很多视频公开课的建设热潮背后，是"知识共享"理念的推动，很多课程的大纲、讲义、试题、参考读物、教学录音录像等资料都能够在互联网上无偿公布，方便公众在非商业目的下使用、复制、传播、翻译和修改所有课程资料。

视频公开课能随时进行收看，使其成为一种顺应潮流、广受欢迎的学习方式。但是视频公开课网站对于受众的划分不够明确，导致受众在选择视频公开课的时候往往会遇到种种不适。观看网络课程的大部分是学生和办公室白领，而每个人的学习基础和学习能力其实各不相同，但视频公开课网站上并不会加以区分，而是统一提供完全一样的内容。基于能力水平的不同，多数人对于视频公开课的选择也不一样。花样繁多的视频公开课难免会令用户产生困扰——不清楚究竟应该从哪里开始学习、到底什么样的课程更适合自己、如何制订更清晰有效的学习计划、怎样选择对自己而言更合适的课程等——这些都成为他们开展视频公开课学习之前可能面临的障碍。

网站在课程设置上如果没有因材施教的思路，不能做到依据学习对象的不同水平进行合理划分的话，势必会造成受众的选择困难，对于提高学习效率也无益处。如果学习的成效一样，学习者肯定会更倾向于采用比较方便的形式和途径。如果各种学习内容层次设计适宜，能让学习者体验到更多学习的成效和乐趣，一定程度上会有助于提升视频公开课的好感度和普及度。

四、新媒体环境下视频公开课的提升策略

（一）重视资源建设

倡导慕课的哈佛大学提出了在线课程的两个主要准则：大规模和公开性。其实，远程开放学习和常规学习都是以相同步伐朝着相同方向发展，两种模式越来越重视基于资源的学习。无论线下还是线上，资源建设都是课程的根本。在课程建设的内容方面，应着重以"学习者为中心"，开发学习者更愿意学习的内容。视频公开课建设的目的就是满足更多学习者学习知识的需求，因此，在课程内容的选择上，应更加尊重学习者的看法。在课程的设计上，应以吸引学习者的兴趣为主要目标。首先，增加网络课堂的趣味性。在网络平台上学习知识，时间久了必然会感到无聊或失去耐心，如果这个课堂比较有趣或内容比较贴近我们的生活，那么受众在学习时就会更集中注意力。其次，建立互动交流的反馈机制。在课程教学中，教师与学生进行互动交流不仅有利于增进教师和学生的感情，也可以帮助学生解决学习课程过程中遇到的疑惑和困难，这一点在传统课堂上是很容易实现的，而在网络课堂中学习者提出的各种问题大都是没有得到解答的。视频公开课中应多鼓励师生之间交流和讨论，一方面可以让网络学习者与主讲教师之间进行线上线下的交流，另一方面也可以构建类似论坛式的网络平台模块，让教师同学习者积极地互动。通过这样的交流与反馈，学习者不仅能学到知识，还能与一些名师进行更深入的交流和学习，从而促使更多的学习者参与到课程中来，真正地实现资源的共享。

（二）注重交互性设计

视频公开课是为了实现资源的有效共享，为更多想要学习的人提供一个优质的平台。但是多数的学习者在平台学习的过程中并不能有效地学习到知识，因为他们很多时候都只是断断续续地学习好几门课程，或者一门课程还没学完就开始了另一门。为解决这一问题，网站可以对学习者进行规范化的管理。比如，可以在用户登录的界面设置课程的学习时长，用户学习之前进行签到，并且必须在学习时长之内完成课程；在受众学习课程的过程中不允许随意退出；对于没有遵守网站规定的学习者，网站可以给予一定的惩罚措施；等等。

穆尔认为，"交互距离"是"一种教学法现象，而非仅涉及地理距离……我们说起远程学习，指的不是一种除了学习者和教师处于物理分离状态之外其他方面跟'接触性'课程无异的教育体验，而是一组有明显质性差异的课程。"❶ 因此，远程教育涉及教师和学习者之间可能存在误解的一种心理空间（Psychological Space of Potential Misunderstandings），这种空间必须通过特殊教学技巧予以消除，这其中就包括教学设计和促进交互两方面的特殊教学技巧。

（三）重视课程平台网站宣传

在新媒体时代，要想使视频公开课真正深入人心，一方面需要政府的支持，另一方面也需要网站本身的不断建设与宣传。对于网站自身，丰富其宣传渠道与视频资源就显得日益重要，例如采取多样化的宣传手段，利用多种社交网络，扩大课程的知名度和收看率等。在政府层面，教育部门应充分调动各级相关部门的积极性，借助网络和移动设备等线上和线下的社会资源和

---

❶ 转引自：安妮·盖斯凯尔，罗杰·米尔斯，肖俊洪：远程教育和 e-learning 的挑战：质量、认可度和成效［J］. 中国远程教育，2015（1）：41.

媒体对视频公开课网络平台和相关课程进行宣传推广，形成政府部门以及各高校等各方相结合的长效机制。同时政府也要加强对视频公开课的监管，监督网站及时更新和维护课程，杜绝课程网络运营的不安全性和不稳定性。通过网站与政府的合作，既能提高社会影响力和满意度，又能树立网络视频公开课平台品牌，为社会大众带来便利。

五、结论

目前，我们正处在教与学的全球性变革之中。全世界教育工作者在互联网上开发出大量的教育资源，这些资源向任何人开放并供他们免费使用。这些教育工作者正在创造一个世界：地球上每个人都能获取人类所有的知识，每个人都能对人类知识的汇集作出贡献。其实视频公开课能够顺利上线，尤其是国外视频公开课能够广泛流行，其背后就有一大批志愿者把其他国家的语言翻译成中文，然后供我国网民免费下载、观看。新媒体的发展的确为全世界人们的生活和学习带来了巨大的便利，网络视频公开课的应运而生，让更多的人享受到了互联网时代资源共享的益处。我国在网络视频公开课的建设和发展上出现的不足，导致许多学习者在通过网络视频公开课学习时受到了阻碍。未来，互联网的发展势必会影响并深入改变人们的生活，而视频公开课也一定会发展得越来越快。如果视频公开课能被整合得更加规范化和合理化，目前出现的诸多问题可以得到改善，那么它的未来发展前景一定会十分美好。

高校教师的 MOOC 教学思考

翟　杉[*]

摘要： MOOC 教学因其开放性、大规模、自组织、社会性等特点为更多的高校所采用，其对高校教师执教水平、科研能力、教学思路都带来了新的挑战，需要高校教师转变教学思路、以学生为中心，重构课程体系，并完善信息技术的实用能力，以期更好地担负起新时代对我国高校教师提出的新的要求。

关键词： MOOC　教学　大学教师

MOOC（Massive Open Online Course）即大规模在线开放课程，是近年来开放教育领域出现的一种新课程模式，具有开放性、大规模、自组织和社会性等特点。不同于以教为主的传统教学以及以学为主的网络教学，MOOC 教、学并重模式以学生为中心，打破了旧"三中心"的教学模式，实现了从"接受式学习"到"主动式学习"、从"传授范式"到"学习范式"的转变。在这一过程中，教师的身份、职责、传授方式都发生了巨大改变，对教师的素质能力提出了新的要求。

---

　* 翟杉，北京联合大学应用文理学院教师，主要研究方向为社会治理现代化与人文精神、新媒体艺术。

一、MOOC 教学的一般运行模式

与传统教育模式不同，MOOC 教学中，教师只是作出初步的计划安排，而由学生自行决定选择以最好的方式和时间来有效地完成学习，此时的教学已由教师控制方式（faculty control style）向学生控制方式（ student control style）转变。

每个 MOOC 课程都有一个中心平台，授课教师通过中心平台发布课程信息，包括课程内容、授课教师简介、课程简介、教学大纲、课程起始时间、学习活动等。课程开始后，教师定期发布课程资料，包括授课课件、视频、作业等。为了保证更好的学习效果，MOOC 课程的学习视频都是专为 MOOC 学生精心设计录制的，一般从几分钟到十几分钟不等，相较普通课程而言更为短小，在视频中也会安排及时的学习测试，以有效保证学生对学习内容的关注。同时短视频也有助于学生对学习进度的把握，也能比较方便地定位到自己的学习位置。

课后一般有需要完成的阅读和作业。作业一般都有完成的截止日期，学生可有计划地按时完成课程作业。作业成绩可以通过系统自动评分、自我评分、学生互评等多种评价方式获得学习评估。

课程会安排小测试和期末考试。考试过程中，学生在规定的时间内参加考试，同时学生被要求遵守诚信守则，诚实而独立地完成学习、作业与考试。

目前三家 MOOC 运行商都是与 Pearon（培生教育集团）的考试中心合作提供有监考的课程结业考试，Couseral 还与一家网络考试机构合作研究网上监考技术，包括根据打字节奏判断学习者是否为其本人，以此来保证学生学习效果的客观评价。课程项目还开设有讨论组，学生可以进行在线学习交流。完成课程并考试合格后，学生可以获得相关学分。

二、MOOC 教学模式对教师素质提出新的要求

（一）MOOC 学习资源的丰富性，要求教师开发课程资源，提高教学能力

作为一个开放性的教学模式，MOOC 有着相当丰富的优质教学资源，大量名校名师推出的在线课程可供学生自由选择，而且新课程的上线速度非常快。学生可以依据自己的兴趣或发展需求，方便快捷地找到全球各学科最高水平的课程。

以前述 Coursera 为例，作为世界三大大型开放式网络课程项目之一，Coursera 首批合作院校包括斯坦福大学、密歇根大学、普林斯顿大学、宾夕法尼亚大学等美国名校。项目成立不足一年，便吸引来自全球 190 多个国家和地区的 130 万名学生注册 124 门课程。其课程范围从计算机科学、数学和工程学到医学、诗歌和历史等领域皆有涉及。这对于我国的传统大学执教水平和知识更新速度都提出了极大的挑战。诚如原北京大学校长周其凤所言："现在北京大学已经有学生因为兴趣或者是对北大现有课程不满意，而选择了 MOOC 平台上的斯坦福、麻省理工的课程。如果我们不能建设足够多足够好的课程，那不要说把北京大学的教育资源让全社会、全世界共享，只怕以后北京大学的学生坐在燕园里，上的是剑桥、哈佛的课程，拿的是国外大学的学分和证书。"❶ 在全球化的 MOOC 教学资源面前，高校教师如不加强知识的更新换代、拓展知识的宽度，将很难吸引学生，很可能被淘汰。

---

❶ 复旦交大加入开放在线课程中国高校直面海外名校冲击［EB/OL］.［2013-11-07］. http：// edu. people. com. cn/n/2013/1107/c1053-23464954. html.

（二）MOOC 教学手段的灵活多样性，要求教师拓宽教学方式，提高教学技能

MOOC 采用"翻转课堂"（Flipped Classroom）的形式进行知识的传授。"翻转课堂"指在信息化的环境中，学生课前用教师分发的材料通过自学、讨论等方式掌握知识点，课上参与教师主导的关键问题研讨与课程实践等互动完成学习任务的教学形态。

MOOC 采取"翻转课堂"的教学方式，实现了用优质的视频课程资源替代"面对面讲授"。教师课上通过组织讨论、研讨重难点问题及概念延伸等方式启发学生思维，教学形式有面对面学习、谈话讨论、演示、在线自学、讲授（演讲）、练习、评价等，配合使用客观、自动化的线上评量系统，如随堂测验、随堂考试、同群审查（Peer to Peer Interview）等方式与学生进行互动和回应。学生根据教学目标安排学习内容、表征形式和学习进度，用教学视频暂停、重放提高学习效率。通过整合在线学习与课堂教学，课堂内外用多种方式随时随地互动交流，满足个性化学习需求并分层教学。同时，通过 MOOC 的大数据有效发现传统模式无法发现的趋势与模式，洞察学生学习方法、学习效度等关键问题，辅助评估学习过程、预测未来表现和发现潜在问题，为学生学习、教师教学和教育机构决策提供依据，从而有效实现因材施教。

对于教师而言，MOOC"翻转课堂"颠覆了传统的"教师讲授+学生作业"的单向传授范式，既有助于推动教师网络教学技能的提高，也有助于推动教师角色的转变，从以往灌输式的知识的讲授者、传播者变为学习的激励者、引导者。在 MOOC 背景下，大学教师必须加强对教学方法、教学手段的研究和创新，反思如何进行学习者的组织管理、如何引导学习者深度参与，不断提高信息素养和教学技能。

（三）MOOC 教学理念的民主性，要求教师转变教学思路，树立"以学生为中心"的理念

MOOC 对高等教育的民主化产生了积极而深远的影响，它撬动了根深蒂固的大学传统课堂，穿透了大学壁垒。MOOC 为人们提供了一种如何在大型开放式网络中进行学习的独特机会，学习者可以随时随地发挥如何学、学什么、同谁学的自主性。传统"以教为主"的课堂有不少优点，例如，有利于教师主导作用的发挥，有利于教师监控整个教学活动进程，有利于系统科学知识的传授和教学目标的达成。但它存在一个较大的弊病，即以教师为中心，只强调教师的"教"，而忽视学生的"学"。学生参与教学活动的机会少，大部分时间处于被动接受状态，学生的主动性和积极性难以发挥，不利于创造型人才的成长。而"以学为主"的以往的网络教学强调在学习过程中要发挥学生的学习主体地位，但是忽视教师主导作用的发挥。教师并不组织教学，自然不会给学习者以评价，因而容易偏离教学目标的要求。"教学并重"的MOOC 模式努力做到既能发挥教师的主导作用，又能充分体现学生的主体地位；既关注教师的"教"，又关注学生的"学"，把教师和学生两方面的主动性和积极性都充分调动起来，有参与、有反馈、有讨论、有评价，通过优化整个教学过程来取得最佳的教学效果。

三、MOOC 时代提升大学教师执教水平的思路

（一）迎接开放教育挑战，重构课程体系

MOOC 教学的初衷，是为了让人们接受世上最好的大学教育。当越来越多的世界名校加入 MOOC 行列时，全球的学习者都可以获得各领域最为优质

的教学资源，高等教育全球化成为不可撼动的趋势，并越来越深刻地影响学习者的思想观念和行为方式。全球化背景下的课程强调分析、综合、批判性思维、创新性解决问题，强调跨越各主要学习领域较高的课程融合标准，强调培养学生面对快速变革的外部世界和多元的价值取向所应具备的包容力和理解力等。身为高校教师，已不是只教学生学习的问题了，而是还要教学生寻找信息，使这些信息互相联系起来，并且以批判的精神对待这些信息。❶ 教师要教给学生的主要能力便是如何正确寻找信息源并借此作出正确的判断。只有站在高等教育全球化的背景下来构建课程目标和课程体系，才能肩负起为国家培养具有全球竞争力的创新型人才的重大使命。

（二）适应网络学习发展，转变教师角色

当前，我国大学教学依靠的依然是硬性的课程计划和教师的课堂讲授，偏离了"以学生为中心"，对机械的课堂教学的路径依赖成为常规逻辑。一方面，教师存在主观惰性，缺乏对教学效果的反思；另一方面，教师墨守成规，缺少对教学方法的创新研究能力。从某种意义上说，我国大学教师缺乏对教学的反思意识和创新能力与大学重科研、轻教学的功利取向不无关系。新时代背景下，打破这种路径依赖，关键是围绕"以学生为中心"，以科教融合为突破口，开展研究型教学。为此，广大教师必须做好准备迎接信息化教育的挑战。一是要转变观念，认识到自己已经不是权威的知识源；二是要转换角色，从单纯的知识传授者变为导学者、助学者、促学者、评学者，将传统的指令性教学变成建设性的学习服务；三是要发展信息化教学能力，具备在网络环境中开展有效教学与协同知识创新的能力。

为了"教"得更好，教师完全有必要重视教育实践研究，逐渐向教育研究者过渡，进一步升华教育教学经验，利用教育科研能力迁移效应提高教学能力，有效地全面提高教育质量。MOOC 教学环境下，全球优秀的教学资源

---

❶ 联合国教科文组织 . 教育：财富蕴藏其中 ［M］. 北京：教育科学出版社，1996：5-10.

都被开放性地放在一起以供学生选择学习。在此背景下，教师必须成为终身学习者，保持对知识的渴求，对环境的敏锐，对时代的责任感，要适应社会发展的变化，有效从事培养人、塑造人、发展人的工作，这需要教师在教学生涯中不断地学习，不断地丰富并完善自己，以保持教学的积极性，使自己与社会生活发展同步而行。

（三）借力信息技术，促进教育系统性变革

随着信息的进一步发展，科技手段的进一步提高，VR 技术的进一步普及，MOOC 教学方式也将更加完善。我们应该做到 e-learning（数字化学习）与 e-research（数字化科研）两手抓，并创建两者互相融合的平台，提高自己的信息素养，认真研究学习慕课教学的客观规律，掌握慕课制作与教育教学技术，适应 "SPOC+翻转课堂" 的教学模式和方法的变革。

第一，提高网络导学能力。在 MOOC 教育模式下，大学教师只有通晓和掌握各种远程教学要素并做到科学组合，才能收到良好的教学效果。熟练运用企业微信组织教学与视频会议，运用抖音、快手等直播工具，运用包括钉钉、布卡、ZOOM、SKYPE 等各种手机、电脑应用程序和直播软件已成为现代 MOOC 教育对教师网络导学能力的基本要求。

第二，提高课件开发与制作能力。在目前以 MOOC 为主的各种网络教学中，由于各学科专任教师的现代远程教育技术还相对薄弱，所以，课件的制作过程往往是由学科专业教师提供静态的内容，并由专业的多媒体制作人员将其数字化，这就难免出现专业知识和数字技术不能有机结合的现象，导致相当一部分课件界面不友好、内容枯燥、缺乏课堂氛围、教学互动性差等。广大教师要努力提高课件的开发与制作能力，成为网络教学的课件设计专家，设计和制作高质量、适合学生需要的多种学习材料，提高网络课程教学的质量和教学效果。

第三，提高对网络教育的科研能力。现代网络教学是在不断探索和开发

中发展的。广大教师不但要搞好教学，也应当投身科研，提高对以 MOOC 为主的网络课程教学的研究能力。实践证明，科教融合是提高大学教师课程开发能力和教学设计能力的有效方法。如伯顿·克拉克所言："科研本身就是一个效率很高和非常有利的教学形式。"❶ 总之，在科教融合的过程中，大学教师不断摸索，不断反思，不断总结，实现的不光是教学能力的提升，还有知识、素养各方面的提升。只有在此基础上，才能更好地提高网络教学的质量，更好地利用科技发展担负起教书育人的重任。

---

❶ 伯顿·克拉克. 探究的场所 [M]. 王承绪，译. 杭州：浙江教育出版社，2001：288.

"MOOC+SPOC" 混合教学模式的
思考与体会

陈冠兰*

摘要： "MOOC+SPOC" 混合教学模式可弥补单纯使用慕课的不足。本文围绕 2020 年 "MOOC+SPOC" 混合模式的在线教学案例，展现了教师在该混合模式中课前分析与准备、教学过程及准备、课后互动交流等一系列过程中的做法和经验，进行了思考和总结，体现了 "MOOC+SPOC" 混合教学模式的特点和优势。

关键词： MOOC　SPOC　在线教学

慕课（MOOC），即大规模开放在线课程，英文直译为 "Massive Open On-line Course"，它是 "互联网+教育" 的产物。传统的课堂教学通常只有几十个或几百个学生，MOOC 以互联网为平台，就可以做到几千甚至几万、几十万人在线，而且不分地域，不分国界，不受时间和空间限制，只需有互联网络和一个邮箱，就可注册参与学习。2012 年以来，MOOC 在美国、英国、法国等国家兴起并发展迅猛，一度被认为将颠覆传统的大学，甚至还有人说，随着 MOOC 的发展，很多大学会濒临倒闭。然而，在一些国家和地区，

＊ 陈冠兰，新闻学博士，北京联合大学应用文理学院新闻与传播系副教授，主要研究方向为网络与新媒体、整合营销传播、国际传播。

MOOC 的主要用户群体和传统的高等教育师生还是有较大的不同。例如，在美国，MOOC 的主要应用对象是社会上的学习者，授课者通过线上 MOOC 教学平台完成对大规模学生的课程授课。

事实上，单纯使用慕课，并不能直接提升大学的教学质量，对于慕课平台的学习者来说，由于缺乏线下的约束和激励，造成慕课课程的用户虽广，但完课率较低。慕课的教学设计系统性差，未能做到学生主体与教师主导的贯通。特别是对于互动合作和实践操作有高度要求的课程来说，慕课更不能达到现代大学教育的期望和效果，学习效率和教学质量并未得到提高。因此，慕课并不能取代传统的课堂教学，大多数的正规高等院校，依然采用课堂教学的方式和手段。

在我国，慕课已逐渐被定位为大学内的一种教育手段，学习者以在校生居多。传统的"1（平台）+N（学生）"的 MOOC 模式，虽然能够方便学习者随时随处学习优质内容，但是大学的任课教师如果不能参与到教学之中，就无法单纯地通过 MOOC 来改进大学的教学质量，面向大众学员的 MOOC 内容，与学生所在的学科和专业背景、人才培养模式也无法密切契合。在这种背景下，"MOOC+SPOC"混合教学模式应运而生，即 1 个 MOOC 平台提供课程内容，学生所在大学的教师借此开展小规模的针对性课程（SPOC）。

SPOC（Small Private Online Course），是一种小规模的、限制性的、系统化设计的、混合式的在线开放课程。这一概念是由加州大学伯克利分校的阿曼德·福克斯教授最早提出和使用的。"Small"和"Private"是相对于 MOOC 中的巨量（Massive）和开放（Open）而言，"Small"是指学生规模一般在几十到几百人，"Private"是指对学生设置限制性准入条件，达到要求的申请者才能被纳入 SPOC。SPOC 的运作过程，总体上来讲就是先进行前期分析，在依托 MOOC 平台教学资源的基础上，进行线上线下的混合式教学。学生可利用 SPOC 线上的 MOOC 资源，在课下进行自主学习，并通过平台将疑难问题反馈给教师，教师可在线下进行有目的、有重点的讲授，提高学生对知识的理解和吸收，这样，学生的主体地位和教师的主导作用都得到了体现和发挥，大大提高了教学质量和学习效果。

2020 年春季，由于疫情，"MOOC+SPOC"成为众多高校普遍采用的一种教学方式。笔者承担的两门课程也采取了这种方式，并取得了较好的效果。本文试以"网络新媒体热点与案例研究"课程为例，围绕教学过程，总结经验和体会，思考这一模式的特点和优势。

一、课程的基本信息

课程名称：网络新媒体热点与案例研究。

课程类型：专业选修课。

学时学分：32 学时/2 学分。

面向学生：2018 级本科选修同学。

选课学生所在专业：主要来自广告学、网络与新媒体专业，另有部分来自法学、历史学、档案学等专业，合计 79 人。

本课程的总体教学目标：通过课程学习，学生对互联网和新媒体的前沿热点有一定的了解；培养学生的独立思考和分析能力，培养互联网思维，提高其媒介素养；激发学生对该领域的学习兴趣，为今后进一步的学习和研究打下基础。

课程的这些基本信息，对该课程如何采用"MOOC+SPOC"教学模式提出了要求，也给出了思路。例如，选课学生 79 人这一常规规模，为采用 SPOC 模式提供了现实条件，教师进行作业批改，师生、学生间的交流和互动，都是可行的。

二、课前分析和准备

SPOC 是一个系统化教学模式，具有动态自我调整、不断完善教学过程的特性。SPOC 的设计是将前期分析、学习活动以及学习活动评价和反馈统统包含在教学过程中。❶ 在"MOOC+SPOC"这一教学模式中，课前分析和准备非常重要，涉及多个工作和步骤。在充分了解课程的基本信息和教学目标的基础上，教师结合教学大纲和慕课平台的原有课程，进行分析和设计。

（一）慕课的选择和采用

在中国大学慕课平台，输入"新媒体"进行关键字查询，相关的课程并不多，主要有"新媒体营销""新媒体概论""新媒体文化十二讲""新媒体用户分析""新媒体视听制作""新媒体素养""趣说新媒体"等课程。

"网络新媒体热点与案例研究"是一门案例与热点分析的课程，要求紧扣当前网络与新媒体领域的热点前沿事件，通过丰富生动的讲解，启发学生关注该领域，调动学生的学习兴趣与热情，因此案例和热点事件的选取以及教学进度的安排非常重要。慕课平台"趣说新媒体"的内容和选题有很大一部分内容较新，并且符合本门课程的一些选题安排，因此确定选用郑州大学张淑华、郑达威的慕课"趣说新媒体"作为资源慕课。

（二）课程教学内容和教学进度的重新设计

教师下载了慕课的原课件作为基础资源，但重点放在本课程的教学大纲、简介、教学日历以及参考学习资料这些方面，上传到平台，提醒学生提前阅览和学习。教师对原有慕课的教学资源和进度都一一重新设计。

（三）SPOC 资料的获取和制作

"MOOC+SPOC"要求教师将线上授课与传统课堂教学结合起来，尽管该

---

❶ 赵丽丽."后 MOOC 时代"开放大学 SPOC 混合教学模式改革探索 [J].商业会计，2020（13）：127-129.

课程的 SPOC 也全部在线上展开，但教师的设计、备课、教案撰写等也必不可少。就本课程来说，教师在网上收集到很多相关案例的视频资料，观看和审阅后，确定其内容导向正确，制作质量较好，并符合教学需要，再补充到慕课平台，还可以自己录制一些音视频资源上传到平台，同时补充一些学习资料。

三、教学过程及其辅助

"MOOC+SPOC" 混合教学模式，要求教师参与学生学习的整个过程——课前、课中、课后。教师每次课前发布公告，告诉学生本次课程的学习内容、作业基本要求。

在该模式的线上学习过程中，学生观看资源慕课的视频，更多的时候是学习慕课外教师另行组织并上传到平台的课堂内容。教师设计了测验题和单元作业，根据教学大纲中的平时成绩考核的设定，将作业发布到慕课平台，指导学生根据进度进行专题或综合创作实践，整体收效良好。

在学习过程中，还可应用其他一些辅助手段。例如，使用企业微信群"填表"功能进行签到。在企业微信课群中同时可进行教学互动，回答学生的提问，及时补充慕课平台上的一些细节。

四、课后互动和交流

以第 7 周的教学内容为例，教师在平台上发布了相关的讨论主题。在慕课平台的"讨论区"，师生交流互动积极活跃。围绕本次课程的讨论题，在上课当天就有 46 条留言。

五、教学总结和反思

（一）在教学过程中融入课程思政

2017 年，中共中央、国务院印发《关于加强和改进新形势下高校思想政治工作的意见》，强调指出，高校肩负着人才培养、科学研究、社会服务、文化传承创新、国际交流合作的重要使命，高校各部门、各位教师都必须立足各门课程，发挥各类课程的思想政治教育资源，共同致力于提高学生的思想水平、政治觉悟、道德品质、文化素养，树立高校思想政治工作的新理念。线上教学也不能忽视和放松这一使命和要求。因此，在该课程中，教师结合慕课基础资源，设计融入思政教育。例如，在第三周的教学中，设置的教学内容中有"两会报道中新媒体的使用""学习强国 App"等内容，通过案例的学习，融入了爱国主义教育和新媒体人的职业情操等思政内容。其他周的教学内容也通过案例学习、主题讨论等融入思政内容。

（二）课程框架的设计和教学资源的优化

随着教师对"MOOC+SPOC"使用方法的熟悉，对于课程的设计安排也越来越熟练，不需要遵循原有慕课的框架和顺序，而是可以根据本课程教学大纲和教学进度的计划进行调整和补充，使慕课资源成为一个有益的资源库，在此基础上，丰富和完善教学资源。在教学中，通过互动交流，了解学生感兴趣的内容和领域，不断挖掘学生的兴趣点，对教学内容进行取舍，及时补充教学内容。

（三）线上教学应考虑到学生学习的便利和效果

关于作业，前期一些主观题设计了互评，意在让学生能够通过评阅其他同学的作业，了解更多同龄人的思考，获取更多灵感和学会评价，但第 5 周后发现效果不是很好，因为不少学生没带电脑回家，只能通过手机终端登录慕课平台进行学习，而平台的设计使得手机终端无法参加互评，从而影响了这些学生的作业得分。教师根据情况手动调整了一些分数，后期一些主观题（案例分析思考等）减少设置互评，主要由教师评阅给分，将一些较典型的作业作为讲解案例发到讨论区或企业微信课群里进行研讨，这样能方便学生，也能保证学习效果。

线上教学时，仅我校师生使用的就有"MOOC+SPOC"、网络学堂、蓝墨云班课等几个平台。每个平台都需要学生下载、学习和熟悉相关软件，对学生的设备和网络环境也提出了挑战。因此，教师应尽量考虑到学生的现实学习条件，一门课尽量只使用一个平台，所有的学习资料，包括课件、音视频资源、课外学习文献、单元测验和作业、讨论题，都统一发布在同一个平台上，方便学生获取。企业微信课群、电子邮箱等作为 SPOC 的必要辅助支撑。

此外，个别山区的学生反馈由于上网设备、信号等条件限制，无法很好地学习网课和完成作业，影响了成绩；对于这部分学生，应视情况给予其通过延时、邮箱补发资料等方式，尽量保障其不受或少受客观条件的限制。作为教师，关爱、体谅学生，给予每个学生平等的学习机会，是教师的本职要求和天性的体现。

六、结语

有人将 SPOC 教学模式定义为：在多种理论指导下，运用高校网络平台和媒体设备等工具，在充分发挥教师的主导作用，又充分尊重学生的主体地位的前提下，将小规模的、有限制性的互联网教学和线下的翻转课堂教学有机结合，最终实现优化教学目标的一种教学模式。它的核心思想就是"以学生为中心"，根据学生的个体情况因材施教，将传统教学模式中的教师课堂传授知识、学生课下练习，变成学生课前利用在线资源完成知识点的自主学习，课堂上通过讨论、任务协作及面对面交流互动等方式完成知识的内化。❶ 由于学科特点、学习者特点、教师信息化能力、教学环境等不尽相同，课堂情境差异性较大，一些成功的混合教学模式案例不适用，且无法有效复制，所以混合式教学研究一直在路上，需要学校、教师和学习者三方面相互配合。❷ 一些高校教师提出，"MOOC+SPOC"教学模式能够在一定程度上减轻教师的基础教学工作，但对教师的教学设计水平、课堂组织能力和学科知识储备提出了更严苛的要求。在寻求高等教育内涵式发展，注重学生自主学习能力和创新创造能力培养的当下，"MOOC+SPOC"教学模式应成为我国高等院校教学模式改革的方向。❸

"网络与新媒体热点案例研究"线上开课以来，参加"MOOC+SPOC"模式学习的学生态度认真，对课程表现出较大的热情，出勤情况良好，大部分学生能够跟随教学进度，按时完成单元测验和平时作业，按照要求进行预习和课外学习。该门课通过考勤、线上学习情况、单元测验和作业计算平时成绩，期末考查形式为课程论文。学生学习认真，测验和作业完成情况良好，不少学生表现出色，讨论热烈，与教师课后有互动交流。学生期末总评成绩整体良好，全部通过考核。通过一学期的教学，圆满完成了教学大纲所安排的教学任务，达成了学习目标。"MOOC+SPOC"模式在线上教学中发挥了积极的作用，积累了宝贵的经验，对线下传统课堂教学也提供了很多启示和借鉴。

---

❶ 孔祥宇."后慕课时代"的SPOC教学模式［J］.高教发展与评估，2020（5）：95-104.

❷ 吴美玉，易祯，王聿良.MOOC+SPOC混合教学模式重构研究［J］.教学研究，2019（6）：80-85.

❸ 郑方方，陈素云."MOOC+SPOC"模式在国内高校教学中的应用［J］.柳州职业技术学院学报，2020（1）：57-61.

线上教学与提升学生自主学习能力的思考

刘　丽[*]

摘要：在线上教学过程中，学生的学习效果受到其自主学习能力的影响较大，因此，如何更好地提升学生的自主学习意识和学习能力是线上教学需要重点考虑的问题。以学生为主体、以问题为线索的 PBL 教学法是提升学生自主学习能力的有效途径，在开展线上教学时应该更好地探索 PBL 教学法实施和优化的途径，提升学生自主学习的意愿和能力，保证学习效果。

关键词：线上教学　自主学习能力　PBL 教学

一、线上教学的优势与局限

（一）线上教学的优势

进入信息时代，互联网技术渗入社会生活的方方面面，以互联网为载体的线上远程教育也有很多优势。

---

　*　刘丽，传播学博士，北京联合大学应用文理学院新闻与传播系教师，主要研究方向为公益广告、新媒体传播。

第一，在线教学受到的时空限制小。教学过程和教学内容由教师提前设计、录制，教师将授课资料传到网络平台，实现课程的在线播放，学生可以在任何地方加入课程的学习，而不受时间、空间的限制。教学内容也可以有多种呈现形式，如音频、视频、图文、PPT、在线测试等，学生可以通过多终端、多设备进行接收。与传统的课堂教学相比，线上教学形式更加灵活自由。

第二，线上教学可以充分利用网络技术的便捷性和网络空间的无限性，提供多样化的资料、素材。在线下教学中，教师是教学活动的主体，在有限的时空中教师能够讲授和展示的资料是有限的，但是在网络空间，教师可以根据学习的需要提供各种类型的资料，在技术不断进步的前提下，现在比较突出的网络技术的限制和网络空间、带宽资源的限制会越来越小，几乎可以忽略不计。

第三，在线教学有利于自主性强的同学更高效地学习。学生可以按照自己的节奏和需求充分利用线上的资源，反复、深入地进行思考和学习，也可以主动利用线上渠道与其他同学或老师进行讨论和交流，比起线下固定的教学过程，自主性强的同学可以开展有目的、有针对性的学习。

（二）线上教学的局限

第一，线上教学的局限来自教学活动的开展对教师网络技术的要求以及教学过程中设备支持和技术支持的要求。开展线上教学，要求主讲教师能够自己掌握相应的网络技术，录制教学内容，在网络平台上开展教学活动，适应在线教学特点设计教学内容，等等，这些都需要教师投入一定的时间和精力才能掌握。如果教师进行直播授课，那么在教师直播教学的过程中，也会遇到各种各样的问题，如网络拥堵、设备故障等，需要教师一边授课一边及时关注并解决出现的各种网络问题，这对独自开展教学活动的教师是一种挑战。

第二，线上教学的局限来自师生互动的延迟。线下授课最大的优势是在课堂上教师可以随时把握学生的状态变化，根据学生的反应及时调整教学方式和教学内容，也可以随时提问以获得学生的直接反馈。但是在线上教学时，即便是处于直播或者会议的状态，教师也无法完全掌握学生的真正状态，如果网络速度不够及时，这种反馈就更加滞后了，因此在反馈与互动的时效性方面，线上教学是不及线下课堂教学的。

第三，虽然在线教学有利于自主性强的同学开展有针对性的学习，但是对于一些自主性差的学生来说，线下学习难免产生懈怠，如果线下环境缺乏学习氛围的话，那么学习的效果就更加难以保证了。因此，线上教学需要解决这些自主性较差的同学积极性改善的问题，要想办法督促他们利用线上的资源进行自学，提升学习效果。

因此，在线上教学过程中，一方面要加强教师的线上教学技能的提升，另一方面也要加强学生自主学习能力的培养。

二、学生自主学习能力及其提升策略

学生的自主学习能力主要体现在其能把握自己学习的进程，能够对自己的学习负责。自主学习是主动而积极自觉的学习行为，学习者既有学习的动机——"想学"，也掌握了一定的学习方法和策略，即"会学"，并且有一定的意志力，能够"坚持学"。学生自主能力的培养和提升也是一个系统工程，并且与学生从小到大的家庭环境和学习习惯有很大的关系。线上教学过程需要学生具备更好的自主学习能力，否则，在缺少教师督促的环境下，学生的学习效率和学习效果是无法保证的。因此，线上教学更需要教师探索新的教育教学管理方法，通过课程内容的设计、适当的指导和督促，增强学生自主学习意识，养成好的学习习惯，提高自主学习能力。

根据我国学者庞国维的观点❶，提高学生的自主性可以从以下四个方面

---

❶ 庞维国. 从自主学习的心理机制看自主学习能力培养的着力点 [J]. 全球教育展望，2002（5）：26-31.

入手。

（一） 对学习的内在动机性因素的干预

学生的自主学习是自我激发的，其影响因素有很多，如自我效能感、结果预期、学习的价值意识、归因倾向、合适的目标定向等。自我效能感是个体相信自己有能力较好地完成某类学习任务，是自信心在学习活动中的体现。学习价值意识是个体认为学习的成功对自己具有的价值和意义。归因倾向表现为如果个体把学习成功归于可控因素，就容易激发自主学习，如归因于不可控因素，则不容易激发自主学习。目标定向对自主学习的影响体现为以掌握知识、发展技能为目的的目标定向更容易激发自主学习。因此，教师需要了解学生学习的内在动机，根据具体的情况进行干预，激发学生自主学习动机的生成。

（二） 教给学生充足的认知策略

认知策略即学习策略，是个体对外部信息的加工方法，包括记忆、精细加工（如释义、小结、类比、概括笔记、提问）、组织策略（如选择要点、列提纲、组织观点）等。个体对于认知策略的习得要看他能否在学习过程中熟练地根据情境使用合适的策略。因此，学生的认知策略习得不仅要先学习、掌握大量的认知策略，还要了解这些认知策略的适用范围，并能够在实际生活中正确使用。对于小学生来说，认知策略的学习比重并不大，但是对于大学生来说，认知策略更加重要，是学生开展自主学习的主要途径，因此，在大学教学中认知策略也是教学内容的一部分，需要教师将其作为一个重要的教学目标来对待。

（三）促进学生的元认知发展

元认知是关于认知过程的知识、信念以及对这些过程的监视和控制，如关于自我、任务、策略等的知识和信念，对认知过程的计划、监控和调节等。元认知即对认知的认知，在学生学习的过程中，一方面进行着各种各样的认知活动，另一方面又要对自己的各种认知活动进行监控和调节，这种再感知就是元认知，元认知是自主学习不可缺少的条件。元认知以认知为基础，同时元认知能够对认知活动进行调控，促进认知的发展和认知策略的调整，帮助学习者更好地完成认知任务，实现认知目标。在大学生中，元认知个体差异较大，需要教师进行干预，加强学生的元认知意识和能力，以提升自主学习的意识和能力。

（四）培养学生主动营造或利用有利于学习的社会和物质环境的能力

在自主学习的过程中，个体总会遇到自己难以解决的问题，这时就需要寻找他人的帮助，因此，教会学生在无法依靠自己的力量解决问题时主动去求助他人，也是促进自主学习的重要途径之一。同时，为自己创造有利于学习的物质环境，获得必要的物质资源也是非常重要的，可以帮助学生得到更好的学习效果。教师也需要提示、引导学生关注其他外部条件的创造和获取。

三、基于 PBL 教学法的学生自主能力提升

关于学生自主学习能力的提升，以学生为主体、以问题为基础的 PBL

（Problem-Based Learning）教学法被认为是可以促进学生自主学习能力的方法之一。❶

PBL 教学法是 20 世纪 50 年代由美国的教育学和心理学家杰罗姆·布鲁纳提出来的，1969 年美国的神经病学教授霍华德·布朗在加拿大首先应用，后来很快在欧美国家得到了广泛应用。❷ 1986 年，PBL 教学法引入我国，主要用于医学教育领域。20 世纪 90 年代以来，我国引进 PBL 的院校逐渐增多，不但医学院，电子系统实验教学、信息检索、食品、旅游、现代教育技术等多类院校、专业也开始引进这种教学方法。❸

PBL 的教学模式是以学生为主体，倡导学生主动学习，通过自学、研究、讨论和合作解决问题，以发展学生的综合思考能力，是不同于以教师讲授为主的教学方法。PBL 的教学模式是以建构主义理论为基础的，建构主义理论认为，学习是学习者积极主动建构的过程，是学习者在已有经验和环境中进行信息选择并互动而建构的结果。建构主义强调学习情景、学习者与材料的互动以及人际互动对学习效果的影响，注重知识在学习者心理内部的转化。学习者不是被动的信息接收者，而是一个积极的信息加工者，教师的作用就是指导和引导学生通过自己的探究，主动发现事物变化的原因和规律，并将这个过程中的所见、所得转化为自己的知识和技能。PBL 关注的是学生对知识的灵活掌握和高层次思维技能的培养，因此，教师的主要职责并不是讲述课本上的知识，而是创设情境，引导学习者之间的会话，促进协作。PBL 教学法的操作有以下四个核心环节。

---

❶ 姜美玲. 基于问题的学习：一种可资借鉴的教学模式［J］. 全球教育展望，2003（3）：62-66.

❷ 刘雅芳，田旭升，程伟. PBL 教学法与 CBL 教学法的比较研究［J］. 河北农业大学学报（农林教育版），2016（3）：62-65.

❸ 刘雅芳，田旭升，程伟. PBL 教学法与 CBL 教学法的比较研究［J］. 河北农业大学学报（农林教育版），2016（3）：62-65.

（一）问题的选取

PBL 教学模式有三个核心要素——问题的选取和设计、团队的合作以及学生的反思。❶ 其中，问题的选取和设计是该教学模式的重点，问题是 PBL 教学模式的起点，也直接影响着 PBL 学习的效果。一个好的问题应该具备以下特征。（1）真实性。问题应该来自实际生活和工作的情境，是学生在未来职业生涯中可能会面对的问题，并且这一问题能与学校里的知识体系产生联系。（2）结构不良。所谓的结构不良，指的是该问题没有一个清晰而标准的答案。问题情境是复杂而混乱的，没有充足的信息，需要学生去进一步查询、收集、询问和思考。学生信息收集得越完备，对问题的解决也就越趋向于合理。因此，结构不良问题的解决对学生的高级思维和协作能力提出更高的要求。（3）贴近学生的思维特点。问题的设计要考虑学生的年龄、兴趣、知识结构和生活环境，循序渐进地开展问题的探索，以启发学生对问题的兴趣和投入意愿，真正实现以学生为主体的教学。❷

（二）小组合作

团队合作是 PBL 教学模式的第二个核心要素。问题式学习是以小组形式展开的，问题的复杂性决定了问题的解决不能只由一个学生来完成，必须有多个学生参与，并耗费一定的时间。在这个过程中，既包含学习者自己的学习和探索过程，也包括小组成员之间的交流和探讨，容许多个合理的解决方案同时并存。小组成员在组内有不同的角色分工，要共同制订小组的工作计划，调查、收集资料，讨论意见并作出最终的意见汇总，这是一个共同建构

---

❶ 王济华."基于问题的学习"（PBL）模式研究［J］.当代教育理论与实践，2010（3）：98-100.

❷ 连莲.国外问题式学习教学模式述评［J］.福建师范大学学报（哲学社会科学版），2013（4）：126-133.

知识的过程。

（三）不断反思

对问题的解决和所要学习的知识之间进行反思是 PBL 学习的重要内容。学生要在解决问题的过程中多次反思，定期回顾自己观点的适当性、获得的知识、与小组其他成员的合作情况、自我学习的效率等。因此，教师也应该设置教学环节帮助学生对学习过程进行反思，深化学生对知识的理解和运用。

（四）教师角色转换

在学生开展 PBL 学习的过程中，教师的作用也很关键，教师扮演的是一个引导者和促进者的角色。教师首先是 PBL 问题的设计者，根据实际的教学条件和学生能力挑选问题、设置情境。在学生学习的过程中，教师还要根据学生问题式学习的实施情况为学生作出示范，及时评估学生的学习效果，调整阶段性的要求，补充一些新的问题等。在问题式学习中，教师的身份和角色更加多样，要在不同的时期分别扮演学习者、挑战者、评估者、示范者、讨论者和支持者等，综合多种教学技能以促进学生问题式学习的推进。

四、对我校 PBL 教学的反思

作为城市型、应用型的本科院校，我校的本科教育更加关注培养学生的实践能力，因此校内也设置了很多带有实践性质的课程，这些课程其实已经具有了 PBL 教学的特征。比如针对现实中的业务环节设置问题，组织学生进行小组讨论和分析等。但是目前的 PBL 教学主要服务于课程的教学内容，还没有将其与学生自主学习意识和能力的提升进行关联，主要原因在于传统的课堂教学中，教师能够发挥更全面的督促和指导作用，而在线上教学阶段，教师和学生隔离，教师对学生的影响力度变弱，学生缺乏自主学习能力带来的问题被放大，迫切需要能够促进学生自主学习的方法，因此 PBL 教学的作用显得格外重要。

在线上教学时，教师的工作重心应该从讲授向引导和设计转变，通过 PBL 教学的组织，引导学生自主开展学习，并在此过程中，通过对学生内在动机性因素的干预，教给学生充足的认知策略，促进学生的元认知发展以及培养学生营造或利用有利于学习的社会和物质环境能力等途径，提升学生的自主学习意愿和能力，帮助学生在独立的情况下完成学习任务。

运用蓝墨云班课提升学生学习兴趣和效果的方法思考

——以"网络营销策划与创意"课程为例

马君蕊 *

摘要：笔者第一次使用蓝墨云班课软件，讲授"网络营销策划与创意"课程，在不断发掘软件的使用功能的同时，提升自己的线上教学能力，思考了一些提升学生学习兴趣和效果的方法，形成有效的师生互动，并最终提升学习效果。

关键词：蓝墨云班课　学习兴趣　学习效果

一、课程基本情况介绍

（一）课程情况

本课程名称为"网络营销策划与创意"，是北京联合大学应用文理学院2017 级网络与新媒体专业的专业选修课。课程设置 3 学分 48 学时，其中理论

---

* 马君蕊，北京联合大学应用文理学院教师，研究方向为市场营销、网络营销、品牌学。

32 学时，实验 16 学时。

课程的教学目标是培养学生在网络时代的营销策划能力和创意能力。该课程以网络与新媒体专业的整体课程设置为依托，以专业培养计划为依据，把握网络营销策划和创意形成的核心内容，通过基础理论回顾、典型案例分析、模拟操作、实训等方式，培养学生团队策划、分析和解决企业网络营销中存在问题的实际能力。教学方式上，以案例导入，在案例分析中学习理解相关知识，启发学生创意思维，培养学生分析、判断和解决网络营销策划与创意实践中的实际工作能力，掌握在网络条件下开展市场调查分析、网络营销策划与运营的方法和技术手段，为今后学习其他管理课程和从事营销工作奠定基础。同时，通过引入课程思政案例，进行学生爱国主义教育，自觉维护和践行社会主义核心价值观。

"网络营销策划与创意"是一门专业选修课程，要求学生具备基本的传播学、整合营销传播课程知识，因此在完成上述课程的学习之后才安排学习。在学习这门课程的同时，进行公共关系的学习，以进一步巩固相关知识，充实和丰富学生解决实际问题的能力。该课程也是一门实践性很强的课程，除了基本理论知识传授，重要的是让学生在实践中掌握所学知识，因此，实践在这门课程中占有很重的分量，为了达到教学效果，采用课堂教学和实践操作相结合的教学方式。考核方法也采用了结合学科竞赛的形式，要求学生根据每年学校组织的"致用杯"大学生创新创业大赛创作项目方案，写作商业计划书。

课程教学将课堂讲授与案例分析以及学生实践三种基本形式相结合。学习方法、学与教的手段与可达成预期学习成果关系如表 1 所示。

表 1 "网络营销策划与创意"课程学习方法、学与教的手段与

可达成预期学习成果关系

学习方法	学与教的手段	可达成预期学习成果
理论讲解	根据教学要求，结合教师的理解，对重点概念、内容进行讲解	了解网络营销策划创意的现状与趋势，了解其过程、步骤、方案

续表

学习方法	学与教的手段	可达成预期学习成果
课堂研讨与案例分析	通过分组讨论、小组汇报形式，对相关案例进行思考、总结，得出自己对于问题的看法、评价和解决方案	初步懂得网络营销心理学；掌握网络媒体的特性与整合、创意执行方式，对各种网络营销策划创意手段有基本认识
课堂训练	给出特定的情境或选题，要求学生按照要求完成任务	掌握网络媒体的特性与整合、创意执行方式，对各种网络营销策划创意手段有基本认识

在考核环节中，考核方式分为平时表现、小组研讨和汇报、平时作业和期末考试四部分，学生总成绩构成为平时成绩（平时表现、小组研讨和汇报、平时作业）占 50%，期末成绩占 50%，具体权重如表 2 所示。

表 2 "网络营销策划与创意"课程考核方式及权重

考核方式	权重（%）	评估的课程学习成果
平时表现	5	学习态度
小组研讨和汇报	5	了解网络营销策划创意的现状与趋势，了解其过程、步骤、方案
平时作业	40	初步懂得网络营销心理学；掌握网络媒体的特性与整合、创意执行方式，对各种网络营销策划创意手段有基本认识
期末考试	50	掌握网络媒体的特性与整合、创意执行方式，对各种网络营销策划创意手段有基本认识

（二）学生基本情况

本学期共有 31 位学生选择学习本门课程，其中选课学生来自广告学、网络与新媒体、人文地理与城乡规划和新闻学这四个专业。这门课程主要为 2017 级网络与新媒体专业学生开设，广告学专业课程与网媒专业有诸多相似之处，选择本门课程完全没有障碍。新闻学专业学生学习过传播学相关课程，但缺少商业类课程的基础，学习中缺少营销和管理类相关知识。地理专业学生对本门课程完全没有基础，学科跨度较大，完成课程比较困难。

本课程虽然面对 2017 级学生开设，但选课学生心态不尽相同，2016 级学生有因学分不足而选修，有因想提高绩点而选修，2018 级学生跨专业选修是因为个人兴趣，因此作业和团队合作中存在团队磨合的问题。

二、蓝墨云班课 App 的基本功能介绍

蓝墨云班课是中国第一款课堂互动手机 App，2017 年软件就融入了深度的人工智能技术，2020 年 2 月 10 日升级了轻直播功能。依托云班课自带的轻直播功能，借助云班课适用于远程教与学的互动功能，教师选择利用此软件进行"网络营销策划与创意"课程的教学。

（一）教师将教学资源分享给学生

教师可以提前把学生需要学习的各类文字、声音、视频、图片、文档等各类资源上传到云班课，老师可以查阅学生学习情况，并自动排名。在移动设备或 PC 上，教师可以轻松管理自己的班课，管理学生、发送通知、分享资源。目前，云班课软件面向移动体验设计，iPhone、iPad、Android 手机和平板电脑都有专属应用，兼有 PC 版，对教师和学生也全部免费。

（二）与学生互动交流

任何普通教室的课堂现场或课外，教师都可以与学生开展答疑讨论、问卷投票、抢答、随机选人、测试、布置作业、批改作业等互动活动，对学生的参与效果进行评价，对评价的结果即时累计并排名。

（三）人工智能机器人助教

通过人工智能虚拟机器人小墨远程给学生语音加减分、预设学习时间、

预设资源发布时间、预设提交作业时间、智能预测学生挂科等。

人工智能虚拟机器人小墨是教师的教学助手，帮助教师跟踪每一个学生的学习轨迹，对优秀的予以表扬，对不达标的提醒教师进行监督，实现精准的个性化教学指导。

（四）学生学习成果数据汇总

通过云班课后台，一键导出所有课堂教学自动生成的学生学习评价结果数据，有排名，有日数据，还有周数据、月数据、学期数据的智能汇总及明细排名。

（五）轻直播功能

通过云班课自带的轻直播功能，完成远程课上教学活动。在轻直播功能模块创建一个轻直播空间，教师通过语音、文字、图片、小视频微课等完成远程轻直播，可以让学生参与互动，也可以设置全员静音。

所谓直播授课分为重直播和轻直播。重直播是指教师在线上实时录制直播，分享桌面，跟学生视频、音频实时互动，可上传 PPT、图文表格、视频插播；在线讲解、随意涂鸦圈划重点内容的一种上课方式。轻直播则是通过语音配合文字、图片、微视频完成的实时直播，避免了大影像视频实时传输。

三、探索提升学生学习兴趣和效果的方法

（一）内容为王

任何情况下，技术的运用都是手段，而课程中传递给学生的知识内容才

是基础。课程虽然使用网络教学，但根据课程大纲，将教学目标、教学内容、讲义、课件等具体内容完善、优化设计，再通过技术手段传递给学生是课堂教学第一要务。

1. 教学目标清晰

教学目标决定了教师要传达给学生的知识内容，知识内容紧紧围绕教学大纲中的培养目的——培养学生在网络时代的营销策划能力和创意能力，将整体课程分为四个单元，依次为网络营销理论概述、网络营销环境分析、网络营销的方式、网络营销策划与创意实践。前两单元注重理论讲解，后两单元注重学生的实践能力培养。

每个单元学时不同，每周为 3 学时，将每个单元的教学内容分解，每周提前通过班课的资源功能发布给学生，如第一单元第二次课程在第二周，教学目标如下：

（1）理解 AIDMA 模型和 AISAS 模型产生的时代背景，掌握使用模型分析具体营销过程；

（2）理解网络整合营销 4I 原则，在网络营销策划与创意过程中能够使用 4I 原则；

（3）理解"大市场营销"理论从 4P 到 10P 的扩充；

（4）理解网络营销的 10 个特点；

（5）理解网络营销的 10 个功能。

2. 根据教学目标分解教学内容

以上教学目标的达成需要将目标转化成相应的教学内容，教学内容的设计体现了一个教师的"功底"，可以说这些内容的讲授过程是完全的"原创"，设计中不仅有知识点的解释，而且有相应的、合理的课堂教学案例作为支撑。

教学目标明确的前提下，将教学内容进行分解，第二周教学内容分解如下：

（1）AIDMA 模型和 AISAS 模型。

由上一章市场营销策略组合理论，4P 到 4C 的转变，引出 AIDMA 模型和 AISAS 模型；介绍两模型产生年代，对当时的社会市场营销环境进行解读；两模型每一要素对应的消费者购买行为；理论联系实际，尤其是学生有需求和购买行为时对应两模型进行分析。

（2）4I 原则。

4I 原则即趣味原则（Interesting）、利益原则（Interests）、互动原则（Interaction）、个性原则（Individuality）。对目前营销活动中企业运用 4I 原则的网络营销案例进行分析。

（3）10P。

进入 20 世纪 80 年代，市场营销学在理论研究的深度上和学科体系的完善上得到了极大的发展，市场营销学的概念有了新的突破。1986 年，菲利普·科特勒提出"大市场营销"概念，即在原来的市场营销组合 4P 组合的基础上，增加"政治力量"（Political Power）、"公共关系"（Public Relations），随即，菲利普·科特勒又提出为了精通"4P's"（战术上的），必须先做好另一个"4P's"（战略上的），即"探查"（Probing）、"细分"（Partitioning）、"优先"（Prioritizing）、"定位"（Positioning）。

（4）网络营销的特点。

由网络营销的定义引出网络营销的特征：具有鲜明的理论、市场的全球性、资源的整合性、明显的经济性、市场的冲击性。进而解释网络营销的 10 个特点：时域性、多媒体、交互性、个性化、成长性、整合性、超前性、高效性、经济性、技术性。

网络营销大部分是通过网上工作者的一系列宣传、推广而进行，这其中的技术含量相对较低，对于客户来说是小成本、大产出的经营活动。

（5）网络营销的功能。

网络营销功能介绍说明：网络品牌、网址推广、网站优化、信息发布、销售促进、销售渠道、顾客服务、顾客关系、网络调研、资源合作。这部分为本次课程重点内容，因为网络营销的功能与后续课程中网络营销具体策划创意相关。

以上内容为一次 3 学分课程理论讲授内容，除此之外，还在课前选取网络资源，建议学生课下阅读，并在课程公告中通知学生。

为学生选择平台中的教材资源——西安交通大学出版社出版的《网络营销策划与实施》，把教师撰写的讲义内容都上传到课程资源中，建议学生有重点、有参考地阅读。

3. 根据大纲撰写讲义，设计 PPT

教学大纲中对本门课程有教材建议，但对于"网络营销策划与创意"课程来说，网络技术的发展日新月异，在基础理论没有改变的情况下，网络平台每年都会发生很多变化，几年前的教材难以适应现在的社会环境发展。所以在课程教学之前，教师利用假期自编讲义，将最新的网络营销平台都总结归纳出来，制作出电子版讲义，同时将讲义通过班课软件和企业微信群发送给学生，免去学生因购买实物教材时受物流快递的影响，让本门课程的学生从第一周开始就可带讲义听课，并可以使用讲义记笔记。

轻直播中理论内容的主要讲授方式为 PPT 图片加语音讲解，PPT 的设计与讲义完全同步，学生不用跳转查找内容，过程设计流畅清晰，使学生对知识有逻辑上的认识。将所有 PPT 提前发到班课的资源中，学生可以提前预习，轻直播讲课过程中，以一张张图片的形式发送到直播间，一张图一段讲解，内容完全对应，没有断档。

课程讲授中，联系当前学生自身的消费经历，讲授消费者需求与企业网络营销的关联，内容贴合生活，使学生产生学习兴趣，加入讨论。

（二）课程中融入思政

任何一门专业课程，对于引导和培养当代大学生树立科学的世界观、人生观和价值观的作用都不可低估。"课程思政"模式已发展成为新时代育人的必然趋势。专业课程思政可以融入课堂教育的每个部分，如在本门课程中提醒学生课前预习，关注近期网络热议的话题，了解我国经济发展现状，理解学校组织网络教学活动的初衷。课程思政在整个学期的教学过程中潜移默化地影响学生，几个生动的案例、几张吸引注意力的 PPT、一段理论联系实际的讲解，对学生来说很容易接受，也容易激发学生的责任担当意识和爱国情怀。

本门课程的期末作业是参加学校举办的第二届"致用杯"大学生创新创业大赛，撰写商业计划书。在讲授计划书项目创意的过程中，提醒学生创新创业的重要性，强调项目设计要考虑"社会性"，将公益与商业融合，扶持贫困地区经济发展，为社会上需要帮助的人群提供商业化的解决方案。

（三）注重细节

1. 按照课表严格控制时间

蓝墨云班课中签到、上下课、作业提交都有时间设置，尽量控制好上课时间，不拖堂，不占用其他课程时间，课后作业量适中，前几周不给学生增加压力，使学生逐渐适应网络教学。蓝墨云班课 App 签到功能非常方便，第 6 节上课时间 13：00，提前 5 分钟开始签到，之后立即统计，对没有签到的学生问清原因。几次课程后对签到时间、提交作业时间都进行了优化改进。

2. 作业设计

注意量和难度的控制，设计提交截止时间。作业分为个人作业和小组作业，前两周作业为个人作业，难度较低，使学生了解软件，使用软件，之后两周将学生分组，分组作业由易到难，第六周开始准备完成网络营销创业计划团队的商业计划书撰写，针对非广告、网媒专业 3 名学生缺少基础知识的问题，教师不仅在课上提醒学生课后补充知识，而且挑选了云教材让学生学习，并且帮这 3 名学生寻找团队成员。

3. 课后活动

全校为每门课程都建了企业微信群，课前教师提醒去云班课签到，理论讲授结束后提醒学生完成作业。授课时一般不使用企业微信群，尽量使用同一软件讲授课程，避免学生频繁切换。微信群实时提醒非常方便，在企业微信群中课前和课后与学生讨论交流其他问题，让学生在任何时间都可以与老师交流。

（四）轻直播直接交流

教师课前备课时，将PPT存成图片形式，在轻直播讲课中边发图片边进行讲解，相当于面授课堂中的PPT放映，学生和教师用一款手机软件即可完成一节课的全部教学活动，这便是蓝墨云班课的重要功能——轻直播。

App的轻直播功能简单易操作，对学生来说也可以很方便地收听和看到，同时可进行教学互动，提问回答，实时观察学生学习状态和进度。课中提问和设计临时活动查看学生在线听课状况，带动学生积极思考问题，要求学生限时头脑风暴，完成任务。

从每一周的教学活动中，学生和教师对软件使用的熟练度都有所提升。课前准备和资源逐步完善，教材、课件、网页链接，都通过蓝墨云班课软件发布，课中更加严格考勤，通过各项活动随时统计学生在线状况。内容讲授上通过设置生活中的消费场景，使学生对实际问题的讨论更有兴趣，学生还在逐步推进课后作业讨论，学生参与学科竞赛的热情高涨。

四、总结

随着技术的进步，教学环境发生了巨大的变化，越来越多的网络教学软件被开发并逐渐应用到教学活动中。对于教师来说，使用网络教学软件能够促进线上教学的发展，如课上签到、课后交流、收发作业等，切实减轻了教师的负担；对于学生来说，使用网络教学软件能够突破时空限制进行学习。同时，使用网络教学软件仍然存在一些问题，教师不能从所有学生的实时表现中了解教学的情况，也难以辨别网络另一端的学生是否真正听课。技术的发展正在逐步解决这些问题，教师应善于接受新事物，适当使用网络教学软件辅助教学活动，提升教学效率，而不是故步自封，因软件不够完善而全部放弃使用。

在线教学的实践与反思

张立梅*

摘要： 与线下教学相比，在线教学具有一定的优势，但也对教师提出了更为严峻的挑战，教师需要针对在线教学的特征进行更为科学的教学整体设计，在充分考虑学生整体状况的情况下进行合理的互动和激励设计，与线下教学相结合才能真正体现线上教学的优势。

关键词： 在线教学　实践　反思

2020 年初，始料未及的新冠疫情席卷而来，为了遏制疫情的扩散，保护人民的生命健康，我国政府制定了严格的疫情防控政策，各政府部门也纷纷针对本部门辖下业务制定了针对性措施，教育部是其中最受关注、行动最早的部门之一。

在这样的背景下，我校有关部门迅速反应，于 2 月 10 日下发了《2020 年春季学期延期开学期间教学工作安排的通知》，对此期间的教学活动进行安排，我校师生随即进入在线教学的各项准备工作当中。作为工作在一线的一名普通教师，笔者希望能够以本文回顾个人这段终生难忘的课堂"主播"经历，总结其中的收获与不足，激励自己在教学的道路上进行更有效的探索。

---

* 张立梅，北京联合大学应用文理学院新闻与传播系讲师，主要研究方向为广告实务。

一、在线教学的整体设计

作为一个将近 50 岁、对新媒体技术不是很热衷的普通人，本人此前不但没有在线教学的经验，甚至对在线教学都缺少基本的了解。因此，在最初得知教育部的有关精神后，就陷入了深深的恐慌当中，不知道该怎样完成这项工作任务。为了解决这个问题，本人开始收集资料，了解在线教育的发展历程、现实状况、典型模式、主要平台等基本问题，让自己对在线教学有一个整体性的了解；在了解在线教育优势的基础上，更是重点关注了在线教育存在的问题、容易落入的误区等，希望能够在自身的教学过程中提早预防。作为一个即将上岗的"主播"，还去观摩了直播达人的现场秀，不过这种观摩好像起到了反向的作用，让我对自己要展开的在线教学产生了更深的恐惧。在那段日子里，巨大的心理压力让我夜夜失眠，无法平复。

好在没过几天，学校的延期开学安排出来了，我发现学校对教育部文件的解读很理性，并没有强制要求采用在线直播的形式。学校从众多的在线教育平台中选择了中国大学 MOOC、Bb 网络学堂和蓝墨云班课作为本校的在线教学平台，任课教师可以根据个人需求从中自由选择。对比三个平台后，我发现学校对这三个平台的确定考虑得非常全面。中国大学 MOOC 响应教育部的号召，为这次全国范围内的在线教学免费提供 6700 多门本科层次和 1300 多门高职层次的课程资源，教师可以从中选择自己认为适合的对应课程引入开展 SPOC 教学。这不但可以降低教师的工作量，更能够使这些优质的教学资源通过大规模的分享而进一步地发挥其应有的价值。对于我国高校而言，这是一个非常难得的分享机会。对于没有 MOOC 资源的课程，教师可以选择使用 Bb 网络学堂和蓝墨云班课两个平台自行搭建在线教学课程。Bb 网络学堂也就是 Blackboard 网络教学平台，我校在很早以前就已经引入了，我之前也曾经在上面搭建过课程平台。它突出的功能就是一个课程资源平台，可以上传文字、视频、音频的资源，但无法为师生提供及时的互动沟通。蓝墨云班课是北京蓝墨科技有限公司开发的一款移动教学辅助产品，在功能上更为强大，不但可以承载各种课程资源，更是设计了丰富的课上、课后的互动环节和个性化的分析反馈。在仔细对比了三个平台的资源兼容性、操作便捷性、在线互动性几个方面之后，我将自己要使用的在线教学平台确定为蓝墨云班课。之所以选择蓝墨云班课，首要就是它能够实现及时的在线互动，能够以轻直播的形式进行课上和课下的讲授、答疑、讨论等任务，而我在前期的资料收集阶段已经确立了一个认识，那就是及时的在线互动才是当前在线教学的核心所在。

选定了平台之后，接下来的一项重要工作就是进行教学方式的选择。虽然教育部和学校都没有要求教师必须进行录课或者直播，但我想既然要贯彻在线互动的特征，就必须考虑直播的恰当形式。蓝墨云班课具有语音轻直播的功能，但是在尝试过程中我发现，作为一个激情型的教师，在面前没有学生、看不到学生反馈的时候，我不但找不到自己的兴奋点，甚至连张口说话都变得非常紧张。就在这个时候，同事转发了一篇文章，是马少华老师分享自己利用微信群使用纯文字的形式进行在线教学的经验，文中提到"我们师生以纯用文字的方式，实现了差不多与课堂教学接近的授课和交流节奏"❶。这篇文章让我茅塞顿开。其实，由于在线教学的特点，很多时候都需要学生返回去对内容进行复习回顾，如果采用语音直播的话，学生其实不太容易找到对应的内容；而且，作为线性的媒介，语音听起来也比较浪费时间。空间性的文字则恰好可以解决这两个问题，于是我决定使用"文字+PPT"的形式进行直播。专门开了一个新的班课号尝试过之后，我个人认为效果很好，而且可以更好地应对网络拥堵的问题，毕竟文字占的空间比较小。同时，一小段一小段的文字，还不会造成太大的阅读疲劳，更有利于学生注意力的集中。

在前期的资料准备中，我了解到很多学者都发现在线教学需要线下的学习作为补充，线上和线下结合起来才能将效果发挥到最大。而且，教育部也

---

❶ 马少华．疫情期间第一次体验微信群教学［EB/OL］．［2020－02－21］．https：//www. sohu.com/a/374839209_ 100069448.

提倡在延期开学期间鼓励学生自主学习，以提高学习效率。在这样的情况下，我决定采用翻转课堂和研究性学习相结合的形式来安排教学活动。在课前制定每一章内容的自主学习任务，将相关的理论学习和案例分析资料发给学生，要求学生在上课之前综合分析教学资料，对基本知识点形成自己的认识和理解，然后参加自主学习效果测试。在学校的课表时间，到蓝墨云班课参与由我主导的课上答疑和讨论，课上时间结束之后，再设置由学生主导和互助的课下答疑讨论，最后再由我本人将自己准备的教学 PPT 及详细讲稿发到课后答疑讨论区供学生参考。由于学生还没有拿到课本，本课程选择的课本也没有电子书，因此我以较为严谨的百度文库中的教学 PPT 作为理论教学资料的主要来源，从中挑选比较优秀的、与我个人准备内容比较接近的教学内容，上传链接到蓝墨云班课供学生在线自主学习。案例资源则尽量选择从多个角度对同一案例进行分析的内容发给学生，希望学生能够从中分析思辨，形成个人比较独立的观点和理解。自主学习效果测试，是我自己设计的习题。蓝墨云班课只能提供客观题的测试，因此基本就是选择题和判断题，主要考虑学生对课程内容的基本理解。为了督促学生学习，每次测试的设定都是可以做三次，学生可以根据具体的题目更有目的性地学习相关资料。

由于整个在线教学设计比较复杂，学生此前也缺少相关的学习经验，因此在写了学习说明之后，我还利用在线教学的第一次课专门对此进行了详细的介绍，提醒学生应该注意的问题。之后，我的在线教学便正式开始了。

在此后的在线教学过程中，我感受到了自己设计的这套教学模式的巨大负担：在准备每章的教学 PPT 之外，为了保证课上时间的使用效率，每次课前我都要写非常详细的讲稿，甚至连"下面""接下来"这样的内容都要写，每一句话的遣词造句都要反复推敲，因为我要考虑学生读时是什么样的感受。我会在其中加入很多语气词，以增加口语色彩，提高学生的阅读兴趣。每次课的讲稿都在 13000 字左右，写完讲稿之后，最少要修改两次，这个工作量其实已经超出了我之前的预计。而且，准备的这些内容还并不一定恰好能够回答学生提出的问题。因此在课上答疑讨论的过程中，我还要随时保持高度的紧张，以应对学生的提问，并迅速地用文字进行回答。课下讨论中，学生更是随时提出问题，我每天要登录蓝墨云班课查看很多次，查看学生自主讨论的主题、内容和结论，并适当地予以解释。我曾经跟同事说，感觉现在每周要干八天的活。累，应该是每一个初次尝试在线教学的教师的共同感受吧。

二、在线教学反思之惊喜

虽然在线教学大幅度地增加了我的工作量，但在教学过程中，我还是时时能够感受到惊喜，因为在换了一种交流方式之后，我对学生及其学习态度和能力有了新的认知。

首先，在线教学让我感受到了虚拟空间对学生性格的改变。在线下课堂教学过程中，能够主动参与课堂互动的学生其实并不是很多，大多数学生都是以听为主，有了疑问也更倾向于与同学讨论，而很少向任课教师提问。我个人认为这与中国人的性格密切相关，中国人普遍比较腼腆、害羞，不愿意成为别人关注的对象，害怕别人的目光，更担心自己回答错误会引发别人的嘲笑。但是，在网络这个虚拟空间中，这些顾虑就少了很多，虽然也还是原来的同班同学，但这个虚拟空间和彼此的距离感给了学生心理上的安全感，让他们发表自己意见的意愿增强了。课上课下的答疑讨论中，我发现部分原来线下教学中基本不发言，即使提问也基本不能顺利回答的学生，在在线教学的过程中变得非常踊跃，愿意表达自己的观点，哪怕自己的观点并没有多少人认可。有一位女同学甚至成了本班的互动标兵，不但积极发言，而且每次发言都很切中主题，还能够对之前课程学习到的内容进行较为完整的回顾。她告诉我，在线教学让她变得勇敢了，她的自信心增强了。

其次，在线教学让我感受到了学生的研究能力和研究精神。我的课程设计就是课前发给学生相关的学习资料，让学生自己提前学习基本的知识点。在这个过程中，学生需要综合分析我提供的 5 个观点各异的 PPT 的相关内容，自己判断、自己思考，找到自己认为最恰当的知识点解读。这个能力要求其实是很高的。在实际执行的过程中，我发现部分学生自学的成果远远超过我的预期，他们会综合对比各个 PPT 的内容，分析优缺点，然后得出自己的结论，并在这种归纳过程中深化对基础知识的理解，还能够进行一定程度的个人思考。相对于原来听教师讲、直接接受教师的观点而言，这种方法带来的好处是不言而喻的。我看到很多学生都整理了较为详细的学习笔记，对于自主学习测试中一些比较灵活的题目也能够作出正确的理解。以前每次指导学生毕业论文的时候，我都会感觉到学生资料分析能力的欠缺，现在我却感受到了学生的这种研究能力，意识到不是学生不具有这种能力，而是学生没有机会展示。

最后，在线教学让我感受到了群体讨论的脑力激荡效果。在原来线下的教学过程中，基本是以教师为中心，学生就是一个学习者，教师忙着将知识传授给学生，学生接收这些知识，我们的教学任务就完成了。在线教学过程中，我感受到教师其实只要扮演好引导者的角色就好，学生自发的、互助的讨论可能是更适合学生、更符合学生需要和理解能力的学习途径。我观察到，与其我一个人忙乱地回复学生提出的各种问题，倒不如鼓励学生进行互助的答疑，把学生提出的问题交给学生们自己来讨论解决。学生会用他们更熟悉的词语、句子和表达方法来阐释他们的想法，理解的难度更小。在看到学生互助完成一个个问题解答的时候，我感受到了过去多余的担心和自作多情。这种自助式的解答，不但能够解决问题，还能够增加学生之间的交流，提高学生的自信心和思考能力，是对他们脑力的一种激荡，能够很有效地提升学习效果。

三、在线教学反思之教训

在线教学让我们感受到了之前未曾料到的惊喜，但是由于多方面的原因，也让我感受到了很多的遗憾，其中包含在线教学的很多教训。

第一，要针对学生的整体情况进行教学设计。教学是一个教和学的过程，教与学是相辅相成、彼此依存的，教师和学生之间需要维持一个微妙的平衡点才能实现最佳的教学过程。因此，教学模式也好，教学方法也好，教学过程也好，所有的这些都必须兼顾教师与学生双方的基础和体验。一直以来的教学模式，已经让大多数教师形成了根深蒂固的教学主导习惯。在我进行自己的在线教学设计的时候，其实就已经陷入以自我为中心、教师主导的套路当中。我自以为强调学生自主学习是在体现以学生为中心，但我恰恰忘记了我校学生、我承担课程的学生的整体学习能力和学习习惯；我自以为是为了培养学生的学习能力和终身学习的良好习惯，但恰恰没有征求过本课程学生的意愿；我对本课程这种教学模式中学生工作量的加重有一个模糊的预知，但我没有考虑到根据学校的统一要求，学生总计的在线学习工作量。在这种情况下，我前面自以为苦心孤诣的教学设计其实并没有得到学生的理解，部分学生能够克服困难完成我设计的自主学习任务，并且有一定的收获，更多的学生却因为工作量大、学不到一直以来认为要学习的"知识"而陷入烦恼。因此，我前面介绍的在线教学设计其实只执行了短短的三周就宣告失败了。之后虽然我仍然使用"文字+PPT"的形式进行课堂直播，但那只是把原来的课堂言语讲授转变为蓝墨云班课的文字传授而已，曾经热闹非凡的课后答疑讨论区已经是空寂一片。

第二，在线教学过程中的互动需要合理的设计。教学当中的互动，是为了启发学生思考，激发学生参与教学的热情，获得教学效果的反馈。在线下的教学过程中，互动可以通过学生主动提问、教师主动提问、学生自发讨论等形式进行。在我之前的在线教学设计中，主要考虑的互动是学生的提问。我希望学生能够主动地提出自主学习过程中无法解决的疑问，然后由教师与学生共同回答、讨论来解决这些疑问，并在这一过程中对课程预计的教学内容进行讲解。但在执行的过程中，我发现这个想法太简单了。在实际执行的过程中，只要我关闭针对学生的"禁言"模式，马上就会出现滚屏的效果，学生的问题一个接一个、一个顶一个，别说回答了，我根本连看都来不及就滚动消失了。造成这种现象的原因，主要是因为在这个虚拟的空间中，学生们彼此分离，互相并不了解其他人的疑问，一旦进入提问时间，马上同时提出问题，根本不会考虑这个问题是不是其他同学已经提出的，这种滚屏对教师和学生其实都是一种困扰，并不能实现及时解答疑惑的效果。于是，在后来的教学过程中，我改变了互动的时机，不再启动"禁言"模式，而是在讲授过程中允许学生随时提出问题，并且也尝试在恰当的理论讲授时点上设置问题让学生回答，这样就把原来集中的提问分散开来，使互动的效果有了提升。

第三，学生激励机制也是需要科学设计的。从心理学的角度说，得到鼓励意味着得到认可，的确可以让我们感觉到满足和愉悦，即使是在一些我们本应完成的事情上，如果能够得到一些激励的话，也会激发我们更大的热情，学习过程也是如此。为了激励学生，蓝墨云班课设置了"经验值"这个项目：教师可以为各项教学活动设置"经验值"，学生完成该项活动就能获得相应的"经验值"；教师还可以为表现优秀的学生点赞额外增加经验值；蓝墨云班课的班课成员排名默认的就是按经验值由高到低进行排列。可以说，这个"经验值"就是一种激励。在线教学过程中，我发现在讨论答疑中获得教师点赞加经验值的学生之后会表现得更加积极。但是，这个"经验值"只能根据学生是否参与了该项活动被动赋分，并不能根据学生参与该项活动的深入程度灵活调整赋分。比如，我设置阅读我发的资源的学生可以获得 5 个经验值，只要学生点开那个资源就能获得这 5 个经验值，连学生是否看完了都无法统计。这就导致部分学生为了获得经验值而参与活动，根本达不到预期的效果。在结束了前三周的教学尝试之后，我仍然会设置课后答疑讨论区以及相应的经验值，希望学生能够提出一些问题和思考。但令人失望的是，此时的课后答疑讨论区已经看不到学生的提问和讨论，入眼的就是那一排整整齐齐、为了拿到云班课经验值而发送的标点符号。每到这个时候，我都不知道该如何表达心中的情绪。

综上所述，经过这一段时间的在线教学，我有收获，也有教训；有惊喜，也有遗憾。但是，这些更加坚定了我对教师这个职业神圣感和责任感的认知，更加坚定了我对教师作用的肯定。那些认为只要录制好一大批优秀的教学视频，教师这个职业就可以消失的观点是根本错误的。正如加拿大阿萨巴斯卡大学荣休教授乔恩·巴格利博士所说，基于媒体的教育，不管其技术手段有多么高端，不管技术有多么"智能化"，教师的作用永远不可替代，师生交互不可或缺。❶ 同理，在线教学与线下教学也并不是你死我活的关系，而应该是彼此配合、优势互补的关系。因为线上与线下不可分开，网络只是一个学习工具，线上不能解决所有问题，大量的学习活动要在线下完成。所以，线下学习是人类的根本性学习形态，是线上学习的基础。❷

---

❶ 乔恩·巴格利. 在线教育症结何在？［J］. 肖俊洪，译. 中国远程教育，2017（4）：5-14，79.

❷ 王利民. 线上教学的挑战不仅仅来自技术［N］. 中国教师报，2020-03-11.

高校在线直播课堂社会化传播问题[*]

李彦冰^{**}

摘要： 在线直播课堂社会化传播是课堂教学内容不仅在学生层面扩散，还直接在家庭、社会公共场所传播的过程或结果，它是高校课堂教学从相对封闭到开放的社会化过程。这一过程具有如下几个特点：它高度依赖互联网技术，知识扩散场所和对象更加社会化，教育对象的知识接受具有离散化倾向，课堂教学效果评价标准更加多维化。这一问题的本质是将高等教育知识和理念的相对封闭的传播转变为开放性传播，将具备一定精英特征的高等教育知识在更大范围内向社会一般民众普及。它实现了高等教育资源的下沉式社会共享，使高等教育知识的传播具有更广泛的社会启蒙意义。当然，这也对教师素养提出了新要求，它促使教师的授课活动要权衡人才培养与社会启蒙的关系，要求教师的授课活动要接受更大范围的社会检视，同时课程思政的融入也将面临挑战。

关键词： 高校在线直播课堂　社会化传播　社会启蒙　教师素质

＊ 本文系北京联合大学研究生教育改革项目"新闻传播类硕士研究生课程思政建设的理论与实践研究"的阶段性研究成果，曾在《北京教育》2023 年第 3 期刊发，刊发时有删节。

＊＊ 李彦冰，传播学博士，北京联合大学教授、硕士生导师，北京联合大学应用文理学院副院长，主要研究方向为政治传播。

一、在线直播课堂社会化传播的内涵及其特点

高校在线直播课堂社会化传播是指高校课堂教学由传统教室上课转为在线直播后，课堂教学内容不仅在学生层面扩散，还直接在家庭、社会公共场所传播的过程或者结果，这使以往高校课堂教学相对封闭的知识传播过程，向更为开放的社会化传播过程转变。相较于传统的课堂教学来说，高校在线直播课堂最直观的表现是授课场所的变化，但这一直观的改变背后隐藏的是高等教育课堂教学内容作为一种知识扩散的路径和对象的改变，因此呈现出自身鲜明的特点。

第一，课堂内容传播高度依赖互联网技术。在线直播教学是依托发达的互联网技术而开发出来的各种会议软件、教学软件而实现的。当前被普遍采用的腾讯会议、雨课堂、钉钉会议、希沃白板5、CCtalk、映客等均是依托移动互联网技术来实现的。离开互联网技术而谈网络教学几乎是不可能的，这已经成为一个常识。

第二，高等教育知识扩散场所和对象更加社会化。传统高等教育课堂教学的场所就是大学校园，是在教室这一封闭的物理空间里完成的。对学生而言，已经习以为常的教室环境相对于社会来说就是一个围墙，进入这个物理空间需要标准和条件，它需要跨过国家所举办的高考，或者国家、高校举办的研究生考试。尽管早在十几年前已经有研究者宣称中国已经进入高等教育的大众化阶段，但这种大众化只是意味着接受高等教育的人群比率达到15%—50%而已，并不意味着任何普通人都可以进入高等教育的课堂来享受教育资源。

在线直播课堂能使知识的扩散更加社会化，其主要表现就是受教育场所已经将有围墙的校园转变为家庭和任何可能的社会公共场所。手机和小型电脑的便携化特征，使高等教育的在线直播活动成为移动的高等教育课堂，它可以使受教育对象所能到达的公共场所都成为高校课堂开讲的地方，这些场

所中活动的人群都有可能成为高等教育知识传播的对象。由此可见，高等教育知识扩散的对象也日益多元化，它使高等教育知识日益向社会的内部扩散和渗透，高等教育的大众化程度在某种程度上得以拓展，高等教育可能会发挥某种程度的溢出效应，高等教育的社会启蒙意义再度显现。

第三，教育对象的知识接受的离散化倾向明显。所谓离散化倾向是指学生由原来的共处课堂接受教育，转变为独立的个体接受，或者家庭化接受。独立的个体接受实际上是将受教育的对象转变为孤立化、原子化的个人，同辈之间的比较评价、相互讨论、切磋、辩论等学习活动日益弱化，学生多数情况下是通过内省式思考来完成知识的消化和吸收。家庭化的接受的情况较为复杂，这与整个家庭成员的受教育程度和家庭氛围有很大关联。如果家庭的受教育程度较高、氛围宽松，家庭成员间的讨论可以成为知识传播、内化、吸收的重要助推力量，如果家庭的受教育程度没有达到大学程度，课堂知识的讨论很难在家庭成员间展开，知识的再传播效果则会大打折扣。

知识传播的离散化倾向给教育对象的品格提出了新要求。在这里知识传播的离散化倾向在某种程度上是一种否定性的力量，它给在线直播课堂的效果呈现提出了挑战。这一倾向消解了学生共处一个场所接受知识所能带给学生的共情、共鸣效应，在场式的群体感染、群体暗示几乎消失了，学生即便有相互讨论的需求也只能通过课后的在线讨论来完成，而这与面对面的讨论的便捷性又不可同日而语。知识获取的费力程度增加，其传播效果自然会打折扣。当然，课堂知识的原子化接受也并不一定伴随着个体接受效果的减损，其关键因素在于知识接受者是否具有独立思考的习惯和批判性接受的思维方式，而这一品性恰是所有高等教育在育人上的重要目标之一。

第四，课堂教学效果评价标准更加多维化。正因教学活动形式、场所、对象发生了深刻变化，从而直接影响到课堂教学效果评价的变化。网络在线直播教学的教学效果虽然要从有清晰的教学目标、传递良好的学科知识与理解、学生有效的学习效果、教师有效的组织教学和丰富的成果产出等方面去评价，但是网络在线直播所带来的新形态，使得以上教学效果的评价指标的内容必须进行调整。这促使教学效果的评价必须考虑更多的维度，比如要把课堂教学效果的社会效应纳入其中进行评价，同时也要考虑教学场所的变化对教学目标的达成带来的影响，教学效果评价的多维化和复杂化特征日益突出。

二、在线直播课堂社会化传播的本质与社会意义

在线直播课堂的社会化传播的过程是使具有相对封闭性和一定精英特征的高等教育知识、理念，跨越固有的教育对象和校园藩篱进一步向社会其他领域弥散的过程。因此，在线直播课堂社会化传播的本质是将高等教育知识和理念的相对封闭的传播转变为开放性传播，它向社会其他人群敞开了怀抱，尤其是向不具备高等教育准入门槛的人敞开了大门；它将具备一定精英特征的高等教育知识在更大范围内向社会一般民众普及，虽然这一扩散与传播的效果还有待时间检验，毫无疑问，它已经使高等教育知识、理念的传播具有了更广泛的社会意义。

第一，高等教育资源的下沉式社会共享。有研究者在谈到慕课等网络课程对高等教育的影响时，认为"慕课意味着校园围墙在被打破，优质教育资源的共享已经成为时代的必然，传统意义上的大学职能将会发生颠覆性变化"❶。实际上，这时所讨论的教育资源共享的人群还停留于学生群体，只不过是知识的扩散由一所大学的学生到了另一所大学的学生。但是今天的在线直播课堂教学使高等教育资源跨过了大学校园，进一步下沉到学生家庭成员与其他社会成员，实现了教育资源下沉式社会共享。实际上，这是从知识供给的角度弥平知识鸿沟的一种重要途径，至少这一途径把教育资源从高校等教育机构直接送到了社会的细胞——家庭——之中。当然，知识鸿沟的弥平并不是具备了充足的知识供给这一个因素就能实现，它跟既有知识存量、主

---

❶ 张鸷远. "慕课"（MOOCs）发展对我国高等教育的影响及其对策［J］. 河北师范大学学报，2014（2）：116-121.

动求知的欲望、受众的接受时间等因素都有关系。

第二，在线直播课堂的社会化传播具有社会启蒙意义。所谓社会启蒙指的是通过教育使人们接受新的事物，从而使社会得到进步。纵观近代以来的社会思潮传播，从西学东渐开始，到中华人民共和国成立的百年时间里，社会思潮的传播也基本遵循了从精英到社会底层的演变过程。从"富国强兵"到"立宪救国"，从自由主义传播到马克思主义占主导地位，都经历了从社会精英分子到社会普通大众的传播转换。

今天必须从社会启蒙的角度看待在线直播课堂的社会化传播问题。高等教育的课堂是思想的播种机，是技术革新的发源地。不管是思想也好，技术也罢，要想在社会上发挥作用，多数都是依托高等教育的育人过程来实现。因此，高校学生就成为这些效果得以实现的中介和渠道。学生的成才之路就是高校育人使命的自然延伸，在正常情况下是需要时间这一维度来衡量的。但是，今天在线直播课堂直接嵌入了社会生活，它直抵社会普通成员的特点，使思想传播和技术扩散得以在更广泛的社会层面上得以实现，这与以往知识和理念传播的路径完全不同。当然也应该清醒地意识到，不能对"互联网+教育"的社会现实情景做完全乌托邦化的理解和认知，否则就有陷入媒介技术中心主义的窠臼中的危险。实际上，一场社会启蒙运动的效果不仅仅取决于传播技术的革新，更与这种思想传播的社会情景和所依赖的社会关系有更紧密的关系。但对媒介中心主义的警惕丝毫不能掩盖这场社会化传播的意义，毕竟知识、技术和思想在短时间内集中地直抵社会成员的景象，在历史上还不曾有过。

三、在线直播课堂社会化传播之于教师素养的新要求

在线直播课堂的社会化传播相对开放的特点，对于教育活动的传播主体教师来说，是把教师的授课活动实时置于社会大众面前，这使得教师的教学活动要时刻接受社会大众的检阅，这与以往相对封闭的高校课堂是迥然不同

的，其最大的不同在于它对任课教师的素养提出了更高要求。

第一，教师的授课活动要权衡人才培养与社会启蒙的关系。教师的使命是为党育人、为国育才，以立德树人为核心开展全部教学科研活动，以立德树人的成效作为衡量育人工作的根本标准。换句话说，教师的一切活动都要围绕"人才培养"这个核心工作来展开。因此，不管是在传统课堂上，还是在在线直播课堂中，学生的成人成才始终是教师授课活动应该考虑的首要目标。教师直播课堂从本初意义上讲，仍然是面向学生的课堂，只不过是改变了授课方式而已，这是确定无疑的。不过在实施的过程中，环境和方式的变化带来了受众的变化。

高等教育社会启蒙的价值实现在上述两种情境下体现出一定的差异性。这种差异性产生的原因主要来自在线直播课堂受众的扩展。在传统的高等教育课堂中育人的目标与社会启蒙的使命基本一致，两者合而为一。高等教育通过教学活动培养优秀的学生，通过学生的成人成才服务社会来进一步达到社会启蒙的大目标。但是，在线直播课堂直接嵌入家庭的新变化，增加了家庭成员及其他社会成员受教育的潜在可能，这同样给高等教育对社会的深度启蒙提供了可以想象的空间和途径。

这一新要求促使教师必须思考如何权衡高等教育既定的人才培养目标与社会启蒙对象的扩展问题。很显然，高等教育的对象仍然是在册的经过选拔的本校学生，这是毫无疑问的，更不能看到了高等教育对社会深度启蒙的可能而将社会其他成员当作教育的主角去对待，倘真如此，高等教育将因失去既定的规范而产生混乱。如何兼顾两者，做到既不失却高等教育既定的育人目标，又能最大限度地实现社会启蒙的深度扩展，将成为教育者必须考虑的问题。

第二，教师的授课活动要经受更广泛的社会检视。这里的社会检视其实就是指社会监督。如果说传统课堂和慕课阶段的教学也要接受社会检视的话，这种检视一般是指经由学生或者媒介监督报道的社会检视，毕竟这些课堂的授课内容并不是直接面向一般的社会成员，所以它是一种中介化的社会监督，它是大众媒介作为社会舆论的风向标和警示器，在高等教育教学活动中发生社会越轨行为时，给予必要的舆论警示，从而达到规范教师课堂教学活动的效果。但是今天的在线直播课堂直接嵌入家庭或者下沉到社会基层的现实，使得教师的教学活动需要直接面向社会成员，社会成员是直播课堂的在场观看者，教师与社会成员直接面对面，这就要求教师的课堂教学行为要更规范。在一般课堂讨论中被普遍采用的社会争议事件此时还能不能成为课堂讨论的内容，就需要谨慎选择了。

第三，课程思政的贯彻和融入也将面临挑战。这挑战同样来自在线直播中在场的社会一般成员。原本面向学生的课程思政活动，是教师着眼于培养符合党和国家政治体系要求的合格的社会建设者和接班人而开展的。所有的课程思政活动，如思政元素挖掘、思政教学设计和实施等都是从学生出发而实施，学生是唯一的接受主体。在教师看来，原本带有策略性的课程思政教学设计活动对学生来说可能恰到好处，让学生在接受专业知识的同时能受到主流价值观潜移默化的影响，如盐入水般产生效果。但是，这样的活动在面向社会一般成员时将会因社会成员身份的多元性、知识结构的复杂性、人生阅历的丰富性而带来复杂变化。在此情况下，课程思政如何更好地融入专业教学中，如何推陈出新将成为新课题。

总之，高校在线直播课堂社会化传播的问题是高等教育课堂教学面临的新问题，对这一问题的讨论需要教育学、传播学、社会学甚至心理学等学科的综合介入，我们期待新的研究成果出现。

"新媒体技术与应用"课程混合
教学模式探索[*]

陈世红^{**}　李　健^{***}　曹　莹^{****}

摘要：本文在讨论在线教学方式的基础上，以"新媒体技术与应用"课程为例介绍了采用"MOOC+SPOC+企业微信"的混合式教学模式以及教学实例，探索新形势下行之有效的在线教学混合教学模式。

关键词：在线教学　混合教学模式　企业微信

一、线上线下混合教学模式

（一）课程概况

"新媒体技术与应用"课程是针对网络与新媒体专业开设的一门专业必修

---

* 本文为教育部产学合作协同育人项目"新媒体影像创作课程改革与建设"（项目编号：221006460112909）的阶段性研究成果。

** 陈世红，北京联合大学教授应用文理学院新闻与传播系教授。

*** 李健，北京联合大学教授应用文理学院讲师。

**** 曹莹，北京联合大学教授应用文理学院讲师。

课。该课程从数字媒体的信息处理涉及的技术基础展开，主要学习新媒体技术相关概念和新媒体技术的基础知识，掌握数字音频处理、数字视频处理、动画制作技术、数字图像处理和自媒体平台工具等多种媒体信息的处理方法。通过对新媒体相关技术的学习，了解新媒体技术的前沿研究进展和发展方向，培养学习相关技术的兴趣和动力，提升学生的专业素养，为后继专业课程奠定坚实的基础。该课程是实践性较强的课程，对学生的实践能力要求较高。

（二）课程的组织形式

根据"新媒体技术与应用"课程的情况，结合学情的特点，依据教学目标，精心设计教学方案。

（1）课前阶段。教师设计好教学活动后，将教学内容与教学资源上传，并将难度适中的导学任务发布给学生，要求学生按照教学安排和导学任务完成学习。此外，根据章节内容设计测试题目，了解学生学习掌握程度，引导学生开展自主学习。

（2）课堂阶段。由于部分学习任务已经在课前完成，所以课堂上教师不必再全面细致地讲解，尽量避免重复讲简单内容，而需要强调一些重点和难点。课堂教学的中心不再以教师讲授为中心，而转向以学生为中心。课堂活动根据每次教学内容来设计，包括多种形式：话题讨论、完成实验任务、分小组演示作品、学生互相点评或针对某个专题由学生讲解等。

（3）课后阶段。为进一步拓展学习，教师将部分课堂设计拓展到课后线上进行。教师对学生上交的作业作品以语音或书面的形式进行点评，这样教师就尽可能地关注到每一位学生，给出更加有针对性的评价。学生也能及时了解自己的优势和不足，扬长避短，予以改进。

线上线下混合式教学改革模式下，师生行为如表1所示。

表1 "新媒体技术与应用"课程混合式教学师生行为

阶段	教师行为	学生行为
课前	明确教学内容、教学目标；设计教学任务和教学方案，选取 MOOC 视频或制作视频，准备素材	根据教师发布的导学任务，了解学习目标，观看视频、PPT 等教学资源，完成相关学习内容
课堂	针对重点难点讲解，剖析案例，以巩固知识点和方法的应用和深化为目标	发现问题，自主学习，交流讨论，完成任务，交流心得，展示学习成果
课后	线上反馈问题，进行评价和总结	反思总结学习内容，提升运用能力

学生按照导学任务书或学习安排完成中国大学慕课（Massive Online Open Course，MOOC）上的学习，会有时长、频率和完成情况的记录，完成课前测验会得到相应的成绩。在课堂上，教师通过学生的表现、态度、参与课堂活动、学习任务的完成情况进行过程性评价。在评价体系方面，混合式教学模式不再适合仅使用过程式考核的方式或仅使用结果性评价的考试方式，而是应该将二者有机结合起来，即将过程评价与最终的结果评价相结合，得到全面的评价结果，进而使课程考核方式更加科学、合理，真实反映学生的学习情况。

二、在线教学的设计与实施

（一）教学方式与平台的选择

目前，在线教学可以采用直播、录播、慕课等多种在线教学方式。

（1）直播授课。利用直播进行授课，学生可以在线实时完成听课学习。很多平台的直播可以同步录制，并且具有回放功能。学生如果有没听懂的地方，可以看回放。这种方式不受时间和空间的限制，可以反复听课，有助于学生学习，但是课堂无法做到真正的互动，教师不掌握学生的学习状态。

（2）录播授课。课前教师录制讲课视频或案例演示视频以及教学资源，上传至网络学习平台，教师按照课表时间开展线上答疑等。

（3）慕课授课。教师利用慕课平台上优秀的慕课资源授课，学生按照任课教师要求学习，完成作业。慕课资源虽然有非常优秀的课程，但存在与教学目标是否有较高的符合度的问题。

以上的不同方式各有优缺点。如果采用单纯的直播授课形式，不是所有学生所处环境都能保障流畅的网络，网络的卡顿必将影响教学效果。经过分析比较，本课程最终采取中国大学"MOOC+SPOC+企业微信"的方式，即在"爱课程"平台创建独立的小规模在线课程（Small Private Online Course，SPOC），选取并引入中国大学 MOOC 上国家级精品课"多媒体技术及应用"课程的资源，并根据本课程的教学目标和教学内容，录制部分教学视频和教学案例演示视频资料供学生学习使用。课前将精心准备的课程视频及学习资源上传，创设 SPOC 教学平台。同时为提高教学质量，使课堂产生较好的学习效果，采取了通过企业微信会议进行"轻直播+答疑讨论"的混合教学模式。通过运用多种形式，满足学生学习的需要。

（二）课程实施实例

本文以"新媒体技术与应用"课程中的自媒体概念、自媒体平台以及使用自媒体工具进行作品制作为例来介绍课程的实施情况。

1. 建设 SPOC 教学平台

教师根据本课程的教学目标以及本校学生的特点和教学特色，在 SPOC 教学平台中创建教学内容。本课程引用了深圳大学的国家精品课"多媒体技术及应用"的部分内容。同时结合教学的内容，也使用 Camtasia studio 软件工具，录制部分的视频，增加相应的学习资源。在作品欣赏部分提供二维码，学生可以扫码观看理论讲解视频和操作实例视频、PPT 课件。网络资源准备好以后，发布公告，方便学生查看。

2. 学生的课前准备

课前教师把上课的安排以及课前要做的准备工作以导学任务形式发到微信群里。要求学生课前在电脑上或手机上下载安装指定软件的客户端，并观看视频。

3. 课中活动

（1）企业微信会议签到。上课用召集会议的形式签到。要求学生在 10 分钟内进入课堂。当次课及时将参加会议的同学截屏反馈企业微信群，对没进入会议的同学再次发出邀请，及时提醒同学进入会议签到。这种形式的签到非常方便管理，不需再额外花费时间点名。同时，能随时观察学生的到课情况，提高效率。

（2）多种形式结合授课。课程中采用的是企业微信会议的轻直播方式。采取这种方式，能够随时切换屏幕共享，方便学生查看 PPT 内容或其他演示内容，同时也方便互动。这种方式能够减少学生因观看 SPOC 视频资源感觉单调而产生的厌烦情绪。课程中通常先讲解前面课程的作业，通过屏幕演示，指出作业中容易出错的问题。然后明确本次课的安排、课程要求、提供的资源内容、学习中应注意的问题。本次课程内容是自媒体的概念、自媒体平台，以及使用自媒体工具进行作品制作，有理论内容，也有实例。上传到 SPOC 平台的视频内容是已经要求学生学过的内容，在课堂上就不再重复讲解。制作作品实例中，讨论作品内容和背景音乐的添加等问题，同学们积极参与，讨论热烈。

（3）课后任务。课后给同学布置的讨论题，同学们积极参与。

（三）教学实施效果

对于在线教学实施效果，以及对学生学习情况的考量，笔者认为单纯比较考试成绩不能全面反映教学的实施效果，可以考虑从以下方面分析实施效果：课堂的出勤率、观看视频数、回答问题跟帖以及作业完成的情况。

对于"新媒体技术与应用"课程,学习人数为 46 人,每周 1 次课,每次 2 学时。根据企业微信会议中出勤情况的统计,出勤率达到 98.2%,测验参与度达到 97.2%,完成作业的同学占学生总数的 96.5%。课程提供学习视频 131 个,看完所有学习视频的同学占学生总数的 60%,看完 80% 视频的同学占学生总数的 83%。这些数据说明学生参与度较高。

(四) 线上教学的优势和不足

实施在线教学,学生学习交流更加灵活。在时间的选择上,学生可以相对自主地安排学习。学习资源更加丰富;在载体的选择上,学生可以看视频也可以看书;在学习强度选择上,可以看一遍也可以多次反复观看。在线教学给学生提供了一定的自由度,能较好地助力实现个性化学习,能够锻炼、提高学生的学习能力。但同时,相对于传统的课堂而言,在线学习没有了教师的提醒和同学监督的课堂,对于学生的学习主动性和自觉性提出了较高的要求。此外,对学生学习的网络环境有一定的要求,需要基本的线上学习设备和比较稳定的网络,包括电脑、手机等,而网络偶尔的突发状况,也会影响学习的效果。

在教学内容方面,虽然我们利用了共享的中国大学 MOOC 的教学资源,但教学资源仍存在不足。中国大学 MOOC 中虽然有很多非常好的课程,但教学目标、教学内容和我们的课程有差异,需要重新整合,也需要再创造、再建设。

三、结语

在线网络教学快速提升了广大教师的信息化教学素养,推动了学校教育信息化发展。"MOOC+SPOC"混合式课堂教学模式对教学模式的创新起到引领作用,在未来的教学中,其也会融入教学机制中,逐渐走向常态化。在线教学只是教学形式的改变,教育的数字化重构是关键,是努力的目标。

基于价值共创理论的"新闻学原理"课程
线上线下融合教学模式研究[*]

刘文红^{**}

摘要："新闻学原理"是新闻学专业核心理论课程，在专业学习中具有举足轻重的地位。该课程具有较强的意识形态性、现实针对性和理论阐释性，教学模式也处于变革之中。本文结合"新闻学原理"课程线上线下融合式教学实践，探讨其在新文科背景下如何依据价值共创理论，扩展该课程的学习路径，构建科学的评价体系，为学生打下良好的专业学习基础。

关键词：新闻学原理　价值共创理论　融合教学

所谓线上线下混合式教学，即强调将线上的网络教学和线下的课堂教学进行对接与混合，实现两种教学形式之间的优势互补和深度对话，以此弥补单一的线下课堂教学所面临的诸多不足。❸ 混合式教学强调的是有意义的传递与教师主导下的自主探究相结合，将传统面授教学的优势和在线的网络化教学的优势结合起来，学生可充分获取优质教学资源，同时又能发挥教师的主

＊ 本文系北京联合大学 2021 年度教育教学研究与改革项目"媒介融合视阈下的新闻传播学科实践体系建设与研究"（项目编号：JJ2021Y005）的研究成果。

＊＊ 刘文红，新闻学博士，北京联合大学应用文理学院新闻与传播系讲师，主要研究方向为融合新闻理论与实践。

❸ 刘涛．"翻转+直播+实训"：新闻传播学类课程的混合式教学模式探索［J］．新闻与写作，2020（9）：78-84.

导作用，体现学生的主动性、积极性与创造性。混合式教学作为当前教学改革的重心，在诸多专业课程中都有开展，但混合式教学模式根据其线上线下结合的有机程度，可递进发展为线上线下融合式教学。

融合式教学作为混合式教学的 2.0 版本，强调在教学过程中从教学形式、教学方法、学习评价等维度进行深度融合。[1] 该教学方式是在线上与线下深度融合的教学时空中，教师采取个人或合作的方式，通过资源与内容、信息化环境与工具、评价任务、数据与反思、学习伙伴等因素，有效整合线上与线下教学各自优势、提高教学效益、体现"五育并举"、实现因材施教、促进学生更好发展的有计划实施的教学方式。[2] 相较于传统的线下教学，融合式教学强调的是线上线下优势互补、有机融合，其关键在于依托优质课程，实现教学形式和教学评价的改革。

就新闻传播学类课程而言，之所以强调融合式教学的重要性和迫切性，根本上是由当前新闻传播人才培养的总体目标决定的。为了培养高素质、全媒化、复合型、专家型卓越新闻传播人才，推进课程建设的"两性一度"要求，新闻传播学类课程教学改革继续探索新的教学理念和模式，而新媒体时代的海量互联网资源与技术支撑体系，将线上线下混合式课程建设推向了教学改革的前沿。

一、融合式教学模式的价值逻辑——基于价值共创理论的线上线下教学

价值共创理论自商业领域发展而来，伴随着实践环境的变化，不断演绎出新的研究逻辑。价值共创作为开放创新环境下群体协作新模式，被广泛应

---

❶ 白倩，张舒予. 视觉文化全英文课程"融合式教学"探索 [J]. 现代远距离教育，2017（2）：83-88.

❷ 王月芬. 线上线下融合教学：内涵、实施与建议 [J]. 教育发展研究，2021（6）：19-25.

用于各个领域。❶ 在融合教学模式下，线下教学借助线上 MOOC 及教学平台和课堂教学，通过教师、学生和资源的多元交互，实现在教学上的多方共建共赢，这也是多元利益主体共同参与的价值共创过程。

在网络教学中，学生逐渐由被动的文化教育接受者转变为主动的体验创造者，MOOC 提供课堂资源，并提供线上的交流活动空间，老师提前布置 MOOC 中的学习任务并提供思考问题，学生学习 MOOC 知识之余，对 MOOC 所发布的知识进行思考和创新，再结合线上线下的课堂讨论，将知识学习的深度和广度进行扩展。如在讲解新闻学的基础概念"什么是新闻"时，MOOC 给出了定义：新闻是新近发生的事实的报道。课堂上布置思考问题：如何理解该定义？该定义在当前的媒介环境下是否过时？并结合具体的热点案例进行延伸讨论，从而使学生对新闻定义有了更深层次的认识。

如果只依托线上 MOOC，学生学习的课程基本体系可以建构，但并没有体现出学习的独特性，知识的传授和价值观的传递需要更深层次的交流。基于此，在课程基本内容框架搭建之后，就需要和同学进行讨论，而往往在讨论中，对于知识的理解会更加深入。因此，在教学过程中，要明确师生作为知识生产者和消费者的身份，将学生从知识的被动接受者转变为意义的主动建构者，遵从从知识理解到知识创造的教学价值逻辑。

此次在线教育的对象群体，基本上属于"互联网原住民"——生来就置身于互联网时代的学生群体。信息传播媒介的改变、知识承载平台的改变，本身就在形塑和制约着在线教育的特殊节律。❷ 如何让处在互联网认知不同层次的学生与教师群体实现教学相长，实现知识传递和情感互通，达到多方共赢，是在线教学中需要考虑的问题。

---

❶ 赵宇翔，张妍，夏翠娟，等. 数字人文视域下文化记忆机构价值共创研究及实践述评［J］. 中国图书馆学报，2022（10）：1-24.

❷ 王素，等. "停课不停学"的中国经验和大规模在线教育的六点启示［N］. 光明日报，2020-04-21.

二、融合式教学模式的实践路径——解决融什么、怎么融的问题

新闻传播学是实践性很强的学科，这就决定了它必须具备很强的问题意识，要以中国为观照，以时代为观照，立足中国实际，解决中国问题。[1]

"为何融""融什么""如何融"构成了融合式课程教学设计的三个前提命题，但是新闻传播学类课程的特殊性决定了其相对独特的"混合"理念和设计思路。第一，"为何融"主要强调在新文科背景下，从新闻学科体系及新闻学原理课程教学的内在规律出发，厘清采用融合式教学模式的必要性和现实性。第二，"融什么"主要探索在当前课程资源"遍地开花"但又"良莠不齐"的情境下，应利用何种线上资源作为线下课堂的补充——或者"造船出海"，自建线上资源；或者"借船出海"，选择合适的网络资源。第三，"如何融"主要聚焦创新课堂内容和线上内容之间的融合方式与路径，即通过对特定教学模式和考核方式的开发与设计，实现线上教学和线下教学的深度对话。

（一）为何融

从传统媒体到新媒体，再到融媒体，传媒生态的急剧变革使新闻业发生着翻天覆地的变化。表面上是技术驱动着媒介手段的日益多样化、传播方式及语言的丰富化，而本质上却是对从新闻概念到工作理念、从生产方式到生产流程的重新定义与诠释。[2] 新闻专业人才体系培养的重构，使新闻专业教育需要适应多元媒介交叉融合的新形势，树立全新的融合教育理念。在高等教

---

[1] 方提，尹韵公. 构建中国特色新闻传播学自主知识体系 [N]. 中国社会科学报，2022-06-23.

[2] 王文中，陈璐，王怡真. 媒体融合背景下新闻学教学改革现状及路径 [J]. 传媒，2020，6（上）：84-86.

育领域，课程是实现教育目标的基本手段，课程设置是"教育理念和人才培养目标"的直接呈现。在专业教育理念亟须变革的今天，教育改革的落脚点是课程改革，新闻学原理作为新闻学专业的基础课程，具有举足轻重的地位，其是将新闻教育者的教育理念、责任与使命意识转化为师生互动、教学相长的教学实践的载体，其改革成果最终将落实到"四有"新闻人才的培养上。

同时，新文科概念的提出打破了原有学科模块化人才培养的藩篱，为我国新闻传播学本科教育的改革指明了方向，也打开了想象的空间。❶ 与此相适应的是，教学模式要重构，以适应想象的空间。这就为课程教学改革提出了要求，只有进行改革，才能更好地实现新闻本科专业教育的创新。

（二）融什么

就教学内容而言，混合式教学有助于实现"基础知识"和"高阶知识"、"规定动作"和"自选动作"的对话。传统课堂教学主要依托教材本身的知识体系，而线上教学往往可以作为书本知识的有效补充和延伸，二者的结合无疑能够进一步丰富学生的知识结构。但需要注意的是，新闻学的知识体系发生了变迁，在新的媒介环境下，新闻学及其学科体系、学术体系和话语体系也在经历一波三折的演进。虽然线上教学资源丰富多元，使知识的获取和传播渠道更加便利，但资源存在良莠不齐甚至粗制滥造的情况。我们在梳理线上资源之后，选择了有一定影响力的国家精品课程 MOOC 资源：《新闻学概论》《新闻传播史论》《融合新闻学》《融合新闻：通往未来新闻之路》。通过这些 MOOC 资源，给学生搭建相对完备的教学内容体系。

目前，许多高校所使用的《新闻学概论》和《新闻学原理》等教材，受制于教材出版周期，媒介研究内容很难与时俱进。对此，教师可结合实际，为学生提供前沿论文，然后组织学生深入阅读，将前沿研究纳入教学内容体

---

❶ 周茂君，柏茹慧. 新文科背景下新闻传播学本科专业人才培养研究 [J]. 国际新闻界，2022（2）：133-156.

系，并鼓励学生结合新闻实践进行探讨。培养学生的文献阅读能力，在拓展学生知识视野的同时，提高学生专业综合能力。同时，作为专业基础课程，经典文献的阅读在"新闻学原理"课程教学中必不可少，教师要在开学初就列出书目，要求学生进行阅读。为了达到阅读效果，可组织读书分享会，以学生为主进行内容分享，激活学生发散思维，促进学生知识系统的纵深延展。

（三）如何融

融合式教学并没有统一的范式和标准，这就要求教师结合教学目标和教学内容，结合培养目标、课程内容和学生实际情况，针对性地构建相应模型，以建设个性的、动态的混合式课堂。在新闻传播学混合式教学的应用过程中，教师不可盲目追求形式上的创新，而是要在马克思主义新闻观的指引下，坚持理论积淀和全媒体传播能力培养的理念诉求，寻求最佳的教学模式，在意识与行为的统一中，确保新闻传播教学实践的持续优化与完善。

在"新闻学原理"课程的融合式教学中，我们强调线上线下联动，课上互动，课外延伸。课前布置自学作业，在完成课前自主学习后，教师会发布在线测试，结合学生反馈和学习效果，再准备开展相应的课堂教学，在增进师生多维互动的基础上，增强混合式教学实效性和动态性。例如，在进行新闻选择标准教学时，学生通过课前自主学习已经初步掌握相应理论知识，为了检验和强化自学成果，教师可为学生准备一些新闻案例，引导学生进行案例评析，并进一步引导学生通过自我挑选案例进行课堂展示汇报。如有可能，还可安排新闻"采、写、编"的训练，并让学生真正完成新闻作品，进一步加深学生对新闻价值的理解，提高其判断能力，真正实现理论与实践结合。

三、融合式教学的效果实现——评价体系的搭建

融合式教学中线上课程和线下课程具有强逻辑关联，即线上课程以实现

低层次认知目标为主，线下课程则重在提升能力，实现高层次认知目标。对于较低认知层次（如记忆、理解）的知识来说，线上课程讲授非常有效，然而对于较高认知层次（如应用、分析、评价、创造）的知识来说，仅通过线上课程讲授是不够的，线上课程与线下课程两者结合才能达到更有效的教学效果。❶

在"新闻学原理"课程教学中，依托于线上资源和学术文献以及经典案例，学生对基本理论有了初步认知，通过反复观看相关视频，能够记住并初步理解新闻学基本理论，但对理论的认知还停留在表面，无法灵活运用，且不能实现知识的迁移。通过结合线下的案例讨论，学生才会达到高层次认知，理解理论并能够运用理论分析现实媒介案例，实现学以致用。

但需要注意的是，线上教学营造的虚拟学习空间并非十全十美，其短板主要体现在身体的缺席。由于具身性的缺失，在场化习得的缺位，躯体、感知器官、视觉系统容易丧失目标对象，师生之间情感化的交流讨论与感官反馈出现阻碍，不利于保障知识学习的有效性。这就需要教师在教学模式的设计中加强过程监控，进行阶段性考核，科学评估，促进教学内容的学习与深化。

在"新闻学原理"课程的融合式教学质量评价体系中，我们建立了三个评价体系：教学满意度评价、知识掌握度评价、综合能力评价。教学满意度评价是以学生为本的一个体现，是学生对教师、教学环节、教学资源、课程内容、教学模式等方面的满意度评价。比如，线上教学资源获取是否便捷、教学内容是否具有理论深度、是否涉及媒介前沿知识、是否满足学生的个性化需求等。知识掌握度评价包括教师评价和学生个体自我评价，通过各类作业和期中、期末考试来体现，注重知识的分类和不同知识所应达到的教学目标，包括知识的记忆、理解、应用和分析等，重在对高层次认知目标的测量和评估。综合能力评价是弹性指标体系，不局限于"新闻学原理"课程评估，

---

❶ 王志军，陈丽. 联通主义学习的教学交互理论模型建构研究 [J]. 开放教育研究，2015（5）：25-34.

是学生综合素质的培养与体现，涉及小组写作能力、沟通表达能力、独立思考能力、知识迁移能力、组织管理能力、开拓创新能力等。

四、结语

"新闻学原理"课程线上线下融合式教学，是在新文科背景下专业课程教学模式的一种变革，该模式能够促进新闻传播学专业课堂结构的优化重构，实现新闻知识、能力和素养的深度融合。但在具体的融合式课程教学应用实践中，要结合"新闻学原理"课程特点和学生自身情况进行个性化的设计和优化，而不是简单套用。

需要注意的是，在实际教学中，我们要厘清融合式教学的本质，而不是为了教学模式的改革而改革，融合式教学的发展，不仅要聚焦于教学本身，为教与学的深度对话提供新思路和新模式，更要有利于我们给学生提供更好的教学方式，为学生提供更多的认知世界的途径，从而促进学生的终身学习与可持续发展。

线上教学效果改善路径的个人思考

王永峰[*]

摘要：科技的飞速发展全方位重塑人类社会的方方面面。随着网络技术的日新月异，教育领域也呈现出新的样态。最突出的变化之一是传统课堂授课模式不再是唯一主导，网络使得线上教学的概念深入人心。本文基于作者自身线上教学经验，拟对如何保证线上教学质量，从教师、学生和学习习惯等方面进行探讨，剖析线上教学和面授课的差异，并且提出改进教学效果的个人建议。

关键词：线上教学　教学差异　教学效果　改善路径

一、教师课堂掌控更具挑战

线下授课转到线上授课，是借助各种网络授课平台得以实现的，其中有蓝墨云、腾讯课堂、企业微信等，支持语音录制授课、视频录像授课或直播授课等多种方式。笔者选择的平台是学校自主开发的网络学堂，并且配合企业微信。通过和同事多次的教学例会分享，对其他平台的使用效果也有所了解。各个平台功能各有千秋，可以总结为"大同小异"。无论采用哪一个平台

---

* 王永峰，北京联合大学应用文理学院新闻与传播系教师，主要研究方向为国际传播。

授课，不可避免的事实是：传道授业者（教师）与信息接收方（学生）原本双向、即时、面对面的信息流动模式不同程度地被破坏，取而代之的是一种即便不是完全，也是一定程度上信息单向流动的模式。这种模式最直观的后果，就是教师在课堂上的掌控力更加具有挑战性。

在学期进行到五六周时，笔者发现一个事实日益明显：和传统线下面授课堂迥异的是，笔者对于学生课堂真实参与度完全没有任何可信的掌控。诚然，各个授课平台都有类似于点名签到的功能。甚至在很多时候，学生对课堂准时签到的热情和严谨，让笔者都感到诧异。有几次，因为种种原因，笔者没有能够在上课前三分钟开通签到权限，便马上遭到很多同学的催促。这样的情形是非常反常的。因为多年的教学经验表明，哪怕是线下授课，也有相当多学生习惯性在上课铃声响起的最后一刻才走进课堂。笔者不认为，习惯会如此轻易地改变。

需要特别说明的是，笔者所选择的授课方式是以"录播+课堂现场答疑"为主的模式。一般是两节课的内容，提前录制好 60 分钟的录像。录像的内容是电脑屏幕展示的 PPT 内容以及延伸，包含上课的内容和课后的作业。在 90 分钟的标准课时里，这意味着笔者有最少 30 分钟的时间等待同学们针对授课内容或者课堂作业进行提问。当然这个安排的不合理性显而易见。哪怕是线下面授模式，想要学生主动对授课内容提出问题和自己的疑惑，从来都是一件较为奢侈的事情。提问似乎是属于优等生的特权，别的学生对此则往往没有任何兴趣和动力。而这一特征在网络教学时代更是凸显。因为无法面对面看到学生，无法对其进行视觉观察，从而调整授课节奏。笔者所采取的授课模式，节奏其实是相当固定的，或者称之为僵化更合理。在授课录像所占用的时间里，笔者无法像线下课堂面授一样，可以灵活地控制课程节奏。面授的情况下，笔者非常喜欢随时和学生互动。例如，抛出一个和讲授内容相关的小问题，提问笔者认为可能在开小差的同学。他的回答如果不正确，对笔者而言更好。因为这给了笔者一个机会，善意地调侃一下，借机调整课堂气氛，为下一步的授课做好铺垫。然而正如能想象到的一样，网络授课很大程度上使得这种掌控课堂的小手段毫无用武之地。前文提到，线下授课教师和学生的交流具有即时性、双向性特征。而网络授课模式，这种特征被极大地削弱了。哪怕是在直播模式的线上课堂里，老师和学生之间的交流也受制于网络而无法完全达到即时性。因为学生端的网络情况往往不如人意，音频和视频信息的滞后常有发生。即便老师和特定的学生之间达到了媲美线下课堂的即时交流程度，也不意味着全班所有同学都能同步到同样的状态。因为每一个电脑终端都有可能因为各种技术原因而出问题。总而言之，如果我们考虑到所有课堂参与者，所有人都可能随时和平台因为技术原因而暂时失去联系，从而无法享受到线下授课的连续性。事实是，所有平台在早期都经历了诸多包含学生和老师在内的不断上下线的尴尬。

当然，后期平台的技术更加成熟，连接不上平台已经成为极小概率事件，但教师掌控网络课堂的挑战依然巨大。这种挑战也更多地体现在学生端。

学生参与线上课程的心理感受与线下课程的心理感受有可能完全迥异。在线下课堂，学生不再是单独个体，而是以班级众多一员的集体身份出现。在心理上，学生身份的自我认同都被外在的物理环境不断地强化。学校、教学楼、教室、铃声、学校的工作人员，都是强化学生学习者身份的外在视觉刺激源。这些外在的刺激源都在加强身份认同，从而达到规范行为的目的。线下课程能够最大化地保证特定时间段，在特定的场所，特定的人群共同学习特定的学术内容。这些在线上课堂模式下大都变得不可保障。

学生在线下课程场景中，心理更加倾向于准备参与学习，并自动约束和抑制与学习目标相悖的任何干扰因素，从而确保学习效果。然后，当学生进入线上课程学习场景后，其外部环境则远非理想。

因此，教师对课堂掌控更加困难，首先体现在如何保证所有学生都是全程真实在线的。因为此刻学生所受到的监督，对比线下课程而言，已经不能再弱了。如笔者所采用的"录播+直播"模式，分配给学生学习录播内容的这一段时间，电脑另外一端到底发生了什么，老师是完全无从得知的。很有可能学生在做别的事情，授课录像只是一个背景音。我们只能选择相信学生有足够的自觉性认真按时以线下教学的投入度对待线上课程。就老师而言，看起来最有效的策略是选择全程直播，学生需要视频参与课堂，而且和线下课堂一样，教师还要随时随机抽查不同的学生回答问题，以达到确保学生认真参与的目的。随之而来的矛盾就是教师的授课节奏会成为牺牲品，教学进度落后也是可以预料的另外一个代价。

二、专业知识储备更深厚

线上授课一个学期下来，笔者更多的反思在于试图发现，为什么本来驾轻就熟的课程，在线上讲授，突然间压力如此之大。反复思考了很久后，笔者得出的结论是：网络授课，课堂内容必须是干货，毫无水分。所以同样的内容，搬到线上教学后，就显得单薄，无法支持正常教学周的时间长度。

造成这一现象的主要原因是线下授课过程中的互动环节在笔者所选择的网络授课模式中变得多余，操作性变差。这就好比一个小时的电视节目，其实是由45分钟的电视剧和15分钟的广告构成，而网络授课则好比是去广告化的电视节目。原来广告占据的时间，必须由新的授课内容来填充。这也部分解释了多数老师对网络课程的反馈普遍都提及工作量增加的原因。哪怕是同样的课程，也需要准备更多的新内容。以笔者自己的经验，新的备课量大约在原课程体量的基础上要多出三分之一左右。这就对教师的专业知识储备提出了更高的挑战，或者说，对备课过程提出了更高的要求。

三、对教师课件制作水平要求更高

网络授课效果提升，对授课教师而言，还有一个新的挑战，那就是要在课件呈现的视觉效果上学习和钻研新的技术。

提升课堂吸引力的途径有很多。课件制作新颖有趣，易于理解，视觉效果抓人，显然是见效比较快的一种手段。这就意味着所有教师要额外投入比线下课堂更多的时间和精力去研究课件制作领域的知识。比如需要深度学习PPT制作的相关知识，掌握新的教学软件，甚至学习动画效果的制作，这样才能使课堂内容在网络教学平台更具吸引力，也更加有助于学生对课堂内容产生浓厚兴趣，提高学生的学习积极性。对多数教师而言，这显然是很有压力的。这个过程，不仅会耗费教师很多时间和精力，而且未必能见到成效。

毕竟，包括笔者在内的多数教师，还认为教师的主要任务是教书。这个认知的核心在于，课堂内容的重要性要远远大于呈现方式的重要性。然而，参考我们所处的互联网时代，就不难发现，任何信息，一旦以网络为主要展示平台，形式和内容对受众而言是同等重要的，甚至很多时候，前者更具决定性。受众首先关注形式，然后才是内容。如果思想不能在这个方面有根本转变，那么网络课堂的效果一定不会太好。

四、学生良好学习习惯的养成

教学毫无疑问是教师和学生之间互动的过程，网络授课更加凸显了学生良好的习惯对于保证学习效果的不可替代的重要性。

首先，学生应养成自律的习惯。前文所述，网络授课，教师对学生课堂的真实参与度其实是毫无把握的（起码笔者的案例中是如此）。此时，如果学生有良好的自律性，则这一环节就可以得到保证。但是我们的学生恰好自律性普遍是弱点，多数时候都需要外部环境来施压。这也给以后学校的工作提出了一个很重要的课题：如何有效地培养学生的自律。自律的学生会准时出现在课堂，无论是线下还是线上，都能够保证在上课期间集中于课堂内容的学习和吸收。自律的学生往往能比较准时、保证质量地完成课后作业。

其次，学生应养成良好的学习习惯。除了自律，学生还应该有良好的学习习惯。如果说自律是学生想要学习的主观意愿的体现，那么良好的学习习惯则是确保理想学习效果的途径。比如，课前预习、课后复习、定期进行总结、善于总结、有做笔记的习惯、习惯于独立思考和提问等，上述任何一个习惯的养成，都会在线上教学过程中极大地提高学习效果。

五、小结

线上教学再次让我们反思教育的目的，不仅限于传授具体的知识，那么，教育最终应该教授给学生什么？通过线上教学，我个人深切的感受是，良好的学术习惯、对知识的探索精神、一定的自我约束能力，应该是学校教育超越课堂知识，最后在学生身上沉淀下来的更重要的、他们可以受益终身的素质。

为了确保教学效果（无论是线下还是线上），教学两头的参与主体都要有所改进。教师要学习新的专业知识，提高内容呈现方式的吸引力，同时也要提高自身专业知识的厚度。学生需要通过各种手段，改进自身的习惯。只有这样双管齐下，学习效果才会有明显的飞跃。

课程教学改革

新闻学专业选修课程在线教学的设计、实施与效果研究
——以"公共关系"课程导引"轻直播"为例[*]

冯春海[**]

摘要： 从移动互联网时代学生媒介使用偏好和学习行为习惯出发，遵循网络传播规律和课程思政建设要求，"公共关系"课程导引选择以电影《摩纳哥王妃》为载体开展在线翻转课堂教学。基于专业和思政目标，围绕公关魅力与人生启迪两条主线，精心设计四个研讨主题，在云班课平台进行全面在线研讨。以"提出问题、播放微视频、学生讨论、教师总结"的顺序组织，全员参与，层层递进，不断深入。整个教学过程非常有张力，充满着节奏感、参与感、紧张感和兴奋感，教学效果比较理想，对新闻学专业其他选修课程有一定参考和借鉴价值。

关键词： 网络教学　翻转课堂　教学效果　公共关系

网络在线教学的本质是基于虚拟界面的自我传播、人际传播、组织传播

---

　* 本文系北京联合大学 2020 年"移动互联和课程思政双重视域下网络教学设计、实施与效果研究"项目，应用文理学院 2019 年"基于雨课堂的智慧教学经验与问题研究——以'公共关系'和'危机传播管理'为例"项目的阶段性成果。

　** 冯春海，传播学博士，北京联合大学应用文理学院新闻与传播系讲师，主要研究方向为应用传播。

和群体传播叠加而成的复合式传播，在移动互联网语境下呈现出"微传播"的典型特征。本文遵循网络传播规律，探索"公共关系"课程在线教学的设计、实施与效果，希冀对新闻学专业选修课程有所借鉴。

一、教学设计：学生特点、课程特点与平台特点结合

网络在线教学场域中，学生既是教学传播活动的对象，亦是学习活动的主体，精准把握移动互联网时代学生的学习特点和需求是在线教学设计的关键。

第一，作为教学传播对象的学生是典型的互联网原住民，在媒介接触偏好方面，他们更喜欢手机等移动终端，以实现不受时空限制的随时随地式学习；在媒介符号方面，他们早已从文字、图片转向视频，尤其是微视频；在媒介平台方面，他们更喜欢简洁易用的雨课堂和云班课，尤其是基于手机端的 App 或小程序。所以，采用影视作品切入和云班课授课是非常有针对性的。

第二，作为学习主体的学生基本都是"00 后"，主体意识强，喜欢平等对话和互动参与，而非说教和灌输；注重自我，个性张扬，喜欢展示风采和放飞自我。所以，翻转课堂式教学可以充分满足学生的主体性、参与性和展示性需求。

第三，"公共关系"作为一门理论课程，必须突出其趣味性和有用性。整门课程就是要让学生理解"公关何谓"与"公关何为"。从这个意义上看，前三次课，尤其是第一课非常重要，"第一课"必须抓住学生、吸引学生，让学生喜欢上这门课。电影《摩纳哥王妃》从微观个体、中观家庭和宏观国家三个层面充分展示了公关的作用与价值，非常适合作为第一课的教学资源。

第四，在学校规定的所有教学平台中，云班课是最适合移动互联网语境下学生需求的。课前可以方便地下载观看《摩纳哥王妃》等教学资源；课中能够突破时空限制和面对面的群体压力，实现实时全员参与研讨；课后根据需要可以随时复盘和复习整个课堂教学活动。

立足学生特点和需求，结合课程特点与平台特性，"公共关系"课程第一课的教学设计得以成型：以《摩纳哥王妃》为教学载体，以云班课为教学平台，以在线翻转课堂为手段，围绕公关专业和人生启迪两条主线下的四个问题进行研讨，进而使学生初步感知公关的魅力并获得相应的人生启示。

二、教学实施：课前、课中与课后全程贯穿

根据上述教学设计，任课教师基于云班课平台对课前、课中和课后三个教学环节进行了精心组织与实施。

（一）提前发布优质资源，明晰学习任务

课前，至少在开课前三天或一周，任课教师将《摩纳哥王妃》电影、第一课课件以及学习任务和要求发布到云班课资源区。要求学生从公关和人生双重视角去观看电影并进行思考：公关何谓？公关何为？摩纳哥王妃的故事对你我有何人生启迪？

翻转课堂与研讨教学的一个重要前提是学生对教学任务非常清晰，对教学资源进行全面且充分的学习。为了保证这一点，通过云班课消息区"班课通知"以及企业微信课程群公告及时提醒学生，并且借助云班课智能生成的学生学习的过程数据查看学习进度，通过"一键提醒"和云班课私信交流等方式有针对性地督促进度慢的学生，确保课前环节工作扎实到位。

（二）精心设计研讨问题，组织在线高效讨论

1. 翻转和研讨式教学四部曲

围绕《摩纳哥王妃》内容与课件中的学习任务，精心设计了四个问题：（1）王妃在初期为何不受摩纳哥民众喜爱？（2）王妃如何扭转形象以及效果

如何？（3）王妃如何化解摩纳哥的国家危机？（4）王妃的经历对我们大学生有何人生启示？围绕这四个问题，以"提出问题、播放微视频、学生讨论、教师总结"的顺序组织讨论，循序渐进，不断细化和深入。

上述流程的四个环节不存在绝对先后，也不是严格意义上的线性逻辑，任何一个环节都可以作为起点，互相激发、循环推进。任课教师需要根据汇报和研讨的动态情境与过程，围绕研讨主题，实时调整和细化，把翻转和研讨逐渐推向高潮。

2.《摩纳哥王妃》翻转和研讨样本

（1）王妃在初期为何不受摩纳哥民众喜爱？

围绕"为何不受欢迎"主题，播放微视频片段"出演《艳贼》消息泄露，王妃陷入舆论风波"，然后组织讨论。在这个过程中，要根据同学们的展示和发言，实时对问题进行细化，把研讨引向深入。

首先细化的问题是：微视频片段里哪些人的角色和工作与公关有关？同学们基本都可以指出"演员身份的经纪人和王妃身份的新闻官"都是公关人的角色，进而引导同学们初步感知公关的两种面向和形态：演艺圈经纪人与政府新闻官，都要与媒体记者打交道，都关涉形象。这对于"公关何谓"是非常有帮助的，也让同学们意识到，他们最喜欢的娱乐圈其实与公关关系密切。

同学们发言非常踊跃，继续推进问题：这些公关人主要做了哪些工作？同学们也基本能聚焦于"新闻稿撰写与发布、与影视公司和媒体沟通以及维护王妃形象"，这就进一步涉及公关的具体业务形态，形成了同学们的初步感知。

在同学们积极发言的同时，任课教师能够实时给精彩发言的同学添加经验值以资鼓励，同学们之间也可以相互激发和点赞，师生互动、生生互动频次和品质都很高。经验值系统大大激发了同学们的参与度，在线研讨也避免了线下面对面的群体压力，每个同学都积极参与其中，这是线下教学所无法比拟的。

任课教师进行初步总结，公关就是一门关于形象塑造和维护的学问，然后，任课教师把讨论继续向前向深处推进：王妃为何不受爱戴？同学们基本都能指出问题症结所在。没有平衡好好莱坞明星与摩纳哥王妃两个角色之间的矛盾，没有履行王妃的责任，这是根本原因，同时也向同学们表明，"做好"才是公关的根本，"说好"必须以此为基础。继续推进问题：媒体在王妃形象危机中扮演着什么角色？同学们基本认为，媒体推波助澜，影响摩纳哥民众对王妃的认知与评价，加剧了王妃的形象危机。最后，任课教师作总结，形象是媒体议程设置的结果，王妃的形象危机跟当下许多公众人物的危机是类似的，继续拓展同学们对公关的认知。

（2）王妃如何扭转形象以及效果如何？

围绕"如何扭转"主题，播放4个微视频片段：王妃转型学霸，刻苦学习法语、历史和外交礼仪；王妃深入菜市场跟摩纳哥民众一起劳动；王妃去慰问边境上的法国士兵；媒体盛赞王妃。播放完成后组织讨论，同学们都一致认为王妃成功扭转形象，成功的原因有三个方面：修炼内功，学习法语、摩纳哥国家历史与外教礼节；深入菜市场，与基层民众拉近距离；慰问包围摩纳哥的法国士兵，缓解紧张气氛。这些被媒体曝光，成功引导了舆论，王妃形象得以扭转。

根据同学们的发言，任课教师进行总结分析：公关不是万能的，王妃自己拒绝了好莱坞的邀请，开始努力学习并践行王妃应该承担的责任，这才是其成功扭转形象的根本，所以我们说"塑造主体，传播形象"，主体不行，形象便失去了根基。但"好酒也怕巷子深"，主体再好，传播不好也无法塑造良好形象。同时，从思政的角度鼓励大家学习王妃那种逆势而行、努力学习的精神。

（3）王妃如何化解摩纳哥的国家危机？

从剧情看，王妃利用公共关系获得国际舆论支持，最终让法国退兵，化解了摩纳哥的国家危机，这里是全剧的高潮，也是本堂课研讨的高潮：公关在化解国家危机中的威力与魅力。这里，王妃及其团队开展了两场重要的公关活动：巴黎记者会和国际红十字舞会。

围绕巴黎记者会，任课教师进行总结：召开记者会是典型的公关活动。巴黎记者会之所以成功，离不开好莱坞巨星身份的光环，也离不开当下她积累的形象软实力，这些都是公关活动效果累计的结果。除此以外，在记者会上发布的两条信息至关重要：拒绝好莱坞邀请，全力当好摩纳哥王妃；以慈善之名在摩纳哥举办国际红十字舞会，欢迎法国总统戴高乐参加。

全剧高潮部分，也是公关的重头戏，就是举办国际红十字舞会活动。在这个活动中，王妃的演讲又是出彩点。围绕"王妃演讲的特点与效果"将讨论推向高潮。同学们从多角度分析了王妃演讲的特点和效果：王妃在演讲中成功展示了"弱者"的魅力，赢得了其他国家对摩纳哥的同情与支持；王妃在演讲中充分展示了"共情"的能力，在情感共振中赢得大多数国家的支持；王妃用"爱"作为主题，既符合红十字会的宗旨，又成功地获得了美国等大国的支持。

最后，任课教师对同学们就此问题的发言进行概括总结，并分享自己的观点：虽然电影不等同于历史，我们不能过度夸大公关的威力，但公关对于化解国家危机的确起到了重要作用。发布会、舞会或演讲等都是获取舆论支持的重要手段和方式，公关可以说是赢得舆论和认同的艺术，进而丰满大家对"公关何谓"与"公关何为"的初步认知。

（4）王妃的经历对我们大学生有何人生启示？

在从公关专业视角进行充分、高效的研讨后，进入思政视角：电影中王妃的经历给我们哪些人生启示？更具体地说：我们该如何面对角色、责任与担当？同学们围绕此问题进行了高质量的发言：做好人生定位，把责任置于自我之上，善良真诚和仁爱等，思政育人效果非常好。

（三）专业和思政双重目标式作业巩固

课后，任课教师与学生就平台直播和课程内容等进行交流讨论，同学们既表达了对课程的认可，又提了一些问题，这些反馈成为下次课程设计的重要参考。

最后布置小论文作业"公关与人生双重视域下的《摩纳哥王妃》"，将专业教学目标"公关何谓"与"公关何为"与思政教学目标"角色、责任与担当"融入其中，进一步巩固课堂教学效果，并使之内化于学生心中。

三、教学评价：学生、专家和学校高度认可

其实，无论从网络在线教学现场的积极性还是小论文作业，都可以看到专业和思政双重教学目标均已达成。专业层面，围绕"公关何谓"与"公关何为"有了初步认知，并且对公关课程开始产生兴趣；思政层面，认识到角色定位、选择和担当对于人生的重要意义与价值。这是面上的总体反馈评价，一些同学课后也发表了自己的评价："打破了网课没有线下授课有效的看法""让我对公关从一无所知到有了基本认知""课程紧凑充实、热火朝天，刷新了我对网课的印象""希望任课教师在斗鱼和 B 站开直播"。

同时，同学们还通过云班课心意礼物平台给任课教师送"优秀教师"锦旗和鲜花等礼物，以表达对课程的认可。同时，"公共关系"也被学生投票选为第一周最满意的课程。这些充分显示了学生端的效果，除了新鲜感因素，更多的是教学设计理念、教学内容和教学手段综合作用的结果。

此外，督导专家张娅娅老师也听了第一课，并专门与任课教师进行了充分沟通，给予高度评价。同时，"微传播时代在线教学的设计、实施与效果研究——以'公共关系'课程导引为例"网络教学案例被学校教务处第二期"云教学同向同行"作为重点案例进行推送。

四、公关课程导引在线翻转教学的启示

第一，网络在线教学设计必须秉持"以学生为中心"的理念。具体而言，

践行这一理念的路径有两条：准确把握"00后"学生的心理特征，比如平等和张扬等；准确把握移动互联网时代学生学习行为特点与规律，比如喜欢视频和碎片化的接收方式等。所有的教学要素与环节都要充分考虑学生特点和需求，但不是一味迎合，而是合理匹配。

第二，构建新闻学专业影视作品清单，开发融媒体教学案例。既然学生喜欢视频化的信息接收方式，而且视频的确形象直观，教学效果也好，新闻传播专业完全可以构建和更新专业影视作品清单，凡是涉及新闻传播现象或者充分体现新闻传播专业思想的国内外代表性影视作品都可以纳入其中。以此为基础，结合微传播特点和规律，开发短而精的融媒体教学案例并形成案例库，以供整个新闻传播学科教学使用。当然，在这个过程中一定要注意知识产权问题。

第三，采用在线翻转式教学可以解决内容无限和时空有限之间的矛盾。通过在线翻转式教学，既可以发挥学生的主体性和积极性，又能够将时空延展到90分钟课堂之外，贯穿课前、课中与课后，实现随时随地学习。这可以有效解决教学内容多、选课人数多和学时少、教室空间小之间的矛盾，提高教学效率。

第四，有效翻转和高效研讨的关键是问题的分层设计。需要紧紧围绕专业教学目标和课程思政育人目标，结合发布的教学内容资源，精心提炼和设计问题，能细化到几级就细化到几级，形成层层递进、环环相扣和不断深入的"问题树"，将讨论推向深入。课前的研讨主题与课中的具体问题相互补充，相得益彰，而不是提前"剧透"和相互"打架"。

第五，网络在线教学不是权宜之计，而是必然趋势。通信技术的迅猛发展已经革新了人类社会的传播形态，教学作为重要的传播活动亦不能例外。线上线下结合的混合式教学将成为"教学新常态"。所以，积极采用云班课、雨课堂等智能教学平台，开展网络在线教学或混合式教学势在必行。

第六，教师的主体性和主体地位不是降低了，而是提升了。如果将教学视为表演活动，学生是主演，那么教师则是导演兼编剧。所以，无论是网络在线教学还是混合式教学都对教师提出了更高的要求与挑战。教师要始终保持教学热情与投入，积极学习各种先进的教学理念、教学平台和教学手段而又不过分迷信这些东西，不断更新专业教学内容与知识体系，实时把握学生特点和需求。缺少了教师的把关和组织引导，教学表演自然难以成功，而教师若想指导好这场表演则需要持续学习，方能在新时代更好地"传道授业解惑"。

摄影类课程在线教学探索

刘星辰*

摘要：近几年，新媒体不断发展，网络传输技术日益先进，各大院校的在线教学模式得以大规模开展。依托于此前已有的在线教学经验，我校在线教学急速推进，教师不断探索与各学科、各科目相适应的教学形式和教学方法。本文对在线教学经验进行总结，探索摄影类课程在线教学的多种可能性。

关键词：摄影课程　在线教学　教学探索

一、开展在线教学

2019—2020 学年第二学期我校大力推进线上教学。在此之前，在线教学已经走过一段较长的发展之路，在教学模式和教学方法上趋于成熟和完善，可以为在校学生或社会大众使用的在线教学平台的使用率也在不断提高，但并没有落实到每一门课程，摄影类课程（摄影基础、摄影与摄像等）正属于此类情况。以这次的学校政策为契机，摄影类课程也开始探索适合的在线教学方式。为开展线上教学，需要做好以下几个方面的工作。

---

* 刘星辰，北京联合大学应用文理学院新闻与传播系讲师，主要研究方向为传播理论。

（一） 架构在线教学空间

选择在线教学平台或软件，注册教师平台号或课程号，导入学生数据，建立课程群或企业微信群，建立其他必要的师生交流群和教师在线教学经验交流群。

（二） 挖掘在线教学资源

鉴别教学平台的教学资源与教学大纲的匹配度，准备文字资料、录制视频课程。

（三） 调整课程教学大纲

（1）安排教学内容及教学进度：根据所依托的在线教学平台进行课程内容的调整，根据在线教学形式的要求调整教学内容和教学进度。

（2）确定考核和成绩评定方式：熟悉所选在线平台的考勤方式、作业提交方式等各项功能的使用方法，根据在线教学的特点调整传统的成绩评定方式。

以上内容基本上在开学前设计和准备完毕，在教学过程中根据具体情况进行适当的调整和补充。

二、在线教学空间的构架

（一） 在线教学空间的教师准备

在学校、学院和系里的指导下，教师首先选择了适合的在线教学平台或软件作为开展在线教学的依托，比如慕课课程、蓝墨云软件、学校网络课堂等，完成注册环节，获得平台或软件的使用身份，学习使用方法，熟悉各项操作。

（二）在线教学空间的学生准备

此部分主要由学院的教务和学生部门来完成，联系学生，建立群组，或根据需要向教师提供学生名单，以便于教师将学生名单导入平台系统。最终保证学生与教师成功对接，以平台或软件为依托，形成完整的在线教学空间。

三、挖掘在线教学资源

在线教学空间架构好之后，各种教学需要的内容都应添加到空间中，包括教学大纲、教学进度安排、考核方式、成绩评定方式等，最主要的还是丰富的教学内容，包括各种文字、图片、视频素材的整合与投放。这就需要教师在开课之前有充足的时间来准备，大大超过常态教学时期的备课时间，尤其是首次进行线上教学的课程，需要投入大量的准备时间。

线上教学资源是在线教学平台的课程资源储备。比如教师可以在学校已购买的慕课课程中进行选择，首先确保课程的名称和级别与原有课程基本相符，之后鉴别慕课课程与教学大纲的匹配度，选取合适的内容，按照教学进度安排，将合适的内容安排到相应的周次。

与此同时，教师还要准备平台资源之外的课程需要的文字资料、录制视频课程。除了少数慕课课程是学院课程教师制作或参加的项目，大多数慕课课程在内容和顺序上与学院课程难免有不一致之处，有些甚至相差很多，这就需要教师补充一定的资料来匹配教学。

一些原有的线下教学资源可以直接运用到线上教学中，比如文字图片文档、演示文稿、演示视频等。教师也可以采用与慕课课程类似的形式，将讲课内容录制成视频文件，上传至平台，与慕课课程内容一同添加到与教学安排相符的周次中。

四、对课程教学大纲的调整

在线教学活动与传统线下教学相比较，各方面都要进行适当调整，这些都可以集中体现在课程教学大纲的各部分内容中。

（一）教学内容及教学进度的调整

因为此前该类科目没有开展在线教学建设，这次摄影课程所选用的是中国大学生慕课平台摄影基础课程的教学资源，网课的大纲与原有课程大纲的主体部分是类似的，但在重点分布和内容顺序上有很大不同，最终任课教师综合了两个教学大纲的内容，在保持学院课程原有的学习目标、学习内容、重点难点的基础上，在内容比重和顺序安排上作了比较大的调整。

任课教师首先通过在线教学平台发起小调查，了解同学们手中的现有设备情况，作为后续课程开展的依据。经过调查，选课学生的相机（专业相机、准专业相机或卡片相机）持有量小于20%，拍照手机持有量则是100%。在现有条件下，充分利用好手中的照相设备，无论是手机还是相机，基础内容教学都可顺利进行。

第一阶段，理论部分即摄影基础知识的讲解，按原大纲进行，用文本、图示和视频演示进行讲解。慕课课程起到了很大的帮助，其生动形象的视频演示，帮助学生了解相机构造和基本操作方法。

第二阶段，调整原大纲结构，将慕课课程中的手机摄影章节（相当于学院课程创意摄影中的一部分）提前，从人人手中都有的手机摄影开始，进行摄影基础知识实践，可以满足基本需要。从熟悉手机的相机功能入手，对相关理论知识进行讲解。

第三阶段，结合应用软件拓展手机的相机功能，例如景深模拟控制、曝光组合模拟控制、多重曝光、慢速摄影、延时摄影等，使用手机模拟相机的各种功能，在设备有限的条件下，保证学生对相机的各种常见拍摄方法和作品类型有比较全面的了解和实践。

第四阶段，课程进行到期中阶段，开始作品拍摄活动。构图、光线、色彩、主题等作业在师生的共同努力之下逐步顺利提交，内容与学院课程大纲基本一致，比较顺利地完成了教学任务。任课教师对学生作业进行即时评价，在课程时间之外，通过课程群进行课程补充资料的发布、作业讨论，通过平台论坛模块进行课程答疑，录制作业讲评视频，供学生反复学习借鉴。在平时作业中挑选优秀作品进行网络展示，充分利用网络的便利性，推动学生互相激励、互相学习、共同提高。

第五阶段，期末作业要求学生提交一组摄影作品，这就需要进行策划、拍摄、筛选，有了平时作业的练习基础，学生可以做到积极准备作品和顺利上传作品。期末作业体现了学生对摄影的理解、对摄影知识的掌握以及对照片的整理和编辑的能力。

（二）考核和成绩评定方式的调整

考核内容包括考勤和作业完成情况。各个平台的考勤方式不尽相同，各有长短，教师在实践中逐渐摸索出最有效的方法，比如签到时间点、签到时间限制、签到次数等。各平台作业提交的方式也各有不同，文字类作业和图片类作业的提交方法也不同，都需要进行尝试和摸索。比如实践证明，在慕课平台中摄影作品的提交，直接上传图片文件（非文档形式）是最有利于学生互评和教师评分的方法。

线上教学平台提供了一些便利的评分方式。首先，在平台中成绩的各个得分项目可以按照设定好的分数和比重进行自动计算并导出成绩核对单，省却了抄写分数可能形成的误差，准确便捷、省时省力。其次，互评功能也十分便利，以往的互评多为课堂讨论环节的口头评价，本次课程应用平台的互评功能，让学生完成互评任务，在评价时按设定好的给分项目逐项进行评分，同时鼓励学生在评分时给出评语，帮助同学进一步提高拍摄能力，这也可以考查评分学生的分析和理解能力。学生互评成绩是教师评分的重要依据之一。

五、实践中遇到的问题及解决方法或建议

（一）线上教学环境和教学时间

在线授课需要任课教师在比较稳定的环境和时间进行，在一定程度上制约了可以采取的授课形式。在环境良好的情况下，教师可以采用视频会议的方式，与学生在网络中进行比较直接的对话；也可采用直播的方式，进行生动形象的即时讲解。在条件受限的情况下，教师可采用类似翻转课堂教学法的安排方式，提前录制授课视频，组织学生在上课时间或上课之前进行学习，课堂上组织讨论和答疑，调动学生主动学习的积极性。

另外，网络状态也是教学环境中的一个重要的问题。网络是否畅通，网速是否正常，影响着一些教师作出选取何种在线教学方式的决定，比如因网速较慢而在经过多次尝试后放弃直播改为录制视频。无论是否进行直播，都要提前录制一些视频内容以备不时之需；需要学生下载的内容在保持一定观看质量的前提下尽量缩减文件大小，便于下载和保存。

（二）在线教学平台和软件功能

在线教学平台和软件的功能决定了在线教学活动的各种可能性和便利性，虽然教师们想尽办法将在线教学平台和软件"为我所用"，挖掘平台或软件已

有的功能来服务教学，但还是期待有更便利和适合于教学活动的功能逐步推出，满足在线教学的要求，比如在考勤方式、直播流畅度、收作业效率、评分效率等方面进一步开发更便利、合理的操作路径和方法。

以在中国大学生慕课平台收取摄影图片作业为例，直接上传图片最有利于作业的学生互评和教师评分，但同时为教师收取全部作业进行线下存档加大了难度，图片的尺寸和命名等方面在实际操作中都会出现一些问题。如果采用上传文档的形式提交作业，便于教师下载存档，但不便于线上评分。基于以上原因，教师可能会仍旧要求学生通过发送电子邮件提交作业，或者放弃在线评分方式。希望在以后的发展中，在线教学平台或软件的相关功能可以整合得更好，更加完善。

（三）线上课程后续开发与建设

学院摄影课程与商业性的在线课程不同，学生一般不具备昂贵的、理想的设备，课程依托于教学设备和设施，线下教学涉及更多的实践内容，有利于学生动手能力的提升和对所学知识的运用。纯粹的线上教学与实际需要不符，线上与线下结合起来，发挥各自的优势，才是更加可行的发展方向，例如在理论部分采取翻转课堂形式，提供给学生足够的学习资源，利于学生预习和复习，为后续的讨论和答疑作充分的准备，也可用于在教师的辅导之余自行检验实践效果，提高学生学习的主动性和自主性。

"摄影与摄像"课程中项目教学法的实践应用

李瑞华* 王 宇**

摘要：项目教学法是师生共同完成项目，以真实项目的实施完成为目的，为社会培养应用型人才的一种培养模式。本文从项目教学法在"摄影与摄像"课程中的缘起、实施方法、效果评估等几个方面，探讨影视教学中如何运用项目教学法。

关键词：项目教学法 摄影与摄像 教学模式

一、行业变化推动教学变革

对于整个影视行业来说，从 2016 年底开始，短视频行业呈现爆炸式增长，2017 年被称为短视频"元年"，众多短视频内容创作者的涌入，众多独具特色的移动应用的出现，使得短视频市场开始向精细化、垂直化方向发展。这种以技术革新和互联网传播为基础的影视新形态，给整个影视行业点燃了一把"火"——从缓解影视作品注水的沉疴积弊，到丰富影视营销的多元手段，乃至重塑影视产业各个链条，短视频可以从内容、渠道和产业生态等诸

* 李瑞华，电影学博士，北京联合大学应用文理学院新闻与传播系讲师，纪录片制作人。
** 王宇，北京联合大学应用文理学院双中心教师，研究方向为新媒体创作。

多层面着手，为影视行业造血赋能。因此，短视频入局，激发影视创作变革。❶

伴随着行业的快速发展，更多的平台和创作者入局，短视频的覆盖范围急速扩张，影响力越来越大，同时伴随着以抖音、快手等为代表的短视频社交平台的崛起，整个影视行业中，对短视频的创作和运营人才的需求量剧增。在此行业背景下，对学生的培养提出了新的挑战，学生不但要成为优质的内容制作方，还要掌握短视频时代的营销方法，才能在短视频创作中异军突起。

针对行业对学生专业能力需求的变化，"摄影与摄像"课程开始改变教学方向，引入"项目教学法"，以项目为中心，培养学生的短视频创作能力。

二、以真实项目为主线

"项目教学法"最显著的特点是"以项目为主线"，由以课本为中心转变为以项目为中心，由以课堂为中心转变为以实际项目运作为中心。实施"项目教学法"，首先要在"摄影与摄像"课程中引入真实的创作项目，这个项目不同于假设的课堂练习和模仿学习，而是将学生作为乙方，直接为甲方提供产品服务的真实项目，有严格的项目终结时间点，须签订短视频制作合同。作为教学课程的设计者，教师要依托于学习的创作平台，把学校和社会的真实项目引入课程中，并遵守合同的各项约定。

"摄影与摄像"课程主要有四种实践项目渠道来源。一是学校的各类研究项目，拍摄与学校整体办学宗旨和教育教学目标紧密结合的纪录片。比如在大时代背景下，结合学校的"专业思政"教育，创作优秀党员事迹的纪录片《我身边的好党员》、"廉政教育"的主题短视频、文化西山系列微视频、红色主题的纪录片等。二是为学校品牌宣传和招生服务的定制短视频。如2017年和2018年做了9部招生宣传片，以及庆祝北京联合大学建校40周年的校庆

---

❶ 司若. 短视频入局，激发影视创作变革［N］. 光明日报，2019-05-08.

宣传片。三是社会机构的项目。主要是依托于社会资源，把真实项目引进校园，主要有纪录片《我不是笨小孩》（三集，与央视合作，2021 年初央视纪录频道播出）、纪录片《土山诚会》（国家社科重大委托项目"节日影像志"子课题）、纪录片《捉黄鬼》（国家社科重大委托项目"节日影像志"子课题）、赣州宣传片等。每年都会有新项目加入，项目来源非常稳定。四是为社会服务的公益项目。如呼吁社会关注留守儿童的纪录片《一棵知道很多故事的树》（电影版，与深圳嘉宾传媒有限公司合作），用影像推动社会公益的传播。

这四类项目着眼点各不相同，锻炼学生的方式也存在差别，这些为后期的教学改革和研究提供了丰富的数据资料和个案。

"项目教学法"中，项目的"deadline"会成为一个约束，在签下拍摄项目的同时，围绕着短视频项目设计和制定一个符合社会行业要求的工作任务，一个项目的签订要有严格的开始时间和结束时间，所以项目拍摄小组要有自己的计划，并且要按时完成项目拍摄，在项目完成时间"deadline"的刺激下，"deadline"成为第一生产力，能迅速产出作品。所以，在"摄影与摄像"课程应用"项目教学法"中，任课老师会特别强调"deadline"的原则和作用。如 2017 年 6 月，北京联合大学应用文理学院教务处安排新闻系拍摄应用文理学院招生宣传片，时间只有 7 天，要赶在校园开放日之前，把宣传片推广出去。当时，根据学生们的课堂和作业完成度表现，从策划、摄影、后期制作等方面共计找了 6 位学生，在任课老师的带领下，仅仅花了 6 天时间，完成了一部符合影视行业标准、主题明确、影像风格独特的招生宣传片，受到了全院师生的一致好评，网上互动评价、留言丰富且正面，反响热烈，为文理学院招生宣传和学院形象塑造与推广贡献了力量。

三、以教师为引导，以学生为中心

"项目教学法"以教师为引导，以学生为主体，改变了以往"教师讲，学生听"的被动教学模式，创造了学生主动参与、自主协作、探索创新的新型教学模式。❶ 这种教学方法，由以教师为中心转变为以学生为中心，所以学生是认知的主体，是知识意义的主动建构者。

从教师的角度来说，不再以"摄影与摄像"课程的"教学知识点"为线索，而是根据项目内容和时间进度安排，以"项目的完成"为时间线，把知识点融合进项目执行过程中，精心设计和组织教学内容，使其符合学生认知的特点，强调所学与项目完成的同步。教师要根据实际的教学情况和教学内容确定项目，提出课题并深入分析，指导学生完成项目。如学生在创作《我身边的好党员》系列纪录片的时候，任课教师会把"如何拍摄人物""怎样用影像手段讲故事"的知识理念贯穿于片子的制作中，手把手带着学生拍摄一个样板出来，在某些拍摄环节中，教师要亲自上场拍摄，给学生示范，包括在采访人物的时候，摄像机摆放的位置、如何布光等，然后学生再来模仿创作，在模仿中创新。

从学生的角度来讲，学生成为项目的主导，学生的主动性是"项目教学法"的核心问题，学生在教师的指导下，独立去思考、探索，这成为项目式学习的灵魂。

经过多年的实践经验，"摄影与摄像"课程的任课教师把项目教学法的"以学生为创作中心"分为"思考探索—案例模仿—反思创新"三个阶段。

（1）思考探索阶段。学生在拿到拍摄项目后，要去思考、探索所拍题材的内容和主题，如同科学研究一样，去观看大量的相关影片来丰富项目的创作，通过对比研究，总结相关拍摄项目的拍摄方式、成果以及不足的地方。

（2）案例模仿阶段。创新是从模仿开始的，通过探索阶段的前期准备之后，学生们找出优秀的拍摄项目作为创作模板，进行案例模仿创作。这一阶段，要仔细模仿所选案例的拍摄镜头和后期剪辑，甚至会让学生提前做一些影视名作的经典段落翻拍工作，为后面的项目制作锻炼技能，提升拍摄水准。

（3）反思创新阶段。项目小组成员在经过前两个阶段的探索和模仿之后，

---

❶ 胡庆芳. 优化课堂教学：方法与实践［M］. 北京：中国人民大学出版社，2014：36.

根据市场标准和要求，制订详细的拍摄计划，撰写拍摄方案，准备拍摄器材，联系拍摄场地等。在这一阶段，每个人的思路和方法不尽相同，小组成员要互相取长补短，发挥想象力和合作精神，进行大胆创新。

在创新阶段，当学生开始"主动"去拍摄的时候，任课教师要给予重点引导和鼓励，给予正面的肯定。教师和学生会不断根据"拍摄项目"的需求来学习，任课教师引领项目的前进方向和整体拍摄的要求，管理项目的进程安排，学生变被动地接受知识为主动地寻求创新，由"学会老师交的拍摄本领"到"会主动尝试不同拍摄手段"，由"模仿别人的创作"到"创造自己的作品"。

四、以项目实施过程和成果为课程评价指标

"项目教学法"不再把教师掌握的现成知识技能传递给学生作为追求的目标，不是简单地让学生按照教师的讲授去得到一个结果，而是在教师的指导下，让学生去寻找得到这个结果的途径，并进行展示和自我评价，以过程和项目成果共同作为评价指标。

传统的"摄影与摄像"课程教学中，学生成绩的评价指标一般包括两部分，即平时作业和期末作业。这种评价方式存在局限性：一是学生在完成作业阶段，缺少实战的压力，并没有做到真正的练习，且学生的作业完成度差距较小，难以据此选拔优秀的人才；二是作业的精确度和准确度远远不足，与行业要求存在一定的差距。

在应用"项目教学法"之后，学生学习的效果评价直接由完成拍摄项目的情况来衡量，包括项目验收评价、社会反映、教师评价和自我评价四部分，其中项目验收评价、项目完成后所引发的社会反响是非常重要的一个评价指标。

"项目验收"是"项目教学法"的推动力，它的重点是对项目的工作成果进行审查，并且项目验收是直接和社会接轨的，要按照影视行业的要求来

制作视频，不像传统的教学中只需要任课教师来评价给成绩，而是要经过项目委托方的层层审查、修改之后，达到工作成果验收合格，项目才能终止。

以纪录片《我身边的好党员》为例。2016 年 9 月，北京联合大学应用文理学院在开展"两学一做"的学习教育过程中，为了更好地宣传党员的先锋带头作用，决定为评选出的"我身边的好党员"制作微纪录片，用短视频的方式来纪录党员的先进事迹。学院党总支经过多方面的考虑之后，把制作的重任交给了新闻与传播系的学生，要求制作之后，能达到推广播出的标准。新闻与传播系接到任务后，经过各方面的商讨，把"我身边的好党员"项目引入"摄影与摄像"课程的教学中，让学生来拍身边的好党员。经过 2 个月的时间，在任课教师的带领下，学生自主完成了 13 部好党员微纪录片，达到了行业制作的水准，获得了学院师生的一致认可。在制作过程中，每部片子都经过了层层的把关验收和多次修改，有的小组因为拍摄技术不达标，全部重拍；有的小组因为拍摄人物的主题不突出，重拍了采访，在不断的沟通、审查和验收过程中，学生得到了专业上的磨炼和提升。

五、结语

从"我身边的好党员"微纪录片的项目制作中受到启发，2016 年至今，在教师的带领下，以学生为创作主体，依托于"摄影与摄像"课程，完成了 24 个项目的制作，主要成果如下：

（1）《我身边的好党员》（微纪录片，13 部，2016 年 12 月）；

（2）北京联合大学应用文理学院招生宣传片（宣传片，1 部，2017 年 5 月）；

（3）博物馆系列短视频（纪录短片，8 部，2017 年 6 月）；

（4）"诗意成都"旅游宣传片（宣传片，1 部，2017 年 10 月）；

（5）《一棵知道很多故事的树》（纪录片，1 部，2017 年 11 月）；

（6）江西龙南、瑞金宣传片（宣传片，2 部，2017 年 12 月）；

（7）北京联合大学应用文理学院专业招生宣传片（宣传片，8 部，2018 年 5 月）；

（8）"廉政"主题短视频（故事片，3 部，2018 年 6 月）；

（9）"中关村一小"毕业短片（纪录片，2 部，2018 年 7 月）；

（10）《再见，我的幼儿园》（纪录片，1 部，2018 年 8 月）；

（11）"婺源拍摄实践"纪录片（纪录片，1 部，2018 年 11 月）；

（12）"联大正青春"校庆宣传片（宣传片，1 部，2018 年 10 月）；

（13）文化西山系列微视频创作（纪录片，6 部，2018 年 11 月）；

（14）西美医疗美容纪录片（纪录片，1 部，2019 年 2 月）；

（15）西美医疗美容短视频（短视频，5 部，2019 年 4 月）；

（16）《奶奶的面》（故事片，1 部，2019 年 5 月）；

（17）《我们》（纪录片，1 部，2019 年 6 月）；

（18）*Remember Me*（纪录片，1 部，2019 年 6 月）；

（19）《跌宕起伏 爱国敬业 坚守信仰 开拓向前——金宗濂》（短视频，2019 年 9 月）；

（20）《北京的一棵小草》（短视频，2020 年 6 月）；

（21）《我不是笨小孩》（纪录片，3 集，2021 年 1 月）；

（22）《我把青春献给党——张妙弟入党故事》（短视频，2021 年 6 月）；

（23）《蝴蝶展翅》（纪录片，2023 年 7 月）；

（24）《捉黄鬼》（纪录片，2024 年 5 月）。

这些作品孵化于"摄影与摄像"的课程改革过程中，取得了一些社会影响力，其中系列纪录片《我不是笨小孩》于 2021 年 1 月 25—27 日在中央广播电视总台纪录频道 CCTV-9 首播，同年 3 月和 7 月央视又安排了两轮重播，央视新媒体矩阵——央视网、央视频等客户端同步上线，2021 年 3 月 30 日中宣部"学习强国"平台上线三集完整节目内容，预计总观众超过 1000 万人次，其中新媒体端总量超过 700 万人次。人民日报、新华社、光明日报/光明网、央视剧评、*China Daily*（《中国日报》）以及《中国教育报》《中国青年报》《中国艺术报》《广电时评》《南方周末》《新华日报》《华西都市报》等20 多家主流媒体和知名媒体对该片进行了报道，或者采写专访。《我不是笨小孩》获第 11 届"学院奖"（中国高等院校影视学会主办）纪录片单元（教师组）一等奖，获第 27 届中国纪录片学术盛典（中国电视艺术家协会主办）"系列片十优作品"荣誉称号。《跌宕起伏 爱国敬业 坚守信仰 开拓向前——金宗濂》获得北京教育系统关工委 2019 年"读懂中国"活动微视频一等奖。《一棵知道很多故事的树》荣获 2018 年第八届中国影视学院奖一等奖，入围第二届中国民族学学会影视人类学分会"学会奖"和 2017 中国（广州）国际纪录片节"金红棉"评优单元；博物馆系列短视频《寻路》《缘起奥运》在首都高校博物馆微视频创作中获得二等奖，《驻守宁静》获得三等奖，《北京自然博物馆宣传片》《奥运博物馆宣传片》《万寿寺之建筑艺术》获得纪念奖；文化西山系列微视频创作中，《香山慈幼院》《走在卢沟桥上》《苏州街里》分别荣获 2018 北京联合大学第三届社会记忆传承与保护作品大赛一等奖、二等奖和三等奖。

心理学的研究表明：听来的忘得快，看到的记得住，做过的才能会。通过"摄影与摄像"课程教学改革，在师生共同实施"项目教学法"的过程中，创作了一批与社会密切接轨的短片，提高了学校的社会影响力；同时，有利于教学改革的深化，任课教师在项目引导的过程中，以项目为抓手，实践育人，为在校学生提供了提前接触影视市场需求的机会，从而使其积累工作经验，同时培养了学生的团队合作能力和职业化水准，搭建起为社会培养应用型人才的教学实践模式。

基于 OBE 理念的课程改革探索
——以"视听语言"和"摄影与摄像"课程为例

徐晓斌[*]

摘要： 本文探讨了在 OBE 理念下，"视听语言"和"摄影与摄像"课程所进行的改革实践。在教学内容上，注重经典与前沿结合，讲义与经验结合，拍摄实践与理论探究结合；在教学方式上，"线下"联系"线上"，通过"分组教学+任务驱动"，培养学生团队协作素养和竞争意识；评价方式上，增加过程评价的比重。对比课程改革前后目标达成情况，该探索取得了较好效果。

关键词： OBE 视听语言 摄影摄像 课程改革 人文精神

基于学习产出的教育模式（Outcomes-Based Education，OBE）是以学生为根本，以成果为导向的一种教育理念和模式。它考虑如何达成课程目标并对达成度进行准确测量，对学习成果进行量化评价。它将学习进程划分成不同阶段，每个阶段制定相应目标，在教学过程中由学生逐级达成，最终达到毕业的要求，同时也达到专业认证的要求。

"视听语言"和"摄影与摄像"分别是新闻学专业大一、大二学生的基础课，对后续的专业课的展开有先导作用。按照学校要求，笔者将 OBE 教学理念纳入教学改革中，增加过去课程中未曾设计的目标达成途径，改变过去

---

* 徐晓斌，北京联合大学应用文理学院新闻传播系讲师，研究方向为影视传播、新媒体传播。

教师讲授多、学生参与少的状况，革新教学内容和方法，加大过程评价比重，取得了一定效果。

一、教学目标改革

在根据 OBE 理念制定的新大纲中，课程目标分为知识、应用、整合、情感、价值、学习六个具体目标，这些具体目标与学生毕业要求的指标点是一一对应的。在课程内容部分，这六个具体目标也被分解细化，由专门的章节来支撑。旧大纲侧重于传授知识和技能，忽略了对学生其他能力的培养。新大纲从知识的整合能力、情感、学科素养、终身学习等方面规定了具体指标，教师执行起来有抓手、有参照。

旧大纲对学生能力培养的规定有些笼统，而新大纲则很具体。例如"情感"这个目标，落实在"视听语言"课程中，笔者设计了观摩、讲解优秀影视作品的环节来加以支撑。这门课上分析的《我和我的祖国》《八佰》等影片中洋溢着的家国情、民族情深深触动了学生们的心灵，那么"情感"这个目标就落在了实处。

订正"视听语言"和"摄影与摄像"的课程目标时，笔者注意从基础知识、生活场景模拟、价值观塑造这三个层次出发，逐步深化。其中，基础知识主要是指讲解教材、讲义，对应"知识""整合"的目标；生活场景模拟是指通过外出拍摄、分组拉片等手段，让学生在实践中学习，对应"应用""学习"目标；在遵循学生认知发展规律的前提下，从课程涉及的诸多小事情中，剖析其背后的深意，引导学生树立仁爱、乐观、奋发有为的价值观，对应"情感""价值"目标。

二、教学内容改革

根据 OBE 理念以及"视听语言"和"摄影与摄像"新大纲，笔者对原有课程体系和教学内容进行调整，做到"三个结合"：经典知识与学科、行业前沿的结合；教材讲义与教师体验、经验的结合；学生拍摄实践与理论探究的结合。

（一）经典知识与学科、行业前沿的结合

经典知识凝结着前人的经验和智慧，是课程的核心与主干。通过一个学期十余次课，教师将经典知识成体系地讲授给学生。"视听语言"课程中，"景别与角度""焦距与景深""画框与构图"是经典的、基础性的概念，但影视实践发展迅速，一些传统理论遇到了挑战。例如"画框"这个概念，是指取景或播放时影像的边缘，可是在虚拟现实（VR）电影中，它向观众提供沉浸式体验，观众的视角为360度全景。那么，"画框"这个概念就"消失"了！没有"画框"就没有"景别"，没有"景别"就需要重新定义"构图"的意义和原则，就要对现有的视听语言系统作出巨大革新。

再如"摄影与摄像"教材中讲的拍摄女演员、女模特所用的布光法——蝴蝶光，在好莱坞早期的电影中常常被用到，但现在它在行业中已用得极少。这种经典与前沿的结合，让学生既能了解知识的历史，又能感受到创新的紧迫，从而增加了课程的吸引力。

（二）教材讲义与教师经验、体验的结合

教材是教师授课、学生自学的凭据。"视听语言"课程笔者选用了浙江传媒学院邵清风等编著的教材。"摄影与摄像"课程使用复旦大学颜志刚编写的《摄影技艺教程》。来联大任教以前，笔者曾在媒体行业工作多年，积累了一些经验。教材、讲义虽然系统但略显枯燥，讲课时辅以教师的经验、感受，课堂就能变得生动起来。

"视听语言"课程我们会结合学生作品进行讲解。有一组同学创作了一部

名为《长城之凤》的短片，讲述了一位名叫田凤银的画家画长城的故事，片长 18 分钟。原片这样开篇："长城，巍峨峻拔、绵延万里，是中华民族勤劳智慧的结晶，也是凝结着中华民族精神的文化景观。它深深扎根在文明的沃土里，滋润着每一位生活在这片土地上的人们。"画面是航拍的长城。结尾同样是大篇幅地对长城的讴歌，只有中间部分是对画家的采访。结构追求宏大，基调显得高亢，重心落在对长城的礼赞上，对画家的表现则较少。

看了这个短片以后，笔者建议，可以参照 2015 年拍摄的系列节目《长城内外》的第 1 集。《长城内外》是 CCTV-4 投入 2000 万元经费，历时两年制作的 200 集系列节目，担负着向海外传播中国的文化符号——长城的使命。这部系列片的开篇，以"宏大叙事"为整个系列定下了调子。而时长不足 20 分钟的学生作品，无须承担讴歌长城的任务。该短片的立意，在于讲好这位油画家的创作故事，应平和紧实，而非求"大"，不必唱"长城赞歌"。经过对比，学生们非常认可修改意见，调整结构，改解说词，重新剪辑。通过这次修改，同学们对主题、节奏、剪辑也有了更深的理解。如果不是教师"身体力行"，拿作品给学生"打个样儿"，学生们也不会这么"心悦诚服"，迅速意识到问题所在。

当前高校与新闻单位、政府部门等机构实行的互聘交流，以及"双师型"教师认证等措施，能让教师们多一些"实战经验"，让课堂内容更有针对性，更能传递行业之需、时代之需。

（三）学生拍摄实践与理论探究的结合

"摄影与摄像"课程的外出拍摄受到同学们的欢迎。圆明园、后海、鼓楼大街、北大红楼等是我们常去取景的地方。2019 年全国"两会"期间，中国美术馆举办周海婴先生摄影作品展，笔者和学生们曾去参观、拍摄。每次"采风"地点的选择，同学们都"热议"不止。拍摄完成后，笔者不仅要求作业格式的规范，如光圈值、快门值、ISO 值等需要清楚地标记出来，还带着他们去分析照片后面的拍摄意图、生活态度和美学理念。

照片是凝固的生活瞬间。在"记忆星尘——纪念周海婴诞辰 90 周年摄影艺术展"中，最吸引同学们的是一组反映 20 世纪三四十年代上海市民生活的照片，如"1949 年淮海路大水""滑稽戏活菩萨""父亲逗孩子"等作品。正如该影展的策划人陈小波所说："好照片有三个标准：第一是社会性，画面写满时代痕迹；第二是诗性，要有艺术水准；第三是情感力量，很多年后看到心还会咚咚咚地跳。"周先生的这些作品距今已逾 70 年，但今天我们看到它们，依然能感受到那扑面而来的生活气息，令观众长时间驻足凝视。

学生程俊在江西婺源拍摄的"卖山货的老人"作品，当时获得了"周最佳"。这位望着远方、手夹纸烟的阿姨，是中国数亿农民的一个代表，她那落寞、坚毅、不屈服的神情，具有打动人心的力量。

摄影与摄像不仅仅是一系列参数的设置，还展现出拍摄者的艺术观、人生观，是通过作品表达作者的内心渴望。对应 OBE 理念中"情感""价值"等目标，"摄影与摄像"和"视听语言"课程不仅重视学生的拍摄实践，更注重通过理论把握影像的规律，引导学生树立尊重劳动、尊重普通人的观念，能用影像记录美、表现美和创造美。

三、教学方式改革

5G、云计算、人工智能、移动互联网……科技进步改变了知识生产和传播的方式，获取和分享知识变得轻而易举。课堂上有些学生频繁看手机，这极大影响了他们的注意力，严重影响到课堂效率。要解决此问题，从教师的角度看，笔者认为要提高教师讲课的魅力，要利用现代教育技术，改革教学方法和手段，尝试探究式学习方法，引导学生自主学习、合作学习，以培养其独立思考能力、团队协作素养和创新精神。

（一）"线下"联系"线上"，取二者之长

2020 年春季学期，"视听语言"和"摄影与摄像"课程采取了网课的形式。换一种角度看，这种"无奈之举"也让笔者实验、适应了新的教学形式。

笔者选择了"慕课+SPOC"这种形式，SPOC 即小规模在线课程。授课时笔者在企业微信视频直播，同时用微信群和学生用文字、图片互动。由于不能面对面，起初笔者还非常担心学生们会开小差，但后来发现学生们回答踊跃，一个问题常常有数条、数回合讨论，学生们对互动的热情超出预期。

网课的教学痕迹能完整保存，结束以后学生还可以回看教学视频和聊天记录。2020 年秋季学期恢复正常上课后，笔者将自己所讲的课程录像上传到百度网盘，实现信息共享，同时在微信群布置预习任务，检查部分作业，这些都提高了课程的效率。

"线上+线下"这种形式，既能让学生按照自身节奏浏览网上丰富的教学资源，又能发挥面对面授课的亲切、直接、生动等长处，实现优势互补。

（二）"分组教学+任务驱动"，培养学生团队协作素养和竞争意识

本着自愿的原则，学生自由组合成若干小组，每组 6—8 人，大家共同完成任务。这就是"分组教学"，它和"任务驱动"同时进行。任务驱动（task-driven），即"学生通过自主学习和相互协作，完成教师设置的具有真实情境与意义的任务，在任务完成中实现知识的内化与技能的习得"❶。任务驱动以问题的解决为核心，以此锻炼学生的独立思考能力与团队协作素养。

"视听语言"课程各小组的任务是拉片。每组选择一部经典的故事片或纪录片，按照镜号、运动方式、拍摄角度、时长、对白等，将片中所有的镜头记录下来。这件事费时费力，但是在练基本功。一般每位同学要分析 20 分钟

---

❶ 孟丽娜. 应用型本科院校《视听语言》课程教学改革［J］. 今传媒，2018（5）：148-149.

的片子，完成以后上台演讲。我们会选出每组最佳同学和全班最佳小组，在组内和各小组之间，形成既互帮互助又彼此竞争的关系。

OBE 理念中，有"应用""情感"等几大目标。拉片子其实是换一种视角——从观众的视角转到导演创作的视角，这就培养了学生应用知识的能力。同时，在与本小组成员的合作中，培养了他们团结协作的能力，发展了同学间的友谊。

"摄影与摄像"课程，笔者会布置任务，例如以"身边的劳动者"为主题拍摄一组照片。课堂上教师点评环节之后，学生们投票选出每周最佳照片。每一次获得"周最佳"的同学，都把它当成一份荣誉，会收到同学们热烈的掌声。

四、教学评价改革

传统的教学设计是课程导向的，要围绕课程设计出完备的学科体系，而OBE 是围绕学生毕业时要具备怎样的能力而设计课程。"OBE 理念的实施，有 5 个关键步骤：（1）确定可测评的学习成果；（2）形成科学合理的课程体系，在体系中应明确每门课程对学习成果有确定的贡献；（3）确定教学策略，关注学生学到了什么；（4）自我参照评价，评价聚焦在学习成果上；（5）逐级达成。"❶ 其中第一个步骤就是要测评学生的学习成果，这种"测评"和当前普遍实行的终结性评价有较大出入。这个问题需要在后续改革中解决。

在"视听语言"和"摄影与摄像"课程的教学评价上，笔者采用了小组互评法、集体打分法、作品评价法等。小组互评法是指组长、组员之间互相评价；集体打分法是全班学生对上台演讲的同学打分；作品评价法是笔者对学生作品打分。以往平时成绩占 40%，期末成绩占 60%；改革以后，平时成绩占 60%，期末成绩占 40%，加强了过程中的评价，引导学生多出成果、快出成果。

---

❶ 李芸，崔海波，陈渊，等 . OBE 理念的化学专业课程教学改革初探 [J]. 广东化工，2020（22）：137-138.

五、教学反思

（一）OBE 理念重视场景效应，重视学生的体验

从教学实践来看，笔者认为 OBE 理念重视还原生活场景，强调学生在场景中的体验和探究。加拿大教育学教授马克斯·范梅南认为："教育学的概念中的所有的因素都不应被视为'给定的'或'既定的'，教育的意义必须到教育的实际生活中去寻找，因为如果我们将种种假设和给定的意义都搁置起来的话，所剩下的就只有教育学的生活的体验了。因此，我们需要在生活世界的方方面面中去寻找生活体验的原材料，并对之进行反省和检查，这样一来，就有可能获得其根本特点的某些意义。"❶

从生活中寻找教育的意义，这同我国教育家陶行知提倡的"生活教育""教学做合一"等理念有相似之处。陶行知重视实践，认为"教学做是一件事，不是三件事。我们要在做上教，在做上学"。笔者认为，以上两位教育家的倡导和 OBE 理念具有内在一致性，那就是都注重营造真实的场景，让学生在不断的训练中，在所受的磨砺中，明白知识的意义。

在"摄影与摄像"课程中，笔者和学生们一起拍片子，记录北京的自然与人文之美。在"视听语言"课程中，笔者让学生将观众视角转换为编导视角，去分析一部影片，或创作 Vlog 展示日常生活，这都提供了一种或真实或模拟的情境。人的内心世界具有多样性、敏感性与复杂性，学生的天资、秉性、思维习惯各不相同，教学中应该允许并鼓励学生提出截然不同的思路、答案和话题。教学实践中，笔者感受到 OBE 理念重过程、重探究、重体验的特点。

---

❶ 马克斯·范梅南. 生活体验研究：人文科学视野中的教育学 ［M］.宋广文，等译. 北京：教育科学出版社，2003：65.

（二）涵养人文精神是 OBE 理念的题中应有之义

OBE 理念被提出已有 40 余年历史。它首先在美国的基础教育领域实施，随后，被美国、英国等国家的高等教育界所接受和实践，它具有美国式的实用主义的色彩。

美国哲学家杜威认为，所有的知识都是暂时的和不断进化的。知识本身是有机体和环境之间相互作用的中介，是有机体为了适应环境刺激而做出探究的结果。一种知识是有效的或真正的知识，那么它一定能够提高有机体探索和适应环境的能力，否则就是无效的、错误的知识。❶ 这是典型的实用主义知识观。它其实是 OBE 理念的哲学根基。那么，标榜成果导向的 OBE 理念，是不是"唯成果论"呢？换言之，社会上有怎样的用人需求，人才应具备何种技能，学校就因此培养具备该种技能的人。笔者认为，不能对 OBE 理念做这种狭隘的理解，它强调"成果"，但又不止于此。

OBE 理念中对"价值""情感"等目标进行了细化和分解，但要实现这些目标，并非一蹴而就。它需要教师具备高尚的道德情操、精湛的业务能力，用自己人格的魅力，像春雨一样去浸润学生。而这个过程，所需的时间很长很长。

---

❶ 石中英．知识转型与教育改革［M］．北京：教育科学出版社，2001：17.

在线交互教学实践研究
——以"新闻采访与写作"课程在线教学为例

鲍宇涵* 惠东坡**

摘要： 在线教学因具有实时性、现场感和及时交互的特点而备受高校师生青睐。交互设计是在线交互教学的灵魂，也是教学实施的关键环节。在"新闻采访与写作"课程教学过程中，开展在线交互教学，探索线上教学的新形式和基本规律，不但可以为该课程在线交互教学的组织与设计提供实践指导，还可以促进新闻采访与写作教学与学习科学、信息技术的有机整合，从而推动新闻传播实务课程教学改革走向深入。

关键词： 在线交互教学 翻转课堂 新闻采访与写作 教学设计

社会不断进步，教育事业蒸蒸日上。信息技术和新闻传播媒介相结合，传播形态、生产模式、传播渠道都发生了深刻变化。媒介技术带来的颠覆性变化对传媒教育产生了深远影响，新闻与传播相关教学活动也顺应时代作出了变革，出现了很多新型教学模式。在线教育具有不受时空限制的优点，教师通过运用信息技术来实施教学、提供教学资源，学生通过在线平台与教师互动。本文以"新闻采访与写作"课程在线教学为例，对在线交互教学的特

---

* 鲍宇涵，北京联合大学应用文理学院新闻传播系 2020 级硕士研究生。

** 惠东坡，传播学博士，北京联合大学应用文理学院新闻与传播系教授，主要研究方向为修辞与传播、新闻话语、城市文化传播等。

点、形式和规律进行初步探讨，并在此基础上提出在线交互教学设计的实施路径。

一、在线交互教学的特点

交互式教学，是建构主义的一种代表模式，基于维果茨基的心理学理论发展而来。交互式教学是以学生为主，以教师为辅，是教师和学生共同交流的一种模式。随着互联网的出现，在线交互教学逐渐变得火热起来，它打破了时间、地点的限制，教学形式更加多样，给教学带来极大便利，它的灵活性是课堂教学无法比拟的。其特点主要包括以下三点。

（一）学习心态转型：从"被动接受"到"主动选择"

在传统的在线教学过程中，学生学习的自我意识难以控制，但教师可以通过考试的方式促使学生形成自我意识（被动接受）。在传统教学模式中，教师和学生的分工不太明确，课堂中大都是以教师为主体，学生参与感不强，处于消极状态。互联网获取新闻信息的速度快、渠道多，对信息筛选精确，教师可以先在课下通过社交媒体向学生介绍新闻采访与写作的方法和技巧，传授基础理论知识，提供丰富的学习资源，让学生首先树立学习目标，其次通过在线学习的方式，让学生在独立的环境下进行学习，培养理智的信息使用者和分享者。[1] 同时，通过网上随机检查活动，可以随机检查学生的新闻采写知识掌握情况，随着时间的推移，也可以在不知不觉中提高学生的新闻敏感性，自学能力也将得到改善（主动选择）。在作业安排中，教师可通过使用社交工具发布和明确任务，让学生把作业结果发送到聊天窗口，一方面为学生提供系统的知识学习和能力训练，另一方面让大家都参与其中，在课堂上

---

[1] 李春玲. 关于汉语国际教育师资培养的新构想［J］. 云南师范大学学报（对外汉语教学与研究版），2015（1）：63-70.

头脑风暴，相互交流所学到的知识。信息时代的教学模式方便了学校的监督，有利于老师的教学，也发挥了学生的潜能。学生从传统教育的消极被动转向积极主动，从"重认知"转向"重发展"。

（二）学习方法转型：从"学科的学习"到"学习的科学"

"新闻采访与写作"课程的在线互动教学不能照搬传统教学模式，要使学习从"学科的学习"转化到"学习的科学"。曾经所提倡的重教法已经不适用于现代教育，现在更强调学生的主动性，要想达到这种改变需要付出的努力还很多。在"新闻采访与写作"这门课程中，教师不再只是知识的传授者，还是学生能力培养的设计者，要着重培养学生的学习、掌握和更新知识的能力。怎样让教学更加生动灵活？在线交互教学有了更好的诠释，它能帮助学生发展他们自身固有的自主中介系统，使之成为独立的学习者。教师注重启发诱导，把教师中心让出来，适时干预即可。教师要善于引导学生自主预习、深度学习，激发他们对"新闻采访与写作"课程的兴趣，可以选择优秀的新闻稿供学生鉴赏、评析。❶ 教师在启发诱导基础上，让学生通过独立思考获得基础知识和技能、技巧，即中国古人所言，应该教会学生如何学习，而不是盲目传授知识。当学生有了学习的方法和技巧就会举一反三，其他问题也会迎刃而解。

人本主义倡导以学生为中心的教学观，这种观点值得我们借鉴和学习，教师要相信学生的潜能，相信学生能够自己指导自己。这时教师已不是权威者，而只是教学的辅助者、资源的提供者，是帮助学生的"催化剂"。在线交互教学中，教师要有同理心，要尊重学生的感情，对学生的意见要有思考，并时刻反思自己的教学。重视有意义的学习，倡导自由探索；学会尊重、接

---

❶ 刘艳芹，栾述文．"以人为本"的建构主义教学模式实证研究［J］．山东外语教学，2012（5）：59-64.

纳，时刻关注学生的动态；引导学生学会学习，给予学生学习和成长的机会。❶

（三）学习场景转型：从"线下班级"到"线上班级"

我们的课堂是以班级授课为主，学生没有发挥的空间。多数情况下，都是教师主导，而在线交互教学这种新型的授课形式，其教学方式和教学计划都可以灵活安排。

首先，可以利用课堂话题增进师生互动。如教师在讲授《新闻采访与写作》教材第十章"通讯的分类写作"第二节"人物通讯"时，先将文章的中心论点告诉学生，并传授人物通讯"见人见物更见思想"的写作方法与技巧。

其次，教师可以通过案例与同学展开讨论。教师通过改编案例《县委书记的好榜样——焦裕禄》，将焦裕禄的英雄事迹的视频和图片在"线上班级"发布，让同学们仔细阅读并讨论，可以更好地活跃课堂气氛。鼓励学生采写人物通讯"云稿件"，并选择合适的线上平台将自己编辑的人物稿件上传、分享。

最后，重视线上师生实时互动。在线互动教学时教师和学生可以相互交流、相互配合，共同分享有用的信息资源，学生遇到不懂的问题可以在视频中与老师交流，不受时间、地点限制，学生可以随时提问和学习，能更好获取和掌握知识。教师也可以用教学 App 或线上平台的一些小奖励与学生互动，这种学习形式可以增进师生感情，让师生关系更亲密。

二、在线交互教学的课堂形式及其实施路径

为直观展示在线交互教学的情境设计与教学过程，下面以"新闻采访与

---

❶ 祁玲，张春梅. 汉语写作课互动教学模式探析［J］. 现代语文（教学研究版），2007（11）：111-112.

写作"课程中的"新闻采访"部分的教学为例，探讨基于新技术平台的在线交互教学的课堂样态及其实施路径。

（一）以翻转课堂培养学生的主动性

翻转课堂是学生自学的平台，整个学习过程学生参与感强，对于强化学生学习动机是有帮助的。教师只需要提供学习的资源，把课堂交给学生掌控，整个过程教师只需要适时指导，并把课程的难点、重点找出来，提前布置好预习内容，通过学生课下自学，让学生根据自己的情况去主动学习。在课堂教学的中间环节，老师针对学生提出的难点、重点做互动深化，针对学生课前习题的错误情况进行答疑和解析。课后，通过测试、练习巩固和拓展知识。通过线上资源、学生自学、教师释疑、师生互动、学生巩固练习等一系列环节，引导学生掌握基础知识和技能，提高课堂教学效果。❶

第一，超前预习。教师提前为学生提供丰富的、共享的学习资源，学生依据教师提供的课程教学设计，明确学习内容和目标，并将其转化为关键问题。例如，在教学中，以通讯稿《一着惊海天》（《人民海军报》2012 年 11月 25 日）作为案例，引导学生了解这篇新闻作品的生产过程，认识新闻采访至关重要的作用。观察舰载机的飞行状况、着舰后人群的反应；记录航母与舰载机之间的通话材料；收集航母舰载机的着舰难度、"某大国一名上将"的观点等。以课前预习推进翻转课堂，强化良好学习习惯的培养、提升学生的分析和思考能力。

第二，课堂前测。在教学前，教师为了了解学生的学习程度，可以提出几个与主题相关的核心问题，通过网络抽学号的方式进行提问。把他们"拖"到屏幕上，师生对话，或者通过智能平台的"举手"功能，与学生互动。教师和学生共同完成一堂课，不仅加强了师友关系，还能检查学生的预习情况。

---

❶ 李西刚，王淑娟．网络课堂教学中学生情感交流的不足及对策［J］．中国电化教育，2005（9）：68-70.

第三，互动评价。课程结束后可根据学生的回答情况，为选择最佳答案进行投票，老师给予虚拟奖励，这种"功利性"学习会调动学生学习的积极性，对学习产生浓厚的兴趣，并期待下一次的课堂表现。

（二）以网络课堂推进在线交互教学

第一，利用好校内平台。首先，学校应该提供"共享的资源"，构建复合型学校情境，学校要进行教学改革，应用信息技术提供多渠道知识来源，构建广泛的、互动的学校课程，如学校官方微博、学校官网等都可以成为学生的实践场所。其次，可邀请专业教师举办讲座，与学生共同探讨相关主题的新闻、时政问题、校园通讯等。最后，成立专业的教学实践团队，多做宣传和动员，目的是组织一支强有力的专业团队。有条件的学校及教师可以创办内部刊物。教师帮助学生选择合适的题目，整个过程由学生独立分析整理，然后共同参与修改，最后反思评价。❶

第二，与校外交流合作。首先，确立一些供学生实习的基地，使学生能将课堂知识带到实践现场，也可以将实践经验带到课堂。其次，邀请从事新闻媒体行业的专业人士到校内传授经验，让学生学习业界知识并了解当前的社会需求。最后，可以邀请从母校毕业的优秀校友回校交流、学习，给学生们树立信心，加油打气。在"新闻采访与写作"课程在线交互教学过程中，可以充分利用这些资源，开展在线"远程互动"教学，让学生零距离接触这些业界骨干，缩短认知差距。

第三，建立自媒体平台。可借鉴我国其他高校的一些实践经验，效仿他们推出相关的微信公众号，教师和学生都可以在公众号上发表文章，为学生提供知识学习和能力训练的机会，教师也可以借此提高自身的专业素质。在"新闻采访与写作"课程教学中，我院新闻与传播系惠东坡教授负责运营的

---

❶ 何克抗. 从"翻转课堂"的本质，看"翻转课堂"在我国的未来发展［J］. 电化教育研究，2014（7）：5-16.

"全媒体采访与写作"（Newswriting）微信教学辅助公众号，就充分把线上和线下教学融合起来，既延伸了课堂，也拓展了学生视野，收到了非常好的教学效果。

（三）以线上诊断落实在线学习评价

以线上诊断落实在线学习评价，深度分析和评估线上教学质量和举措，引导教师因课制宜选择课堂教学方式方法。师生关系的最高层次是共享、共创，分享信息资源，创造新的学习可能，线上交互教学实现了这一理念。教师尊重学生的个性化发展，根据学生的需求和兴趣制订教学计划，这样不仅可以提高教学质量，还可以提升教师的教学能力。

（1）课堂表现诊断。一言以蔽之，学到什么知识并不是问题的关键，学到的知识是否有用才是关键。传授者要根据学习者的需要来制定课程内容，让因材施教成为可能，而不是传统教学中的一味地灌输知识。在线交互教学要实现由传统的听课、评课到线上观课、议课的转变。要改变旧有观念、旧的教学模式和教学方式，与时俱进，这样才能跟上时代步伐。如果安于现状，维持原有的教学模式，就会被时代抛弃。❶

（2）课后练习检测。教师可以利用在线教学平台对学生进行课后练习检测，对所学内容随时随地进行课后检测，为学生提供个性化服务。教师可以根据实际情况布置作业，在手机端或者 PC 端对学生练习进行检测、判定和反馈。教师能及时了解学生的答题情况，在线批改试卷、节约时间、提高效率，并为学生提供"一对一"答疑、测试等个性化学习模式。

三、在线交互教学的实践反思

在线交互教学具有方便灵活、课程内容丰富等优点，能够促进教育公平，

---

❶ 杨九民，黄磊，李文昊．对话型同步网络课堂中学生参与度研究［J］．中国电化教育，2010（11）：47-51．

满足学生个性化需求，加快转变传统教育模式，所以才能被大众普遍接受。如何充分利用大数据、虚拟现实和人工智能技术等开展在线交互教学，提高在线教学质量，需要我们不断探索新的方式，并进行适时和必要的反思。

（一）在线交互教学是挑战也是机遇

科技的进步不仅使经济全球化，也使教育世界化，在线教育也成为教学中的新常态。通过在线互动新形式的学习，学生的思维和意识有了不同程度的转变，学习的主动性提高了，学习欲望变强了。另外，教师的自身素质得到提升，专业知识储备增多，专业技能有所提高，专业发展越来越丰富。所以说，教育应该顺应时代发展，大力提倡"线下+线上"的学习方式，这也能提升学生的新闻传播综合能力。

（二）在线交互教学推进学习方式转型

教师在课程教学过程中要善于运用网络优势，将现代信息技术作为工具和手段运用到新闻采访与写作的教学中，把网上学习与课堂学习相结合，让学生根据自己的需求和兴趣选择适合自己的信息资源。教师要树立信息教育的理念，了解常用的搜索引擎，学习专业网站信息查询的方法，对学习的资源进行整理，从中取其精华，然后将优质资源提供给学生。❶ 在大环境下，这种新型教学模式可以利用在线技术平台进行智能互动、自主测试、数据分析等，这些功能新颖独特，并且可以网络直播，也可以随时观看网络资源，快速便捷获得知识，从而提升在线学习效果。这种教学方式给教师带来了便利，学生也能获取相关的专业素材，引导学生对比、思考。从"消息"的标题、开头、结尾、主体和材料收集等方面引导学生深入思考，笔者发现，通过一段时间的学习，学生树立了写作的自信，具备了写作的思维，还能独自搜索

---

❶ 薛馨华，陈申．网络教学的文化环境［J］．世界汉语教学，2008（3）：99-104．

资料供自己学习，自觉将相应的技巧、方法运用到新闻报道中。

（三）在线互动教学对教师的综合素养提出更高要求

信息化时代，尤其是在在线教学过程中，教师的综合素养能力至关重要。教师应该与时俱进，不断提升自己的综合素养。首先，教师要掌握信息获取的方法和手段。其次，教师要提高信息的处理能力，包括学习资源的下载，图片、音频、视频资料的剪辑处理及微课程的制作等。这就要求教师在平时要多学习新的信息知识及技术，以应对不断变化的新时代。❶ 我国的教育方针指出，要培养德智体美劳全面发展的建设者和接班人，教师应该先于学生做到这些，加强专业知识学习，提升专业技能，让生理、心理达到最好的状态。要全面提升自身的综合素养，做到这些还不够，教师还需要终身学习并及时反思自己。

总之，"新闻采访与写作"课程在线互动教学必须立足于新媒体时代，把着眼点放在提高教学质量和教学水平上，把课程建设深入整个在线教学活动和课程体系设计中。树立"以学生为中心"的教学理念，重视和做好"互动设计"、能力培养，教会学生"把知识转化为能力"。只有积极探索在线互动教学法的有效形式和样态，才能提升教学质量和效果。

---

❶ 黄慧，王海. 对基于建构主义理论的我国外语教学研究的调查与思考［J］. 外语与外语教学，2007（6）：21-24.

理解"君子"与认知"真相"

——"媒介伦理与法规"课程教学总结

徐梅香*

摘要： 用户新闻学时代的主体法律权利的保护问题涌现。传媒主体、对象和内容交织出传播行为的真实动态，包括主体对规范的预知、践行以及对遵循规范结果的整体把握，它包括理解和认同规范，践行和坚守规范，应对规范实施中的现实落差和理想意义。传者作为主体，须遵循传媒法规红线、坚守善的媒介伦理。其人格水平，是新媒体传播互动的深层关联因素，表现在其行业规范的综合掌握运用能力上。本文以此为基，尝试从传者的君子人格进阶和认知力、传播冲突和公共沟通这两个角度，围绕"传媒规范"，说明专业文本共读、评论写作等对传播学子在媒体规范认知、专业实践上的路径、价值。

关键词： 传媒规范　君子　真相　公共沟通　幸福感

"用户新闻学"❶ 时代的五类新媒体传播主体❷，在公私域传播中，权责

---

* 徐梅香，北京联合大学应用文理学院新闻学专业副教授。

❶ 刘鹏. 用户新闻学：新传播格局下新闻学开启的另一扇门 [J]. 新闻与传播研究，2019，26（2）：5-18，126.

❷ 魏永征.《民法典》中"新闻报道"行为的主体 [J]. 青年记者，2020（19）：71-74. 民法典中的"新闻报道"行为的主体有六类：具备"一类资质"的新媒体单位；"二类资质"的商业网站；兼有服务和发布的功能的政务新媒体；其他机构和个人设立的各种自媒体；社交媒体；人工智能。本文所指"五类"，不包括"人工智能"。

对应，权大责重，反之亦然。例如，一类资质的原创新闻网站不同于转载平台，官微不同于普通微博，网络大 V 不同于一般自媒体人。

《宪法》《民法典》《著作权法》《网络安全法》等法律实施，在社会利益博弈体系中，愈显其保障信息合理传播和主体权益的功能。而在社会利益、国家法律和职业伦理交集的网络环境中，传者的人格力、基于真相的沟通力，影响"零和"或"正和"博弈的选择，从而影响媒体的社会功能。

职业规范，貌似受法律法规、伦理的外在约束，其实吻合于人发展的内在需求，符合真相传播的价值追求，是主体生活和专业实践的内在必然，即着眼于学习者的人格提升，与保持传播理性和价值基准一致；着眼于学习者提高基于真相的沟通力，与优化信息品质和传播效能一致。

为推动学生理解上述本质关系，针对媒体传播中的虚假与失衡、偏见与歧视、暴力与假正义等现象，"媒介伦理与法规"课程设置跨学科阅读学习、伦理争议事件短评写作、热点案例研习等内容。

一、跨学科共读：高效学习与精神交往

诺贝尔物理学奖得主理查德·费曼于 1965 年提出"费曼学习法"，是提取精髓分享他人的一种高效学习法。

读书分享，也是新媒体平台传播的一支新生力军。"有书""樊登读书""慈怀读书""兰心书院"等商业平台或社会文化组织，提供讲书文稿、讲书音视频等，将书、读者、用户联结起来，蔚然为一种经济模式，也在自媒体读书 IP 中延展。这一新的精神交往方式，呼应了党的二十大报告倡导的"全民阅读"。

阅读，增趣赋能。《真实经济》《厌女》《亲密关系》《游戏设计艺术》《非暴力沟通》等书中又各有能指。

《真实经济》，与新闻的真实、新鲜有关。马克思阐释"报纸的有机运动"时说，传播者在把握真实的过程中，可以如叙述者（当事人或体验者）、

历史学者（研究者）、社会记录者（观察家）❶。《真实经济》还分类出"真的真、真的假、假的真、假的假"四种真实，把"元宇宙"这一未来的"现实"也提前写了出来。

《厌女》，是日本社会学者的历史爬梳，一展男性、女性、同性恋、王室等群体语境中普遍的"女性歧视"。

《亲密关系》，揭示了亲密关系的原理，普适于情侣、父母子女、兄弟姊妹、朋友、陌生人之间，与"空心病""单身社会""中年危机"等关系现象、社会问题密切关联，既是个体生活命题，也是和谐社会命题。

《游戏艺术设计》，展示了游戏艺术生产的全景。阅读者得以更新认识，"电子游戏是第九大艺术，与电影、绘画等艺术并列"。

《非暴力沟通》，阐释了有效沟通的底层逻辑，分析了科学的方法步骤。道德绑架、人肉搜索等网络上的暴力沟通，会激起人的恐惧、无助、匮乏感。该书所提供的认知视角、思维方法，可提高人的认识和解决冲突的能力，在个人关怀和公共关怀上，均有意义。

教师对如上五本书的推荐，意在激发学生的阅读兴趣。

二、学而时习：见真与读用

借力思维导图、演讲，同学们完成整书阅读及师生范围内的传播分享，扩增了专业常识，看见三个"真相"，使君子知行合一的人格力有了提升的基础。

其一，见知"真实性"的真相。

《真实经济》一书，以企业实例归纳出包含虚假但保有"真实性"的企业名利和企业文化的堂奥。在世界知名品牌的成功故事和企业文化的设计表达里，"真实性"的价值在于把以"人"为中心的产品、服务、宣言、价值观等以万宗归一的极简思维，归在表里如一、知行合一的文化本质里，从而

---

❶ 括号里的内容，是笔者提示同学们把自己视作当事人或体验者、研究者、观察家。

摒弃企业仅等于商业利润的偏差认知。这对各类网络新媒体的商业竞争生存及其品牌追求有深刻的警示和启发。

其二，见知"亲密关系"的真相。

宋嘉璇同学分享自己的阅读心得如下：

> 在亲密关系中，我们渴望一份完美的感情，抱着期望寻求有人爱、受重视、被接纳的感觉，这是我们理想化的产物。事实上，我们之间是会产生争吵和分歧，只是从来没有关注过自己内心的抱怨、怨恨、沮丧和悲伤，书中涉及的四个部分"绚丽、幻灭、反省和启示"是亲密关系中一定会经历的，不同阶段彼此之间会出现不一样的问题，这本书就是通过一个个事例引出的问题来揭示我们在不同阶段导致这些情绪的终极原因是什么。

> 当我们越来越了解自己的内心需求，你会发现，自己内心缺乏的东西，不能经由别人来填充，更无法通过要求伴侣的服从来满足。"向内"寻找问题，才能"向外"散发爱。

其三，见知"非暴力沟通"的真相。

非暴力沟通，首先起于"我"，即先对"我"有看见、悦纳，建构起个人优良的内在秩序。其次，运用"非暴力沟通"，怀"诚意正心"，细致观察，客观描述，在聆听和反馈中，看见"感受"，看见"需要"，发出请求，达成沟通。

郭钰淇同学的一段引用，让我们得以从要点片段中，窥见"非暴力沟通"的关键：

> 你越是留意自己内心的声音，就越能听到别人的声音。区分感受与想法，用具体的语言如实陈述自己的感受。陈述感受有助于解决冲突。

瓮思雯同学的小结，贴切地为这种专业方法祛魅：

> 引用此章节最后一段话："作为一个听众，我们并不需要心理学知识或接受有关精神疗法的训练。关键是，我们有能力体会一个人在某个时刻独特的感受和需要。"

小组的几名同学协力，让"非暴力沟通"法亲切平易地走近同学。

从读懂到会用，是共读追求的核心价值，一本书的阅读分享有具体、突出的表现。

吕一昂同学将《真实经济》一书的研究结论应用于对"拼多多"品牌维护失当做法的分析上，援引拼多多"赢取现金"营销活动中的典型用户经验、个己经验、B 站平台网络反馈负面意见统计等展开批判性分析。

范宏政同学则例举 B 站一位 UP 主引起围观的一条视频。该作品展现了"从一个简单的名字到一个饱满立体的人"的神奇和搜索推理的过程，而其素材和精密逻辑，实则取自一本著作。范同学指出 UP 主做法的不当：让网友误以为精妙作品是完全原创的。笔者补充说明，UP 主虽创造性地扩散了趣味知识，仍有侵权之虞。按我国《著作权法》规定，他须注明书名、作者，主动联系作者授权，否则不能这样用著作权保护时限内的书的内容。

只有真实，才保障商业利益；亲密关系，立基于"反求诸己"；非暴力，才沟通。这三个真相，让我们看见君子的人格力量。

君子人格的慎独，还见于本课程的延伸阅读和问题深究中。

"尽信书不如无书。"强调这句古语，有两重含义：第一，不拘泥、不绝对迷信一本书；第二，当书有不及时，以之为序，或延伸阅读，或深度对话自我并善意践行，调动发挥自性的力量。

分享《厌女》读书心得的彭家成同学，从符号学角度对书籍封面设计中的女性红唇等信息作了别致的解读，即刻吸引了同学们的兴趣，激活了同学们的思维。

在解析全书后，他提出了两个问题：（1）你认为厌女症能够被超越吗？（2）江某某、福原某离婚出轨风波以及比尔·盖茨和梅琳达的离婚事件是否有厌女成分的存在？他还列出了四类八本延伸阅读书单：与恋童癖有关的《洛丽塔》；与儿童性侵有关的《房思琪的初恋乐园》《素媛》《熔炉》；与同性恋有关的《请以你的名字呼唤我》《性学三论》；与女性歧视有关的《82 年生的金智英》《被嫌弃的松子的一生》。

刘先涵同学在分享《亲密关系》一书时，批判性地提出个人见解：书中有不少案例，但面对亲密关系具体而纷繁的情形，该书难以面面俱到，也失于细琐。这一独立思考和评介，令人耳目一新。

有同学在课堂发言时细敏地指出，福原某出轨离婚，中日网络舆情和社会文化语境表现出明显的差异，日本的舆论苛责、打压她，中国的网友宽容、支持她。这类藏于典型个案中、有社会公共影响的传媒景象，杂糅了女性意识萌醒、性别权力消长、时代影响个体命运的种种议题，是可以深度剖析女性存在与媒体传播、与社会文化变迁关系的一滴"水珠"。

专业的信息传播者把时间消费在单纯"吃瓜"上明显无益，而避免"吃瓜"之弊，需要较强的认知力。在对明星代孕弃子、夫妻反目对撕的行为现象进行分析时，《亲密关系》和《非暴力沟通》两本书，给认识低幼心智、暴力沟通不畅的表象提供了较完整的理论和方法体系。这一案例，有以一当十的劝服功效，为准传媒人摆脱盲目"吃瓜"，优化时间与精力管理，走出"洞穴隐喻"，提供了方法论支持。

三、君子之见：和人与谋福

喻国明老师在《社区传播论：新媒体赋权下的居民社区沟通机制》一书的荐序中分析，近年来中国社会的戾气在上升，表现为一种"症候"："一事当前，以我划界，只问利害，罔顾正义。"[1]

喻国明老师借用汉代刘向的主张，寓言化地给基层社区传播提出对策，"君子欲和人，譬犹水火不相能然矣。而鼎在其间，水火不乱，乃和百味"[2]，即在火和百味之间放一个鼎，达成基层社会的传播赋权和传播建设。其中的鼎，既是新的社会发展阶段给予传播学研究者的历史责任，也是对传媒主体

---

[1] 王斌. 社区传播论：新媒体赋权下的居民社区沟通机制 [M]. 北京：中国人民大学出版社，2016：13.

[2] 王斌. 社区传播论：新媒体赋权下的居民社区沟通机制 [M]. 北京：中国人民大学出版社，2016：13.

"君子"的人格形象指代和期待。

戾气，与传者主体人格发展水平不足有关。

从现象看，是主体对自己、他人和世界的善意、美好部分的不相信，从而不自觉地选择以暴力沟通的方式引发冲突，而暴力沟通会给公众及环境带来恐惧，隔离幸福。

对戾气者的言行，法律会视动机、结果等予以制裁威慑，而推动传者的"君子"人格发展，是本课所倚重的文化力量。誉称"万经之首"的《易经》中最为公众熟悉的两句是：天行健，君子以自强不息；地势坤，君子以厚德载物。"君子"，具有埃里克森八阶段人格发展理论的美德力量，即能以怀柔之"仁"，看明自我、他人和世界的真相，追求至善。"半部《论语》治天下"之能，是佐证之一。

生于1931年的当代心理学家欧文·亚龙，是多本畅销书及小说的作者。他曾论说人类恐惧有"孤独、死亡、自由、意义"这四个源头。他说自己"也有孤独感"。比欧文·亚龙早大约2400年的哲人苏格拉底说，"未经省察的人生，不值得一过"。这句话被美国哲学家罗伯特·诺齐克在《经过省察的人生：哲学沉思录》里更具体地延伸为，"幸福依赖其他被正确地加以正面评价的东西"。这些思想观点提示传者在以信息传播履行社会沟通职能时，可以君子知行，去恐惧，时省察，以"正确、正面的评价"，为自己和公众的幸福奠基。

在"媒介伦理与法规"这门职业规范课程里，守法，是取法乎下；合伦，是取法乎中；求"君子"，是取法乎上。把"君子"人格作为职业行为的价值标尺提示给新闻学专业学子，有助于建构其心灵成长的精神坐标系，这是具有文化独创性的专业倡导。

"君子"，是一种理想人格，中国自古至今的文化视野里，孔子答子路的"修己以敬"，以及"慎独""文胜质则史，质胜文则野"的内外主张，是"君子"气质和行为的参照。"君子"，是人之心灵成长的终极态，它类同于西方人本主义心理学大师马斯洛需要层次理论的第六层：自我超越的需要——探索真我的意义，归于心灵需求的内在成长是真正的超越。"需要层次理论"的第五层，是自我实现的需要，指认知、审美和创造的需要。

"君子"人格的养成，是一个人在本性与理性、本能与意志之间，保持动态平衡、循环上升的发展过程，即沿"格物致知、诚意正心、修身齐家治国平天下"的一路提升。

新媒体背景下"消费者行为学"课程网络教学模式的创新实践[*]

闫　琰^{**}

摘要："消费者行为学"对广告学专业和网络新媒体专业是重要的专业课程。传统的"消费者行为学"课堂注重专业知识的学习，对网络教学的设计和研究不足。本研究通过慕课的教学实践经验，以年轻人关注的消费文化或亚文化为切入点，在网络教学中从内容上进行改变，强调学生之所需，在形式上进行创新，强调学生之喜闻乐见，总体上对该课程的网络教学进行重新设计和打磨，取得较好的效果。

关键词：消费者行为学　网络教学　三全育人

消费者行为学是研究消费者心理与行为的应用性学科。目前消费者行为学理论体系逐渐形成，已经成为市场营销学和心理学的一个重要分支。通过本课程的学习希望学生掌握消费者行为学的基本知识、基本原理，包括影响消费者行为的内外因素分析，消费者购买决策过程及组织购买决策分析等内容。在能力方面，应具有运用消费者行为学相关理论分析消费现象与规律的能力，以及以此为依据进行营销决策的能力。

---

　*　本文系教育部人文社会科学研究青年基金项目"新媒体背景下我国广告教育转型与发展研究"（项目编号：17YJC860030）的阶段性成果。

　**　闫琰，北京联合大学应用文理学院新闻与传播系讲师，主要研究方向为新媒体广告、广告教育。

一、"消费者行为学"网络教学的前期准备

首先，在教师层面加深对在线教学技术的了解。一方面加深对信息化教学改革及设计的理解，尤其是相关辅助电子设备、软件的选择和应用，另一方面重点分析慕课在线课程的翻转课堂等问题：若进行线上线下混合式教学形式，翻转课堂的形式是不是更多样，是否有全新的组合方式，实践项目的设计如何能够有可行性并且能够取得实践效果等。

其次，在学生方面要关注学生的焦虑和压力，同时思考如何调适学生对于线上教学的期待和压力：对于线上教学以及线下互动的形式，如何对学生在心理与行动方面进行调整与准备；对于实践环节，如何设计来推动学生的参与度和参与热情。

通过对以上几个问题的思考和准备，本课程拟从内外两个方面着手：一方面，从外部导入行业资源，引入跟专业课契合度高的大学生创业实践项目（可在线参与），增加学习的实效性；另一方面，从课程内容方面将课程内容和形式进行创新调整，比如学生观看完教学视频之后，通过云讨论、云分享等方式和同学进行深度互动，同时将品牌及正能量在课程中有机结合并深化。

二、"消费者行为学"课程创新的教学内容和形式

通过对该课程课前的研究分析和准备，在课程内容和形式的设计上也开始了一些创新的探索，如对案例内容的选择和讨论、教学内容的创新引入等，提升了学生的参与度和学习效果。

（一）注重教学内容的时新性，内容为学生所需

在线慕课的学习，老师与学生隔着屏幕，对于学习效果的把控是存在难

度的，在线互动和面对面互动效果也是有差异的。"消费者行为学"课程的案例部分及讨论选题强调以学生关注的热点内容为切入点，通过案例讨论的形式和同学们进行深入探讨。密切追踪学生关注的各种网络亚文化及网络热点，如汉服热、丧文化、弹幕文化等，这是学生关注的内容，同时也是他们希望老师帮助理解并剖析的内容。通过这些内容的引入，一方面提升了学生的兴趣，另一方面有助于专业思政的引入，起到潜移默化的作用。

以汉服热为例，分析喜欢汉服的原因，有同学讲述自己喜欢服饰的刺绣，觉得汉服很美，从小看古装剧，喜欢这种古典美等，也有同学说是文化认同，代表一种"同袍"的文化认同和情感。通过畅所欲言的讨论，学生明白汉服热背后是青年人对附着于服饰之上的审美情趣、文化渊源与古典情结的热爱。然后继续深入，举例本学校学生的毕业设计作品也加入传统文化元素，以服装致敬传统文化，从场景上代入身边人，引发学生对传统文化的认同。通过热点问题的分析和讨论潜移默化地使学生更加关注传统文化，同时增加了文化自信。

通过教师的引导以及对教学内容的全面革新，令课堂内容变得更加丰富，吸引学生更多地参与和讨论，同时还能润物无声地引入课程思政，进而令大学生对我国社会的价值观产生认同感，并让他们通过学习大量的理论，把这些理论转变为自己的行为。

（二）丰富教学的手段和方式，让学生喜闻乐见

对于大学生而言，单向的知识灌输必定会引起其反感，在线学习效果会更差。对学生的价值引导方式如果太过生硬和说教，起不到正面引导的作用。因此"消费者行为学"课程的授课手段和形式要是学生所喜闻乐见的，通过灵活有趣的方式来吸引学生的注意力，加深学生的参与度。

1. 知识内容巧妙引入

例如，为了吸引学生对于推荐书目《影响力》的关注，"消费者行为学"课程借助热播网剧剧照引入该书。通过一张网络热播剧《我是余欢水》的剧照截图，让大家找亮点。然后把推荐书目的作业内容跟学生们强化一下，起到提醒作用，学生欣然接受，对本书表现出浓厚的兴趣。

同时不忘提醒学生，剧中人物虽然手边常有商业经典著作，但是心术不正，并没有遵守商业伦理，做出了违法商业道德和消费者利益的事情，背离商业准则，最终得到应有的惩罚。从这样一个充满讽刺意味的剧照出发，激发学生重视商业伦理的意识，如若违背商业道德，即使再好的商业技巧和方法也失去了意义。

2. 巧妙利用讨论引入新主题

有时候可以借助学生分享的案例或内容推进课堂内容。在传统课堂上，通常老师设定好了要讲的知识点，也事先设计好了要分析的案例内容，课堂内容也是照纲而定。但是其实可以关注学生所提出的案例或热点，引入课程思政内容，这样更巧妙、更无痕，学生更能接受。

例如在"消费者行为学"课堂上有学生分享网络热播的《后浪》短视频。利用该视频引发的争议问题引导学生抒发自身感受。通过学生自由抒发心中所想，适时引入世代的概念和知识。消费者群体中不断地涌现前浪和后浪。每一个世代都有自己的成长背景和随之而来的消费习惯和生活方式。通过世代知识的方式告诉学生们年轻人不愿意被定义背后的原因所在。

同时，适时引入专业思政内容，激发年轻人勇于承担、勇敢面对未来的正能量。首先，通过对《后浪》视频的讨论，体察到学生对自己作为后浪对未来的迷茫情绪。通过世代的相关知识引导他们积极向上，勇于承担的正能量。结合毕业生的实例，激励他们勇于面对未来，勇于挑战，乐观向上。其次，鼓励学生正视原生家庭的教养方式，在消费主义的浪潮里拒绝物质主义以及物质主义的教养方式。学生纷纷用自己身上发生的实例来分享感想，通过学生的反馈可以看出学生积极认同这些消费理念，并且学生并没有觉得被灌输，而是从分享的角度感谢老师。通过这样的方式，借着学生抛出的案例，顺势进行分析，引入课程思政，这种方式比较自然，也是学生所喜闻乐见的。

（三）拉长教育时间线，强调全过程育人

"三全育人"指全员、全过程、全方位育人。全过程育人聚焦育人时间，是指育人时间的全覆盖，对学校而言是指从学生入学到毕业的整个受教育阶段，力求知识体系教育与思想政治教育、劳动教育等的融合贯通，由此实现学生的德智体美劳全面发展。

"消费者行为学"课程通过课后分享案例和布置实践项目的方法把专业教育的时间线从课内延伸到课外，做到高校育人在学生课内外时间和线上线下时间的全覆盖。

1. 课后适时分享案例

在课后通过分享案例或相关知识的方式引发学生对课堂内容的回忆，提升学习效果。同时分享的内容比较时新，会引发学生的课下讨论，及时了解学生思想，适时进行引导，一方面提升学生的学习效果，另一方面可以加强对学生的了解，便于进行专业思政的引入和引导，从课内拓展到课外。

2. 引入实践项目

对于实践类课程，专业思政依然重视实践育人的育人目标，通过校企合作引入实践项目，一方面，使得学生有机会进行理论联系实践，另一方面，学生也可以通过课下对实践项目的实战演练，增加实战经验，提升学生专业能力和素养的同时也提升了学生的就业竞争力，可谓一举多得。

三、网络教学依然重视思政内容的设计和融入

高校的立身之本在于立德树人。《大学》开宗明义："大学之道，在明明德，在亲民，在止于至善。"尽管经济社会发展赋予高校不少使命和任务，但

高校的根本任务还是培养人才。学校课程体系建设主要着眼于培养专业人才，强调课程对学生知识的传授和能力的培养，忽视了课程对学生"德"的培养。而"课程思政"体系化建设主要着眼于培养担负民族复兴伟业的德智体美劳全面发展的社会主义事业建设者和接班人，把"立德树人"放在首位，强调课程对学生道德人品的教育。

（一）课程思政体系：一镜两面

"消费者行为学"课程思政的总体设计思路同样应该重视课程对学生人格人品、道德情操、社会主义核心价值观、实现民族复兴的理想和责任的培养，同时把这些思政从体系上分为两方面：基于消费者角度的课程思政内容和基于营销者角度的课程思政内容。

从消费者角度，重在培养学生正确的价值观和消费观、倡导绿色生活方式（环保、低碳），多角度阐释我国改革开放以来所取得的理论成果和实践成就，用中国理论，多举中国事例，多讲中国故事，来培养学生的文化自信和人文精神；从营销者角度，重在培养专业的职业素养（实事求是、客观分析和服务消费者的职业素养），让学生重视并发挥消费引导作用，在营销实践中重视实现经济效益的同时，要考虑社会效益。这样，"消费者行为学"的专业知识就像一面镜子，照到了消费者和营销者两个侧面，实现课程思政一镜两面的作用。

（二）课程思政：德育优先

"课程思政"是一种教育理念，表明任何学科教学第一位是培养人，反映在教学体系上就是培养什么样的人、如何培养人、为谁培养人，在顶层设计上，理想信念教育和专业教育要有机结合。

理想信念是人的政治立场和世界观在奋斗目标上的集中体现，作为一种精神力量的存在，理想信念指引着人们对美好的未来不懈追求，激励着理想主体不断奋斗，理想信念的价值意义着重体现在"信念"层面，它帮助主体自觉抵御、努力克服奋斗进程中的各种不良诱惑和艰难阻碍。"消费者行为学"的课程思政在形式和内容设计上均融入了这些内容。

价值理念是关于价值的一定倾向、主张和态度的观点，价值理念凝练、升华后成为指导人们的价值理解、判断与选择的价值观。人的行为受价值观的支配，中国古代"不戚戚于贫贱，不汲汲于富贵""苟非吾之所有，虽一毫而莫取"的传世箴言既是文人士子气节的体现，也反映了其价值追求。❶ 青少年的价值取向决定了未来社会的价值取向，青少年期是个体价值观形成和确立的关键期，大学生是价值观培养的主要对象，"消费者行为学"的课程思政设计以 Z 世代大学生为群体目标，以价值观教育为教育内容，发挥课程育人的作用，引导青年树立正确的文化价值观和消费价值观。以绿色的生活方式的引导为例，学生们分享了他们如何主动节约，关注环境问题，体现了理性健康的消费价值观。

四、"消费者行为学"网络教学设计反思

（一）教学过程仍然需要以学生为中心

虽然在网络课程的设计和进行过程中，尽量强调以学生为中心，启发和引导学生参与课堂，但实际上仍然存在部分学生参与不高、讨论不深入的情况，这从全员育人的角度看，仍然要激发全体学生讨论和参与的热情和主动性。

---

❶ 刘宇文，范乐佳．"双一流"背景下课程思政的价值意蕴与实施策略研究［J］当代教育理论与实践，2020（5）：2-3.

（二）打消学生参加教学实践活动的顾虑

行业资源的有机嵌入，对学生的实践拓展是很好的机会。动员同学参与营销实践，把所学的与消费者相关的理论知识用在实战中是一次很好的专业实践。但仍然难免有一部分同学对比赛有顾虑，对营销有偏见。需要从思想层面鼓励学生真正地从营销者的视角来了解消费者，而不是从自己作为消费者的立场来审视消费者，才能起到好的实践效果。

（三）课程思政需要继续拓展其内涵性

对于课程思政的把握要"如盐入味"，能够润物无声，自然而然地嵌入，同时又要把握其深度，进行深度内涵的挖掘。在"消费者行为学"的课程思政设计中，虽然结合课程内容进行多个点面的课程思政融入，从时间线上也从课上拓展到课下，但是很容易在深度方面挖掘不够。需要在教学实践中对每个课程思政融入点进行深度挖掘，实现思想政治教育与知识体系教育的有机统一，像春雨一样润物无声，同时又能激起学生的情感共鸣，引导学生进行深度思考和内化认同。

基于 OBE 理念的课程教学设计与改革

——以"音视频节目制作"课程为例

王春美[*]

摘要：技术发展推动传媒产业的巨大变革，进而对高等院校新闻传播人才培养提出了知识、能力、素养方面的全新要求。本研究探讨"学生中心、成果导向"在专业课程建设中的设计和实践，通过教学理念的深化、教学目标的调整、教学策略的实施，使课堂教学从封闭走向开放，逐步实现以教为中心转向以学为中心。研究认为，OBE 理念的贯彻落实是一个长期持续的过程，需要根据学生潜能、社会需求不断进行教学体系和方法的调整，使课堂为学生"赋能"，让学生"乐学""会学""学会"。

关键词：成果导向教育（OBE）　新闻实践　课程教学　赋能

成果导向教育（Outcome-Based Education，OBE）又称能力导向教育、目标导向教育或需求导向教育，是一种以学生的学习成果为导向的教育理念。它要求教育者打破传统的学科导向的教育理念，从需求出发逆向设定专业培养目标及毕业要求，进而架构课程体系，再设计单个课程的教学目标、教学过程等。[1] 其最大特点是以学生实际能力、技能的获得来衡量教学效果。OBE

---

[*] 王春美，博士，北京联合大学应用文理学院新闻与传播系副教授，主要研究方向为广播与音频新媒体、媒介经营。

[1] 才让卓玛 . OBE 理念下新闻编辑教学中雨课堂的运用 [J]. 青年记者，2019（15）：96.

理念的广泛运用对高等院校教育理念和人才培养产生了积极影响。作为新闻学专业的实践课程，"音视频节目制作"承担着培养学生动手实操能力、掌握内容生产传播技能的重要职责，考验着专业知识的实践运用情况。❶ 立足于传媒环境的变化和行业人才的现实需求，本课程根据所承接的毕业要求指标点，从知识、能力、素养等方面细化教学目标，以学习成果为导向设计教学大纲、教学内容、教学策略和考核办法，通过教学创新实践，激发学生主动学习，引导学生成长，让学生真正成为课堂的主体。

一、传媒业态变革下导入 OBE 理念的现实意义

视听文化消费的增长推动音视频媒体的快速发展，更催生了对优质视听内容的多样化需求。在智能技术的驱动下，社会对新型视听传播人才提出了新的要求。新媒体时代仅仅掌握采写编评等基本能力是不够的，还需要掌握全媒体、大数据、跨界协作等新的能力技巧。

要培养适应媒介融合转型需要、深度融入新闻传播行业的文化传播人才，有必要适应传媒行业变革对新闻传播学教育提出的新要求。北京联合大学在制定新闻学专业 2019 年人才培养方案时，将"具备熟练的专业技能、胜任融媒体内容生产"列为人才培养目标之一，将具备扎实的学科知识、能够进行专业的分析研究、科学设计方案、熟练使用工具等列为具体的毕业要求和分解指标。

作为专业实践课程，"音视频节目制作"课程一直是新闻学教学体系的重要构成，多位教师曾参与本课程建设，在视听传媒发展的不同阶段，结合当时的媒体环境和培养方案，进行了不同侧重点的内容讲授，积累了一定的教学经验和成果，但是随着传媒业态的发展变化，现有教学遇到一些瓶颈和问题，突出表现在教学理念不聚焦，内容陈旧，不能适应当今变化了的视听传

---

❶ 王春美．视听传媒变革下的内容创新思维培养——"音视频节目制作"教学设计思考［C］//刘文红．新闻传播课程思政论文集．北京：知识产权出版社，2018：53.

媒环境；教学过程中，教师占主导地位，教学形式和手段比较单一；课堂参与度、活跃度有待提升等。为提升教学质量，优化学习体验，有必要顺应市场和行业的需要，改变传统的知识传播方式，以学生的成长和发展为出发点，对课堂体系进行全方位改革，切实推进教学供给侧改革，协调人才需求与供给之间的矛盾，强化专业实践能力的培养，发挥应用型课程在人才培养中的应有作用。

二、反向设计，以 OBE 理念重塑教学体系

OBE 强调学生从学习的一开始就要有明确目标和预期表现，学生清楚所期待的学习内涵，教师清楚如何协助学生学习。这种目标是从"需求"开始的，既包括国家和社会的需求，也包括学校办学思路和专业培养定位的需求，还包括学生自身可持续发展的需求。"音视频节目制作"课程以新的人才培养方案为基础，在系统分析内外需求的基础上，确定教学目标，重构教学内容。

（一）明确学习成果，确立教学目标

最终学习成果既是课堂的终点，也是其起点。确定学习成果要充分考虑教育利益相关者的要求与期望。❶ 为更好地达成学习成果，在进行课程体系设计之前，开展了充分的调查研究。第一，分析当前视听传媒行业的变化及其对内容创作人才的需求，借助对全国 60 多家主流媒体招聘信息的研究，总结与本课程相关的人才需求和关键能力结构，如敏锐的社会洞察力、策划创意能力、编辑制作能力、团队协作能力等；第二，充分研究本专业最新培养方案，了解人才培养的目标和方向，找准本课程在整个教学体系中的定位；第三，最根本的，立足于本专业、本校、本阶段学生的需求和愿望，充分了解

---

❶ 李志义，朱泓，刘志军，等．用成果导向教育理念引导高等工程教育教学改革［J］．高等工程教育研究，2014（2）：29-34，70.

学生对课堂的期待，采用问卷调查，对授课对象的学习预期进行摸底调研。

基于先期调研的结果和判断，从知识、能力和素养三个层面构建教学目标。在知识层面，学生能够利用发展性思维，描述音视频媒体的前沿现状，概括音视频节目的基本类型与形态。在能力层面，学生能够掌握音视频节目制作的主要流程，实施某一环节或多个方面的操作和实践，可根据自己的基础条件和学习兴趣，选择策划创意能力、文案写作能力、编辑制作能力、市场调查能力、项目管理能力等不同维度和指标。在素养层面，学生能够更为客观地认识视听传播，洞察社会现实，增强脚力、眼力、脑力和笔力，增强文化自信，培养团队合作、刻苦钻研的精神，坚定专业理想与信念。这些教学目标分别对应不同的毕业要求和指标点，实现课程目标对毕业要求的高度关联。

（二）重构教学内容，规划学习路线

"以学为中心"并非否定"教"的重要性，反而对"教什么"提出了更高的要求。为促进课程目标的实现，"音视频节目制作"课程结合学生的初始能力、信息接受特征等，对教学内容进行重新建构。本着"贴近行业前沿、符合学生实际、能够激发学习兴趣"的原则，突破现有教材内容，将主体内容切分为两大模块，即音频节目制作和视频节目制作。在音频和视频两大部分，又针对不同的媒体平台，分广播电视和网络视听媒体，针对性地进行节目形态和制作要点的内容设计。在整体架构上，分若干主题单元，循序渐进，保证内容的深度和广度，并与课程目标相匹配，对课程目标形成全方位支撑。

基础理论方面，学习内容由陈述性的低阶知识向策略性的高阶知识逐步推进，从掌握音频媒体的发展历程、平台构成与不同特征切入，快速进入音视频节目相关的核心知识，学生将掌握主流音视频节目的主要类型和样态，能够辨认广播电视与网络视听平台内容编排与节目形态的不同。进入实践应用环节，学生将开展音视频需求的调查研究，汇总并分析信息，形成独到的判断，设计科学合理的节目方案。接下来，按照新闻类、综艺类、服务类等不同节目类型，掌握不同节目样态的编辑要领，熟悉音视频节目制作所需要的制作环境、制作设备，能够操作音视频处理软件进行节目剪辑的初步实践。按照 OBE 理念，新的课程内容将适当提高学业挑战度，以"高阶性、创新性、挑战度"为标准，通过增加课程难度，拓展课程深度，从根源上提高课堂的"含金量"。

三、正向实施，改变教学方式与方法

学习的过程是学生根据自己的需要和兴趣，利用过去的知识与经验对外界影响进行主动的、有选择的信息加工过程。改变单一的教师讲授模式，为学生参与课堂创造机会和条件是课程改革的重要方向。"音视频节目制作"课程通过改变教学方式，丰富教学手段，引导学生深度学习。

（一）改变教学方式，打造开放课堂

在以往的教学中，"音视频节目制作"课程采取"讲述+作业"为主的授课模式，"以教带练"，课上讲授在先，实践练习在后，学生处于被动输入状态，加上课上时间有限，很难让学生在短短 48 学时的时间里充分掌握两种媒体形态节目的创作要领。在 OBE 理念指导下，将封闭课堂改为开放式课堂，通过线上学习与线下学习、课内学习与课外学习的结合，推动学生充分利用时间，主动介入课堂进程，实现高质量课堂对话，让知识在师生之间、生生之间高效传递进而升华和内化。在线上学习方面，开发网络资源，借助微助教等工具，每周定期发布学习材料、布置作业和组织网上讨论，学生在学习清单的引导下按照时间点完成资料学习、作业和参加讨论。在课堂上，将时间和精力转向讨论、任务协作等更高价值的活动中，深化知识要点，提升思考深度，强化理解运用。课外学习方面，通过引入实战选题，制定具有挑战

性的执行标准，提高学生对学习成果的期待，推动学习空间从教室向图书馆、实验室、拍摄场地等拓展，引导学生开展高效的课外实践，提高实际操作能力。通过课外的充分练习和准备，反哺课上，形成知识建构和能力提升的良性循环。

（二）丰富教学方法，活跃课堂氛围

对每 45 分钟的课堂进行切割设计，使课堂成为有"包袱"可抖、学生深度参与、信息双向流通的过程。

教师教授与学生讨论相结合，基础理论与案例分析相结合，团队作业与个人实践、文案创作与节目摄制相结合，把握好知识容量与互动讨论、动手实操的课时比例，调动课堂气氛，在确保内容质量的同时，增强课堂的趣味性。第一，丰富而生动的案例是辅助教学的必要手段，"音视频节目制作"课程结合每堂课的知识要点，甄选最新鲜、代表性案例，与高度凝练的实践要点结合，同时采取与学生共建教学案例库的方式，通过发起话题，邀请学生自主选择典型案例进行课堂讨论或分析；第二，善用启发讨论，按照"启发—提问—引导"的逻辑，把握好课堂节奏，不断抛出问题，引导学生参与讨论，反复练习，改变"满堂灌"的模式，让学生"动"起来；第三，发起课堂活动，采取现场模拟、课堂答题等方式，让学生在活动中产生问题，独立思考并深刻理解，例如，为了让学生理解广播语言与书面语言的区别，采取当场试读的方式，让学生体会节目文稿如何更贴合听觉规律，口语化表达；第四，以实验驱动、任务驱动，通过创设情境，引导学生观察节目、猜测创意、推理情节、交流意见，在小组合作解决问题的过程中，学会倾听、互助、接纳和鉴赏；第五，建立课堂激励机制，探索使用小组积分、个人积分等方法，激发学生的课堂参与热情。

（三）开发特色实验项目，任务驱动学习

成果导向教育主要衡量学生能做什么，而不是学生知道什么。为了促进学习成果的达成，在实践安排上，结合学习目标和内容，实施分阶段策略，创建从节目鉴赏到方案创作再到录制编辑等环环相扣的特色实验项目，鼓励学生大胆探索，增强创新意识和创作能力。在每一模块的导入环节，引导学生开展音视频节目的赏析，分传统广电平台和网络音视频平台，比较其同类型节目的不同特点，分析背后的目标受众和编排思路。随着课程推进，带动学生开展市场调查，出具策划方案，这一部分实验项目承上启下，为音视频节目的实际创作奠定基础。为了提高学习成果层次，通过与相关机构、平台的合作，在实践主题、具体要求、考核指标上精心设计，帮助学生摆脱"模拟"思维，进行实战演练，增强平台和受众意识，提高解决现实问题的能力。无论是实验设计还是教学反馈，都以让学生能充分展示其学习成果为前提。从第一次课堂直至最后，16周的时间里师生一起为达成学习成果而扎实推进每一环节。

四、课堂赋能，深化自主创新学习

适切的教学设计应能营造氛围和环境，使学生无须借助外在强化物就可以自主开展学习。"音视频节目制作"课程从个体差异出发，开展个性化教学，创建多元动态考核体系，建立课堂赋能机制，激发内部学习动机。

（一）尊重个体差异，实施个性化教学

成果导向教育倡导"扩大机会"，充分考虑学生的差异性，在时间和资源上保障每个学生都有达成学习成果的机会。音视频节目制作是一个复杂体系，

不仅涉及不同的媒体属性和节目样态，也包括多个工作岗位，对应不同的技能要求。每位学生的前期基础和各自兴趣不同，其对学习成果的预期也有所不同，在教学过程中，尊重学生的个体差异，实施个性化教学。赋予学生目标选择权，根据自身特长和意愿，选择预期成果。比如有的学生擅长文本创作，鼓励其在策划方案、节目文稿方面展现才华；有的同学擅长后期剪辑，可以选择音频剪辑、视频处理作为预期成果。为每位同学建立成果量表，将学习过程划分成不同的阶段，力争把握每名学生的学习轨迹，按照不同的预期，制定不同的学习方案，提供不同的学习机会，❶ 使具有不同学习能力的学生通过不同的途径和方式，达到学习成果。

此外，教学活动不仅是认识活动，也是情感活动，除讲授知识外，强化教学过程中的情感互动。挖掘课程蕴含的价值观或其他情感因素，将其渗透于课程目标、学习内容、课程实施之中，使其成为有效的教学载体。注重对学生的思想教育、人格熏陶，重视对学生情感的感召和提升，引导学生树立正确的价值观念，关注社会现实，关心国家发展，利用视听手段传播正能量，弘扬主旋律。

（二）多样化考核，动态测量学习成果

研究表明，来自学习结果的种种反馈信息，对学习效果有明显的影响。❷ 基于 OBE 理念的教学评价聚焦在以能力为导向的多元化学习成果上，尤其注重学生在应用和创造层面的成果达成。"音视频节目制作"课程从多个维度进行系统化的全面评价，检验学生在知识、能力和素养方面所取得的学习效果，使学习过程与学习目标首尾呼应。在考核方式上，过程性评估与结果性评估相结合，将课堂表现、平时作业、阶段性测验、实践作品等纳入学习成果评价体系，注重对创意思想、创意文本的过程性考核，监测与跟踪学生的阶段

---

❶ 李志义，朱泓，刘志军，等. 用成果导向教育理念引导高等工程教育教学改革 [J]. 高等工程教育研究，2014（2）：29-34，70.

❷ 朱文彬，赵淑文. 高等教育心理学 [M]. 北京：首都师范大学出版社，2016：81.

性学习成果与学习状态，及时反馈到教学实施过程，适时改进。结果性评估以学生提交的特色实践作品为基础，鼓励以项目提案的方式进行创作思想、过程与收获的全方位展示，从思想性、创意性和质量等方面进行综合评价。改变教师"一言堂"的评价模式，将教师评析与学生自评互评结合，并适当引入校外用人单位的评价，让学生通过观摩、体会与借鉴，调节自身学习行为。

五、结语

成果导向教育以学生在教育过程中最终取得的学习成果为衡量标准，以"学什么""怎么学""学得怎么样"取代"教什么""怎么教""教得怎么样"，它以激发学生主动学习的兴趣为主旨，是对"教学是什么"的追问，是对传统教学理念的颠覆与革新。通过实施课程的 OBE 改造，教师和学生都更加清楚课程在知识、能力、素养等方面的预期成果，学生的"学"和教师的"教"有了不同程度的改观。但是在实际应用中，也碰到预期成果界定是否恰切、教师知识结构与教学目标是否适应、模式设计与教学实务是否匹配等问题，往往无法摆脱传统教学模式的惯性。在教学设计和改革中深刻感受到，OBE 理念的贯彻和落实是一个长期持续的过程，要实现从知识课堂向能力课堂的转变，需要不断根据学生基础、行业需求的变化进行教学目标、教学方式、评价体系的调整和优化，更需要教师自身不断完善知识结构、增强专业技能，提升综合素养，为课堂赋能奠定坚实基础。

课程思政研究

浅析高校网络教学中的思政
融入与意识形态引导[*]

吴惠凡[**]

摘要： 当前，网络新媒体技术的社会影响力不断扩大，互联网已然成为高校大学生进行学习、生活、社交、娱乐、实践的重要场所，同时也是最活跃、最值得关注的一块意识形态工作领域，在网络教学中开展思政工作、进行意识形态教育由此成为必然。具体来说，教师在网络教学中应当从被动回应到主动设计，实现教学内容的价值渗透；从单向灌输到多维互动，实现引导方式的边界拓展；从知识传授到情感融入，实现育人手段的多措并举，最终通过潜移默化、循序渐进的融入与引导，培育出政治合格、理论扎实、业务精湛的新时代人才。

关键词： 高校　网络教学　思政融入　意识形态引导

---

　*　本文系北京市教育委员会科研计划项目"首都网络意识形态传播中意见领袖的作用机制研究"（项目批准号：SM201911417004）的阶段性成果。

　**　吴惠凡，北京联合大学应用文理学院新闻与传播系副教授，硕士生导师，北京联合大学网络素养教育研究中心副主任。

一、高校网络教学中意识形态引导的必要性

随着数字技术的快速发展以及新媒体传播平台和网络教育平台的不断推广普及，互联网在知识传递中发挥着越来越重要的作用，网络教学逐渐成为一种突破地理空间屏障、高效便捷的教学方式。在高等教育领域，互联网技术的发展，不仅带来了教学理念的深刻变革，为现代高等教育提供了更为便捷化、多元化的教育模式，同时也对高校意识形态工作提出了新的要求。

高校不仅是学生学习科学知识的场所，也是学生人生观、价值观形成的重要场所，是意识形态传播的主要阵地。当今在校大学生群体主要以"00后"为主，作为"网络原住民"，"数字化生存"是他们从小就开始接触的生存方式。他们对于互联网有着天然的接近性、沉浸式的接触体验和深度的依赖性。与此同时，大学生群体正处于价值观塑造的关键时期，他们在各类新兴网络应用的使用与信息接收过程中，潜移默化地受到各种思想观念的影响，逐渐形成自身对各类事物的价值判断，从而影响自身的行为、处事与交往方式。在运用各类网络工具进行网络教学的过程中，大学生同样能够从中获得意识形态方面的教育和引导。

当前，网络社会的发展建构起全新的高校话语传播体系和社交形态。原子化的个人经由网络连接成为庞大的社交圈群，价值观念通过网络化的扩散实质性地改变了高校群体的经验源头、发声渠道、精神引导与行为动员机制，网络虚拟结构已经呈现出比现实结构更为强大的聚合力。[1] 通过网络教学平台，教师可以和学生沉浸在同样的社交圈群中，及时了解学生的思想动向、行为偏好，从而更为有效地对其进行价值层面的引导。

在错综复杂的网络平台上，面对暗潮涌动的意识形态斗争态势，高校的育人工作面临着巨大的挑战。作为开展意识形态教育的主要阵地，高校应该

---

[1] 黄君录. 高校网络生态与主流意识形态传播实证研究［J］. 学校党建与思想教育，2016（11）：42-45.

通过全方位、多层次的思想政治教育，积极传递社会正能量，传播社会主义核心价值观和主流意识形态，培育积极健康、向上向善的校园网络文化，加强学生价值观的引导塑造工作，使社会主义主流意识形态向学生持续渗透。在网络教学中，这种思政融入与意识形态引导显得尤为紧迫与必要。

因此，高校教师应该意识到网络教学已经成为思政教育和意识形态引导的关键一环，在教学过程中积极主动地对学生的思想、言论进行引导，通过生动的教学设计，帮助学生树立正确的价值观念和道德观念，使其免受网上各类不良思想和思潮的影响，最终实现"立德树人"的根本目标，营造和谐清朗的网络教学环境，培养"有理想、有担当、有作为"的当代青年。

二、从被动回应到主动设计：实现教学内容的价值渗透

不同于过去的意识形态教育，在网络教学平台上，意识形态引导工作的理念、内容、方式都需要进一步调整，以适应学生的知识和信息接收模式。从内容层面看，网络教学中的内容设计应该主动出击、有的放矢，结合课程本身的特征以及大学生特殊的心理特点和身心发展阶段进行价值观的渗透，强化主流意识形态的网络传播效果，达到立德树人、培根铸魂的育人目标。

以新闻实务类课程为例，该课程体系主要是为了培养未来新闻工作者的业务能力，使其成为一名具备良好的政治素养、扎实的学科基础知识以及全面的综合实践能力的新闻人才。从新闻本身来看，新闻作为一种特殊的信息传播形式，常常直接或间接地反映党和国家的政治立场、政治主张、政治观点，具有对党和国家的方针政策进行阐释的功能。因此，新闻实务类课程应该培养学生良好的政治素养、高度的政治敏感和敏锐的政治鉴别力。

具体来说，新闻实务类课程的网络教学不仅要重视故事、文本、数据，更需要立足于判断和价值。因为技术会不断更新换代，但是新闻操作理念永远不变，新闻报道的核心价值才是学生的立身之本。❶ 在树立了坚定的马克思

---

❶ 吴惠凡. 融媒体时代新闻实务教学的创新与思考［J］. 新闻知识，2017（5）：69-72.

主义新闻观和强烈的新闻理想的基础上，培养学生旺盛的求知欲和持续学习的能力，才能保证学生在日新月异的技术更迭背景下，不至于迷失方向，甚至被时代淘汰。

比如在"新闻采访与写作"课程的网络教学中，教师可以组织学生对新闻的社会功能以及记者的使命展开在线讨论，结合媒体记者在重大新闻事件中的报道案例进行讲授，给学生分享相关文字和音视频资料，让学生明白：记者是历史的见证人、时代的记录者，要用手中的笔、镜头或话筒如实反映社会现实；追求新闻真实、推动社会进步是每个记者的使命；记者是社会公平的守望者，要有秉笔直书、为民请命的社会良知和济世情怀，要有忧国忧民的社会责任感和历史使命感。

在"新闻评论"课程的网络教学中，教师应当围绕当下发生的国际国内重大事件，通过网络平台主动向学生推送相关评论，并引导学生积极发言，帮助学生加强理论深度和社会洞察力，使其在复杂多变的形势面前，能够时刻保持清醒的头脑，坚持正确的政治导向，对党和国家的方针政策进行适时适度的阐释，并且善于把握公众心理，讲究表达艺术，对公众进行有针对性的引导，使党和国家的方针政策转变为广大群众的自觉行动，实现潜移默化的价值渗透。

如今，互联网特别是移动互联网打破了时间和空间的界限，拓展了求知的传统边界，改变了传统的、面对面的意识形态教育模式。大学生的信息接收由被动转变为主动，在意识形态教育过程中的主体性显著增强，参与意识显著提升，意识形态教育由此变得无时不有，无处不在。通过扁平化的网络课堂，教师能够更为及时地掌握学生的学习进度和思想动态。当发现学生的社会认知或价值观出现偏差时，教师可以巧妙地展开适时、适度的引导，通过平台另一端的信息检索与推送，对学生在意识形态领域出现的问题进行纠正。

只有遵循大学生的心理特点和认知规律，及时了解大学生群体的思想动态和关注热点，巧妙选取符合大学生阅读兴趣、阅读习惯且易于接受的内容，通过生动的案例和鲜活的故事，向他们传递正确的价值取向，才能更好地在网络课堂中开展主流意识形态的宣传教育和舆论引导。总之，价值观的引导需要变被动为主动，将"贴近实际、贴近生活、贴近学生"的内容贯穿于意识形态教育的各个环节，做到处处有思政。

三、从单向灌输到多维互动：实现引导方式的边界拓展

"单向式、灌输式的信息发布和传递模式是高校传统意识形态管理模式的特征。高校这种传统的意识形态管理模式对受众的信息接受程度如何很难把控，特别不符合'90末''00后'大学生这些网络原住民的成长特征，尽管'苦口婆心'地灌输，但收效甚微。"❶ 加上传统的高校思政教育多为面对面的理论灌输，这种教育形式很难适应新媒体时代的教育需求，无法满足大学生随时随地获取信息的个性化、自主化需求。鉴于此，网络平台成为一种打破单向传播、实现多维互动的意识形态教育阵地。

网络时代所开创的信息沟通渠道从根本上改变了高校意识形态宣传与受众认知的传统模式，实现了交互式的、双向的教育沟通，网络教学承载起特殊的育人功能。以"新闻评论"课程为例，相较于传统课堂，在网络教学中，教师可以更好地引导学生围绕社会热点、焦点问题展开讨论，学生可以及时将自己浏览、收集到的各种形式的内容发布到讨论平台，极大地拓展了课堂讨论的体量、广度和深度，并且增加了讨论的生动性和多元性。与此同时，讨论也从单向或是双向变成了多维互动。学生可以通过平台畅所欲言地发表自己的观点，展开头脑风暴；或是通过分组平行讨论，提升讨论效率；涉及分歧较大的问题时，教师可以及时进行引导并阐释正确观点。这种网络课堂交流，强制性灌输色彩明显减弱，大学生在传播中的主体地位显著增强，由此构建出一种"开放型、参与型、回应型"的意识形态传播模型。

---

❶ 刘应君，谢爱莲. 高校网络意识形态安全治理的困境、契机与路径［J］. 当代教育理论与实践，2019（1）：138-141.

此外，高校教师应该根据新媒体环境下大学生的思想成因及特点，更加灵活地选择各类教学素材，通过互联网这一扁平化的教学渠道，进一步拓展意识形态教育的手段和形式，借助多媒体平台，将文字、图片、音频、视频等多种形态的教学内容推送给学生，增强意识形态教育对学生的说服力和感染力，提升主流价值观的话语权、引领力、吸引力，潜移默化地帮助学生树立正确的价值观。

同时，高校教师要积极接触网络新生事物，了解网络传播前沿动态，熟练运用包括网络教学软件在内的各类网络工具，以学生喜闻乐见的形式开展意识形态教育。比如，利用网络平台的投票功能对相关话题设置选项，让学生进行投票，这一方面可以提升学生参与的积极性，另一方面可以对学生的思想动向做全面、整体的把握。另外，结合微信群的小众化传播特点，在不同年级、不同专业的班级群里及时分享有针对性的新闻资讯和学习内容，积极开展各种形式的互动交流。

当然，也应当辩证地看待网络教学在思想政治教育和意识形态宣传方面的作用。一方面，由于网络平台的便捷性，学生能够更好地表达自己的观点；另一方面，由于网络的空间区隔，无形中为学生提供了屏幕的遮挡，使得一些学生更加羞于表达，甚至游离于课堂之外。对此，教师要在教学设计上多下功夫，拓展教学形式，积极尝试各种新鲜的网络教学手段，不断提升课堂的吸引力和凝聚力。比如，以任务模式开展教学，让学生成为课堂的主导者；采取随机点名或是"击鼓传花"的形式，提升学生的注意力，减少其"走神"的可能性。

另外，除了在课堂上进行教学形式的创新，在课外，教师也应该结合课程内容，积极利用各种媒介平台和媒介形态向学生传递主流思想，全面推进高校意识形态宣传、教育和引导工作，并且通过各学科的相互配合，为意识形态教育工作营造一个良好的外部环境。

新媒体环境改变了人们的信息接收习惯和人际交往方式，创新了课堂授课模式，同时也对高校意识形态教育工作提出了新的要求。如今，大学生不再乐于接受单向式的理念灌输，而是喜欢参与式的交流互动；不再喜欢照本宣科式的填鸭教育，而是喜欢启发引导式的翻转课堂。对此，高校教师要抓住网络信息化浪潮带来的机遇，遵循大学生的心理特点和认知规律，适时开展网络教学，并结合大学生群体的思想动态和关注热点，在课内外采取大学生易于接受的方式开展主流意识形态教育和引导。

四、从知识传授到情感融入：实现育人手段的多措并举

大学生处于特殊的身心发展阶段，好奇心、求知欲较强，喜欢接触各类新鲜事物，容易受到各类思潮的影响。在互联网时代，各类信息的传播速度不断加快，传播范围不断扩大，青年学生在各种文化、各种意识形态的冲击、碰撞中，往往容易受到影响，甚至造成价值观混乱。对此，在网络教学中，教师应该注重思政内容同课程知识体系的有机结合，用润物细无声式的情感教育，为当代大学生量身定制适合他们的意识形态引导方式。

由于网络的开放性，学生在网络课堂上更容易被其他事物所吸引，从而削弱其听课的专注度。因此，教师对课堂的把控力就需要增强，这样才能充分利用网络平台在教学中的优势，实现教学效果的最优化。一方面，教师需要对课程内容进行精心设计，让所授知识变得更加深入浅出、鲜活生动；另一方面，教师的个人魅力在课堂中发挥的作用进一步凸显，教师应当以情动人，在带领学生遨游知识海洋的同时，也带给学生情感的熏陶。

可以说，在网络课堂上，知识是载体，价值是目标，情感是手段。高校教师在教学中要进行一定的目标调适，把过去那种单纯的知识传授转变为知识、能力和素养的全面培育，实现知识导向与价值引领的融合，用自身的人格魅力与情感力量吸引学生沉浸在课堂之中，在学习课堂知识的同时，获得思想的启迪。教师需要正确认识和处理专业技能训练与人的全面发展的关系，要注重对学生世界观、人生观以及价值观的塑造，为学生成长打下扎实的价值底色。

以新闻实务类课程的网络教学为例，要想做到思政融入，实现育人目标，就应该平衡知识传授、技能训练、情感培育和价值塑造之间的关系，在教授学生关于新闻业务的理论知识和实践技能的同时，帮助学生树立马克思主义新闻观和社会主义核心价值观，建立正确的道德观念和法律意识，培养学生正确看待社会问题和社会现象的能力，明确他们作为一名新闻工作者的历史使命感和社会责任感，提升他们的新闻敏感和政治敏感，引导他们深入观察社会，引领他们对社会民生产生强烈的体察能力和共情能力。

意识形态教育是一个漫长的系统工程，不可能一蹴而就，网络意识形态教育更是如此。在复杂的网络传播态势下，对大学生的意识形态引导工作应该本着循序渐进的原则，持之以恒地往前推进。在网络课堂上，情感教育和知识传递同样重要，要树立"内容为王，情感先行"的新媒体传播理念，潜移默化、春风化雨地进行价值观的引导，将马克思主义新闻观、社会主义核心价值观等贯穿教学的各个环节，融课程思政于课堂教学之中。

网络课堂是百花齐放的课堂，教师对此应该更加自省，要提升明辨是非、去伪存真的能力，充分发挥自身特长和优势，坚持不懈地培育和弘扬社会主义核心价值观，引导学生做社会主义核心价值观的坚定信仰者、积极传播者、模范践行者。教师在网络课堂上要增强亲和力和感染力，要用真理的强大力量引导学生，既要传授技能，又要培育情怀，既要锻炼能力，又要提升素养，要通过知识传授和价值引领，使学生化知识为德行，化德行为信仰，真正成为一名具有良好道德观念、高尚思想情操、正确价值导向的栋梁之才。

总之，高校作为人才培养、文化传播和科技创新的重要领地，也是意识形态斗争的前沿阵地。教师在网络教学中应当融知识、情感、价值于一体，牢牢把握主流意识形态网络空间话语权，不断加强青年学生的马克思主义信仰教育，进一步巩固青年学生对社会主义主流意识形态的认同；要善于因时、因势利导，从课程大纲、课程讲义、课程案例出发，切实推进课程思政与课堂教学相结合，促进知识传授和价值引领相融合，教会学生运用正确的价值导向看待、分析问题，最终成为一名政治合格的社会主义建设者。

五、结论

在现代性语境下，网络生态发展的内核在于追求良善宜居的网络环境，并能通过网络强大的号召力凝结民众的共同知识、观念与信仰，最终造就出一个能够推动社会获得持续进步和全面发展的命运共同体。[1] 换句话说，由观念知识、信息技术、传播方式、社会行为形成的网络生态环境，将进一步促进集体性的文化价值观的重塑和传播。

然而，网络场域在实现"增量"的同时，并未实现"增质"的同步；媒介技术在持续更新和迭代的同时，也并未实现内容升级与价值转型的同步。有鉴于此，每一个网络使用者都应该积极调整自身位置，尝试转型升级以适应时代发展，从而在媒介体系中寻找到属于自己的应然位置。在将互联网运用于知识传递乃至价值引导的网络教学中，也理应如此。

鉴于当前不断变化的媒介环境和舆论环境，以及大学生特殊的心理特点和身心发展阶段，网络教学中教师的身份调适就显得尤为必要。种种迹象表明，互联网已经成为高校大学生获取知识、传递信息、互动交流的重要媒介，同时也成为外部势力进行文化、价值观和意识形态渗透的主要渠道。因此，高校教师在网络平台开展教学的同时，要更加密切地关注学生的思想动态，与学生进行平等对话和实时交流，及时发现学生的思想偏差；要通过"量身定制"式的信息推送，对学生进行意识形态引导，最终达到传播主流意识形态、塑造学生价值观的潜在目的，培育出政治合格、理论扎实、业务精湛的新时代人才。

---

[1] 黄君录.高校网络生态与主流意识形态传播实证研究［J］.学校党建与思想教育，2016（11）：42-45.

新文科背景下"网络与新媒体概论"课程的人文路径探索[*]

刘　源[**]

摘要： 新文科建设是近几年高校教学改革的重点议题，而作为新闻传播类专业的分支，网络与新媒体专业更是新文科专业建设中的重点。特别是媒介融合的驱动下，需要更多专业与人文素养并重的专业人才。本文通过对地方高校的网络与新媒体概论课程思政中的现状与问题分析，探索符合目前本科生的人文元素补给，找到适合的培养路径。

关键词： 新文科　网络与新媒体概论　课程思政　人文元素

新文科建设作为新时期高校改革的重点，成为众多高校专业建设的重中之重。2020 年，百余所高校共同发布的《新文科建设宣言》提出，紧跟新一轮科技革命和产业变革新趋势，积极推动人工智能、大数据等现代信息技术与文科专业深入融合。作为教育部重点建设的新型专业，网络与新媒体专业的发展高度符合新文科背景下的高校课程建设。自 2012 年教育部首次提出设立网络与新媒体专业至今，全国已有 200 多所高校设立这一专业，并且将其设立为重点专业。本文以北京联合大学"网络与新媒体概论"课程思政中的

* 本文系北京联合大学 2020 年度教改项目青年专项"新媒体概论课程思政的创新路径与策略"（项目编号：JJ2020Q017）的研究成果。
** 刘源，博士，北京联合大学应用文理学院新闻与传播系讲师。

人文元素为例，分析目前专业基础课中人文元素在课程中的现状与不足，找到新时代符合新媒体专业本科生特点的教育方法与路径。

一、网络与新媒体概论课程与专业关系浅析

（一）网络与新媒体专业的特点

就专业本身来说，网络与新媒体专业是伴随着网络与数字技术高速发展、网络媒介飞速迭代更新的媒介环境下，应运而生的一门新兴专业。与传统的新闻传播学专业有所不同，网络与新媒体专业具有较强的交叉性和实践性特征，无论是课程设置还是专业实习方面，都和过去的传播学、新闻学专业差异较大。

首先，文理交叉，文科主导。与传统新闻与传播学专业相同，网络与新媒体专业同样从属于新闻传播学一级学科。但不同之处在于，网络与新媒体专业无论专业属性还是课程设置方面属于文理交叉性的学科，但以文科主导。以北京联合大学网络与新媒体专业的本科课程设置来看，既包含了传播学概论、网络与新媒体概论、创意写作、美学概论、口语传播、国际传播等传统文科类科目，又包含了数字媒体技术、计算机应用基础等理科类专业，但主导学科以文科为重。

其次，理论与实践交叉，双向并重。在北京联合大学的网络与新媒体专业课程设置上，既重视理论教学的培养，同时更观照学生的动手实践能力。本科一年级即开展课外认识实习与导师小组的专业配合学习。让学生从入学起即重视动手能力，并且充分与行业一线接触，近距离了解网络与新媒体行业的现状与趋向。

最后，基础知识与人文素养交叉，侧重"三全育人"。近几年高校思政课程建设进行得如火如荼，北京联合大学率先开展全员、全程、全课程育人格

局，从 2017 年底至今，从课程思政到专业思政再到打造"大思政课"，在所有专业建设中都进行了实践。特别是新闻传播专业更是发挥专业优势，将课程建设与"三全育人"有机结合协同发展，在专业建设中，不断树立学生正确的价值观与文化自信，不断探索出适合专业发展的育人路径。

（二）"网络与新媒体概论"课程与专业关联

"网络与新媒体概论"作为专业的必修课程，既是理论基础课程，也是认识行业发展的前沿课程，可以说是前项理论基础课程"传播学概论"的延伸，又是后续"网络新闻写作"等课程的先导。因此对于重视实操性的网络与新媒体专业本科生来说，容易忽略理论的重要性，而关注其中的实操部分。在北京联合大学的专业课设置中，"网络与新媒体概论"课程与专业的关联主要在三个方面。

第一，理论主导，交叉实践。与其他理论课程不同，"网络与新媒体概论"既有理论知识做基础，又有部分内容需要实践反馈。例如在涉及新媒体写作部分时，既需要对网络写作的理论与规律有一定了解，又要能根据相应的理论框架撰写网文，因而不属于完全的理论基础课，带有一定过渡性特征。

第二，人文元素为主，技术分析为辅。作为文理兼收的专业，网络与新媒体专业在课程设置上，既要考虑人文元素的内核，又要考虑新媒体技术发展的外延与显性因素。例如，在进行媒介发展史部分的讲解时，既要对网络媒介不同阶段的技术处理作一定分析，又要对其在不同发展阶段的社会影响力作出说明。

第三，思政要素贯穿始终。作为人文性较强的专业基础课程，"网络与新媒体概论"课程可以说对于本科生的育人属于沉浸式地观照课程始末。在每一个章节中都会涉及建立文化自信的人文元素。一方面对西方已有理论进行批判性分析，另一方面涉及我国的本土理论成分，又会对其前瞻性进行详细描述，让学生充分认知，尽管大多数传播学理论属于"舶来品"，但伴随着新媒体以及相关实证和理论前沿在我国的生根发芽和"本土化"发展，已经有充分的理论自信。

二、"网络与新媒体概论"课程思政的现状及问题

作为新兴发展并日趋成熟的专业课程，"网络与新媒体概论"在不同高校的专业课程设置中，均占有十分重要的位置。尽管如此，在日常教学工作中，该课程还是有诸多不尽如人意之处。以北京联合大学网络与新媒体专业为例，综合来看主要有以下三个方面的问题。

（一）教材内容理论过深，与现实脱节严重

目前主要采用复旦大学李良荣编写的《网络与新媒体概论》一书，并辅助其他相关专业教科书。但在教学过程中，经常出现理论相对滞后、案例陈旧、与现实情况脱节严重现象。而这亦是网络与新媒体专业课程普遍存在的问题，教材所提观点，在实际教学中已经滞后于课程当下新媒体理论与实践知识。在教学实践中，笔者只能通过最新科研前沿与网络热点融入教学活动中，且每年都有较大变动。

（二）课程思政的人文元素嵌入较浅

根据笔者五年来的教学实践，对相关教材进行了整理与反思，目前大部分教材是从理论到理论的讲解，并且多数理论仍然以西方已有的新媒体相关理论为主，涉及本土化的理论内涵较少。在此基础上，关于人文元素方面的知识面相对较少。例如，在网络文化部分的网络大众文化中，涉及我国传统文化包括传统文学的网络传播、艺术作品在网络中的呈现样态等内容，在课程设置中基本上是一笔带过。对于本科生来说，这正是需要不断深入理解、

内化，充分建立文化自信的重要人文元素，而这些内容，通常需要教师在课程中额外补充并有机嵌入课程中。

（三）学生本身学习过程中对人文元素涉猎较少

在教学实践过程中，学生始终都是重要主体，教师在其中起到重要的引导作用。对于北京联合大学网络与新媒体专业的本科生来说，长久存在的问题主要集中在重实践轻理论、重专业轻常识等问题。举例来说，在网络与新媒体概论课程中，通常会涉及诸多文学、历史、政治等人文学科方面的知识点，在面对一些历史典故以及文学名著等问题时，很多学生出现不理解、未曾学习或未涉猎过此类知识等信息反馈。比如，在对 2020 级本科生讲授媒介的变革过程中，由印刷术而引发的传播革命一节内容时，当教师由点到面，延伸到古代四大发明的部分时，对学生提问四大发明包含哪些，其中哪两项与媒介发展和文化传播密切相关时，该班学生无法详细描述，并且多数学生表述不清或概括不全。对于引导者的教师来说，面对学生在人文知识方面的匮乏与缺乏兴趣，需要在课程的不同方面进行重新评估与定位，力求在课程设置上，符合当前"00 后"本科生的学习兴趣与学习需求。

三、"网络与新媒体概论"课程的人文路径探索与优化

新文科与传统文科并非完全对立、取代甚至是割裂的关系，而是吐故纳新，新文科借助传统文科的基础不断优化升级，并在此基础上，适应新技术推动下的学科和专业升级。我国的新文科建设，是在以马克思主义理论作为指导思想，建设具有新时代中国本土特色与充分文化自信的文科体系。对于网络与新媒体专业来说，既是符合技术变革与媒介产业结构升级的实际需求而带来的机遇，同时也是对于课程、专业乃至学科建设方面的挑战。作为"网络与新媒体概论"课程，不同于传统的专业理论课，以"填鸭式"知识

灌输进行传授；亦不同于专业实践类课程，突出学生的动手能力，而正如课程在专业中的"过渡性""中介性"位置，既要重视理论的分享，又要突出专业的实践特点。因而，"网络与新媒体概论"课程的优化模式首先要考虑新文科建设与高等教育发展之间的相互作用关系；其次教师要在观照时代背景的前提下，发挥专业特点与优势进行课程建设与升级；最后，更要认识到高校人才的培养不仅是产业升级的刚需，更是为国家培养符合需要的复合型人才。❶ 同时也要看到，"网络与新媒体概论"课程本身所具备的思政优势和人文元素丰富等特点，因而在课程优化的过程中需要在教学理念、教学方法、教学内容、考评机制等几个方面入手进行探索和分析。

（一）教学理念：重视人文，以人为本

"今天，新闻传播融入更多的科技、社交、人文因素，新闻学与人文学科、社会学科、自然科学发生更加密切的'相互关联'以至于'产生转变'。这种'转变'快速而复杂，令人一时难以应对。"❷ 可以说，在新的媒介环境和社会语境下，单一从学科本身的知识传授模式已经逐渐淘汰，必须有相应的从知识本体传授上的变化，特别是伴随着人工智能的出现，如何能够将与之相关的基础课程讲好，对于教师本身来说也具备较大的挑战。《新文科建设宣言》指出，新科技和产业革命浪潮奔腾而至，社会问题日益综合化、复杂化，应对新变化、解决复杂问题亟需跨学科专业的知识整合，推动融合发展是新文科建设的必然选择。那么从教学理念来说，就要打破固有的传统知识讲授型思维，转化为以知识为体，以综合学习为用，重视人文学科的综合渗入，润物有声地展开教学活动。这其中对于媒介发展史的学习，需要加大篇幅的授课，而非逐渐缩减。媒介发展史，从其本质来说，更是一部人类社会

---

❶ 赵红勋，李孟帆．新文科背景下新闻传播学课程的优化路径［J］．青年记者，2021（18）：97-98.

❷ 曹丹．"新文科"视域下广告学专业创新创意人才培养路径探析［J］．艺术与设计（理论），2020（6）：139-141.

变革史，其中不仅蕴含了不同媒介对人类个体、人类社会的多维度影响，更是要看到这其中科学技术发展与人类社会之间的关联。此外，以人为本的另一个要素则是将教学的主动权交给学生，在知识讲授中，教师更像是引导者，而知识和理念的引入，则需要学生在教师的引导下主动学习，并将各类综合性的知识运用其中，这一过程是源于课堂，超越课堂，而非仅在课堂教学过程内完成。

此外，要融通人文特色产业，鼓励创业，激发创新思维。新文科背景下，给予了网络与新媒体专业更多机遇，也应让学生积极能动地了解数智时代下的网络产业与网络媒介的特色，主动积极将产业发展前沿引入课堂；同时紧跟时代步伐，将教学内容与时事热度、产业发展现状融入其中。

（二）教学方法：凸显主体，人文融通

传统的教学方法中，"网络与新媒体概论"课程主要以教师作为引导者，以理论知识讲授的方式作为主要教学方法。但通过近几年的教学实践和理论考试的效果来看，单纯的知识点输出，学生能够吸收和理解的内容十分有限。因而，在此基础上，需要更突出学生作为教学活动的主体作用，而非单纯的知识接受者。根据目前学生的学习情况来看，在翻转课堂过程中，学生的主动性能够被积极调动，特别是在教学活动中，半命题式的翻转课堂会让学生更好地将知识与自己感兴趣的话题结合，达到更好的教学效果。根据近五年的教学实践来看，笔者认为，在知识讲授环节中，应当以"1+3"的教学模式作为课堂的主要模式。所谓"1"是以基础知识的讲授作为基本引导，这是基础理论课的根本，在讲授过程中需要学生在授课之前找到相应的案例进行分析。课堂中，将自己掌握的知识点和案例结合进行分析并探讨，课后再将已习得的知识，通过实践分析报告、课后总结或实践应用等方式相结合，形成闭环式的"3"。同时，这类案例要充分体现中国本土特色的人文元素和人文知识，比如类比微信与韩国的 kakao talk 作为媒介功能的同时，其本土性特

征应当作为主要教学分析和讨论的重点。

（三）教学内容：融通国际，纵览古今

作为新闻与传播学科的分支学科，网络与新媒体具有新闻传播学的共性特征，即西学东渐、本土化根基较弱、实践与理论匹配不均衡等。在过去的教学中，学生普遍对理论教学嗤之以鼻，通常以应试和学分的获取作为第一要素。对于传统文化和历史人文元素更认为是无足轻重的知识。因此，在课堂内容的融入中，除了基础的理论教学，更要将文学、历史、艺术、考古、地理、哲学、数字艺术等多元人文元素纳入其中，并以学生感兴趣和熟知的现代国外案例作为基础引导，导出我国传统文化的同时，将当前新媒体发展对人类社会、传统文化的加成作为除知识点之外的额外赋值。

（四）考评机制；多元方式，凸显人文关怀

在过去的教学中，普遍的考评方式是"考勤—日常作业—期末考核"的传统考评机制，在此过程中，不但没有形成预期的学习效果，反而形成了现学现忘的反向效果。作为基础理论课程，这样的结果无疑是无奈的。既然作为"新媒体"教学，则应当将考评机制也变得更加多元化，以彰显人文气息。首先，突破固态考评模式，拔掉期末考试作为压垮学生的最后一根稻草。从比重上来说，将期末考试的所占比重压缩到40%，而将重点放置到日常的教学考评中，以减轻学生负担。其次，突破日常文字式作业模式，展现更多元的作业作为考评内容。比如，有些学生善于通过自媒体进行文案的书写或善于通过技术手段创制自媒体平台，而这些亦可以作为考评机制的一环来进行成绩的评定，并且可以将优秀的实务型作业作为范例进行分享和分数提升的奖励；最后，日常考勤也应化被动为主动，让学生以积极参与课堂讨论和分享案例等方式融入课堂，消解掉学生为了考勤和分数而走进课堂的行为和无

243

奈心理。

四、结语

新文科建设对于网络与新媒体专业来说，是一次难得的改革机遇，特别是作为本身亦是新兴学科，其本身具备很强的吐故纳新能力，并因其自身专业与数字媒体、人工智能、人文科学等都有着很强的连接，因此，无论是专业发展和课程教学都能够具备较强的应变能力。作为新文科浪潮下的新兴学科，培养好复合型、高素质、全方位的创新型人才，是网络与新媒体专业的重中之重。作为基础中的基础，"网络与新媒体概论"课程从理念到内容再到方式上的创新，亦是学科改革和人才培养的第一步。

浅析新媒介环境与马克思主义
新闻观的深度学习

卢　莎*

摘要：马克思主义新闻观是马克思主义在新闻传播领域的具体体现，是马克思主义有关新闻现象和新闻传播活动总的观点与看法。马克思主义新闻观自 19 世纪形成至今，已有一百多年历史。中国语境的马克思主义新闻观是当前中国新闻业发展的主导意识形态和根本指导方针，也是新闻专业教育的重要目标之一。随着网络时代和数字智能媒体技术的飞速发展，马克思主义新闻观的中国化发展呈现多要素作用影响、多维度综合演进的动态过程。实现马克思主义新闻观的"外化于行"和"内化于心"，成为新时代我国马克思主义新闻观教学理论与传播实践的重要议题。本文将结合新时代媒介技术和网络教学的发展趋势，对新媒体技术助力马克思主义新闻观深度学习的基本思路进行探讨。

关键词：马克思主义新闻观　新媒介环境　深度学习

---

* 卢莎，北京联合大学应用文理学院新闻与传播系讲师，研究方向为文化产业、跨文化传播、媒介技术与科学传播、文化赋能乡村振兴。

一、马克思主义新闻观教学与研究的现状

（一）马克思主义新闻观的含义和内容

马克思主义新闻观，是马克思主义基本原理的重要组成部分，是以马克思主义的立场、观点和方法形成的关于新闻现象与新闻活动的总的看法，是辩证唯物主义和历史唯物主义科学世界观在新闻传播领域的具体体现，也是马克思主义指导中国社会主义新闻实践的根本章法。❶ 马克思主义新闻观的核心是马克思主义经典作家和中国共产党历届领导人关于无产阶级新闻事业性质、功能、原则及规律的一系列基本观点和主要思想，涉及诸如新闻本源、新闻本质以及新闻传播规律等根本性问题。

学者陈力丹认为，马克思主义新闻观是马克思主义关于信息传播、宣传、新闻、文化、传播政策，以及组织内部思想交流的理性认识，由马克思和恩格斯创立马克思主义以来的经典作家的著作，以及一系列国际共产主义运动中政党组织的文献和有关论述构成。❷

马克思主义新闻观是马克思、恩格斯在报刊实践与理论斗争中建立和发展的新闻思想体系，根植于马克思主义辩证唯物主义历史唯物主义的整体理论框架之中，渗透着马克思、恩格斯对资本主义的深刻观察、对资本运作内在逻辑的深入批判、对世界交往体系与人的现实性回归的价值追求。从马克思、恩格斯艰苦卓绝的奠基开始，马克思主义新闻观历经几代马克思主义经典作家和共产党人在不同历史时期的理论探索与实践洗礼，日久而弥新。

1905 年 11 月，列宁在《党的组织与党的出版物》一文中，将马克思主

---

❶ 张虎生. 马克思主义新闻观的核心观点与实践品格［C］//人民共和国党报论坛 2013 年卷，北京：中国传媒大学出版社，2014.

❷ 陈力丹. "遵循新闻从业基本准则"——马克思主义新闻观立论的基础［J］. 新闻大学，2010（1）：20-28.

义新闻思想纳入党和社会主义的革命与建设中，首次提出"党的出版物的党性原则"，由此发展出富有战斗气息的意识形态体系与党报理论，实现了马克思主义新闻观的苏俄化。十月革命，为中国革命廓清了理论方向，也开启了马克思主义新闻观中国化发展的历史进程。

（二）马克思主义新闻观教育的发展历程

新闻作为意识形态范畴最敏感的领域，任何新闻舆论工作必然受一定的新闻观支配。新闻观是新闻工作者的力量源泉、精神方向和行动指南。马克思主义新闻观是当前中国新闻业发展的主导意识形态和根本指导方针，也是新闻专业教育的重要目标之一。

20 世纪 80 年代以来，我国新闻学界对马克思主义新闻观的研究日益活跃，研究维度和研究领域逐渐丰富多元。2003 年 10 月，中共中央宣传部、广播电影电视总局、新闻出版总署、中华全国新闻工作者协会联合发出《关于在新闻战线深入开展"三个代表"重要思想、马克思主义新闻观、职业精神职业道德学习教育活动的通知》，由此开展了系统的"马克思主义新闻观"学习与课程建设。

2013 年，中宣部、教育部联合下发《关于地方党委宣传部门与高等学校共建新闻学院的意见》明确提出，开展部校共建新闻传播学院工作的核心是抓牢抓实新闻传播学科的马克思主义新闻观教育，并且进一步把这项教育引向纵深。

2016 年 2 月，习近平总书记在中国共产党新闻舆论工作座谈会上强调指出马克思主义新闻观在党的新闻舆论工作中的重要性。2018 年 1 月，教育部发布《普通高等学校本科专业类教学质量国家标准》，其中关于《新闻传播学类教学质量国家标准》提出，新闻传播学类专业具有较强的政治性，要求学生坚持马克思主义新闻观和正确的政治立场。

2018 年 9 月，《关于提高高校新闻传播人才培养能力实施卓越新闻传播人才教育培养计划 2.0 的意见》颁布，对马克思主义新闻观的教育教学工作作了系统深入的指导和说明。

2020 年是"十四五规划"的开局之年，也是我国具有重要历史纪念意义的一年。面对世界百年未有之大变局，站在"两个一百年"奋斗目标的历史交汇点上，新时期我国马克思主义新闻观在学界教育与研究、业界实践与传播等诸多方面的探索正在逐步深入和深化。根据对知网相关论文文献的整理发现，截至 2023 年，马克思主义新闻观研究主题基本分为马克思主义新闻观本体理论、列宁和恩格斯新闻思想、习近平关于新闻舆论工作重要论述、国际传播和建设性新闻、马克思主义新闻观教育和中国特色新闻学五个维度。

（三）马克思主义新闻观深度学习的含义与维度

依据学习者对知识理解和掌握的程度，学习分为浅层学习和深度学习。1956 年在布鲁姆的教育目标分类中，将浅层学习到深度学习的过程概括为知道、理解、应用、分析、综合和评价。其中，浅层学习的认知水平停留在"知道和理解"的层次上；主要包括对知识的简单描述、记忆或复制；深度学习的认知水平对应于"应用、分析、综合和评价"四个较高层次的认知水平。

相对于以低阶思维活动为主的浅层学习，深度学习更多地涉及高阶思维活动，并且注重知识的应用和问题的解决。1976 年，美国学者基于学生阅读的实验研究数据，首次提出关于学习层次的深度学习概念，以区别于孤立记忆和非批判性接受知识的浅层学习。

综合相关研究，本文认为，深度学习是一种基于理解的学习，是学习者以高阶思维发展与解决实际问题为目标，以整合化的知识体系为内容，自主地、批判性地学习和探索新信息、新观念、新思想，并结合原有认知结构进行融合、转化与迁移的学习。

习近平总书记在哲学社会科学工作座谈会上的讲话中，将新闻学列入对哲学社会科学具有支撑性作用的学科。"新闻观"是新闻舆论工作的灵魂；马克思主义新闻观是中国新闻舆论宣传工作的灵魂，是社会主义核心价值观在新闻舆论宣传工作中的延伸和体现。"'先立乎其大者，则其小者不能夺也。'对党的新闻舆论工作来说，这个'大'，就是马克思主义新闻观"，要"把马克思主义新闻观作为党的新闻舆论工作的'定盘星'"。

深度学习是学习活动的高阶阶段，代表着学习者对学习内容的深度认同、理解和内化。马克思主义新闻观深度学习的实现，对于坚持社会主义核心价值观，树立新闻职业理想信念，加强社会科学专业建设和新闻学专业能力建设，做好新时代新闻舆论宣传工作，都具有非常重要的意义。

结合上述深度学习的概念表述和马克思主义新闻观的学科特点，马克思主义新闻观的深度学习主要包含以下三个维度：第一，增强马克思主义新闻观的价值认同；第二，完善马克思主义新闻观特别是马克思主义新闻观中国化的课程体系；第三，实现马克思主义新闻观特别是马克思主义新闻观中国化实践应用场景的深度参与。

二、新媒介环境与马克思主义新闻观的深度学习

20世纪90年代以来，伴随着信息技术的飞速发展，网络与新媒体技术正在成为人类获取资讯、分享知识、处理信息的首选方式，以网络和信息技术为基础的新媒介环境正在迅速改变着人们的生活、工作、学习及社交方式。

从整体上看，新媒介具有覆盖面广、自主性高、信息量大、互动性强、开放性深等显著特点。网络的普及与新媒体环境的发展，以其信息的丰富性和开放性对高等教育教学也提出了新的挑战和要求。如何适应新媒介环境信息获取方式及学术学习行为的新特点、新趋势，提升马克思主义新闻观深度学习的效果，是新媒介环境下马克思主义新闻观教学研究的重要课题。下面结合新媒介环境，从马克思主义新闻观深度学习的三个维度进行分析。

（一）新媒介环境与马克思主义新闻观的价值认同

新闻观是新闻工作者的力量源泉、精神方向和行动指南。马克思主义新闻观是当前中国新闻业发展的主导意识形态和根本指导方针，也是新闻专业教育的重要目标之一。马克思主义新闻观的深度学习首先体现为对马克思主义新闻观的价值认同，体现为学生认识、理解、坚守马克思主义新闻观，具有强烈的责任意识和良好的职业使命感。

教材所呈现的内容虽然系统严谨，但平面、单一的文字内容不容易让学生产生体验、建立共情和触动思想。结合新媒介环境下，在实际教学过程中重视对现代媒体技术的应用，通过人物访谈、记录电影等影像资料的教学环节，可以有效地激发学生的学习热情，更容易建立对理论和思想的感性认识，增强马克思主义新闻观的价值认同。这些影像资料，包括马克思、恩格斯创立科学理论的艰辛历程；列宁深入工农生活，在白色恐怖下战斗的故事；毛泽东等中国共产党早期领导人在延安时期带领陕北人民坚持抗战的感人场景。同学们在影像媒介创设的场景中，体味了马克思、恩格斯放弃优渥生活，致力于"为人类解放事业奋斗终生"的伟大情怀；感受到中国共产党人抛头颅洒热血，为中国人民谋幸福、为中华民族谋复兴的初心与气魄。

（二）新媒介环境与马克思主义新闻观特别是马克思主义新闻观中国化的知识体系

马克思主义新闻观的知识体系包括马克思主义经典作家和中国共产党历届领导人关于无产阶级新闻事业性质、功能、原则及规律的一系列基本观点和主要思想，涉及诸如新闻本源、新闻本质以及新闻传播规律等根本性问题。知识体系是教学体系的基本单元，是人才培养的重要载体，也是建立马克思主义新闻舆论基本观念的内容基础。正确的价值观，源自正确的内容；而歪曲的内容，必然导致错误观念。因此，对知识体系的完善尤其重要和关键，需要借助新媒介环境提供的便捷索引工具和呈现技术，不断完善马克思主义新闻观特别是马克思主义新闻观中国化的相关知识讯息。

马克思主义新闻观形成以来，从革命年代马克思主义新闻观中国化发展的起步，到社会主义建设时期马克思主义新闻观中国化的持续探索，中国共产党历代领导人的新闻宣传思想既一脉相承，又体现出颇具时代特点的变革与创新。马克思主义新闻观特别是马克思主义新闻观中国化内容体系的整合，集中体现在"四史学习"方面，即中国共产党党史、新中国史、改革开放史和社会主义发展史。

党的十八大以来，习近平总书记多次就学习党史、新中国史、改革开放史、社会主义发展史作出重要论述。2020 年 10 月 29 日，党的十九届五中全会通过的《中共中央关于制定国民经济和社会发展第十四个五年规划和二〇三五年远景目标的建议》明确提出，为了提高社会文明程度，提高国家文化软实力，要推动理想信念教育常态化制度化，加强党史、新中国史、改革开放史、社会主义发展史教育。

从历史维度来看，中国共产党的百年历史、70 余年的新中国史、新中国成立以来的改革开放史和社会主义发展史，中国共产党的新闻舆论工作在不同历史时期各有侧重，马克思主义新闻观的中国本土化实践也呈现出不同的气质与风格；不同时期党的主要领导人有关新闻舆论工作的重要论述指明了中国特色社会主义理论与实践的发展方向，也为马克思主义新闻观的丰富与完善提供了丰富的实践养料，形成了马克思主义新闻观中国化发展的历史脉络。

以史为鉴、史论结合。"四史"记录了中国共产党的百年奋斗史，记录了中国共产党领导中国各族人民寻求国富民强的探索历程和建设历程，记录了马克思主义新闻观中国化演进的重要实践。通过网络与新媒体技术，整理这些历史时期的文献及影像资料，不断丰富和完善马克思主义新闻观特别是马克思主义新闻观中国化发展的内容体系，不但必要、合理，而且具有重要的意义。

第一，"四史"包含了大量涉及新闻、传播及宣传工作的历史文献与经验，是发展和丰富中国语境下马克思主义新闻观课程建设的重要教学内容。第二，史论融合，有助于进一步推进马克思主义新闻观与中国革命建设具体实践相结合，提升学生学习的获得感和体验感。第三，"四史"中蕴含的价值观与精神谱系，特别是延安精神、井冈山精神、"两弹一星"精神，不但可以作为新闻思政教育的内容主题，也可以作为爱国主义教育的重要组成部分。其必将有助于大学生群体对马克思主义新闻观的透彻理解和深刻领悟，有助于新闻职业素养的培养和红色文化传播。

（三）新媒介环境与马克思主义新闻观实践学习场景的深度参与

马克思主义是实践的理论，也是理论的实践。实践导向，是马克思主义新闻思想及马克思主义理论体系存在发展的前提和基础，也是马克思主义新闻思想及马克思主义理论体系区别于任何其他理论体系及新闻思想的本质特点。

马克思主义新闻思想是马克思主义理论体系的重要组成部分，源自马克思和恩格斯创办报刊和领导工人运动的实践。马克思、恩格斯的新闻实践，包括物质性的新闻实践和观念性的新闻实践。前者主要是指马克思、恩格斯亲自参加的报刊新闻实践；后者主要包括马克思、恩格斯长期观察、研究新闻传播活动和现象的实践。

1818 年 5 月 5 日，马克思诞生于普鲁士莱茵省特里尔市的一个律师家庭。由于受到家庭信奉启蒙思想的影响，对"人的主体性的张扬"和"理性自由的诉求"从青年时期就根植于马克思的心灵。年轻的马克思不仅对启蒙思想内化于心，而且外化于行。他在《莱茵报》时期即践行启蒙思想，并逐步将思想转化为实践的力量。

1842 年，24 岁的马克思开始为《莱茵报》撰稿，同年 10 月担任《莱茵报》主编。在《莱茵报》工作期间，马克思真正接触社会现实；在《莱茵报》工作结束之后，马克思转入书斋开始创作，将他亲历的实践转化为思想。《1844年经济学哲学手稿》是马克思实践观初步形成的著作。马克思从事新闻工作的实践，帮助他完成了对社会现实的充分了解，也是马克思主义实践观形成的重要基础。

1845年，马克思在布鲁塞尔完成了《关于费尔巴哈的提纲》——被恩格斯称为"包含着新世界观天才萌芽的第一个文件"。在这篇文章中，马克思提出"哲学家们只是用不同的方式解释世界，而问题在于改变世界"的著名论断，由此诠释了马克思主义理论体系的鲜明特征，即以实践为导向，致力于创造更美好的人类社会。

1848年，马克思和恩格斯在德国科隆创办《新莱茵报》，被公认为世界上最早的马克思主义报纸。从1848年6月1日创刊至次年5月19日终刊，出版仅301期的《新莱茵报》，在选题、内容及版面设置等各方面直接体现了马克思和恩格斯以实践为导向的新闻理念与新闻思想，是马克思主义新闻观的一次完整实践，也是深入学习和理解马克思主义新闻观教育实践导向的宝贵历史资料。

通过深入工人生活和指导各国工人政党及组织的报刊创办工作，马克思和恩格斯对当时的新闻传播现象和新闻传播媒介报刊的运作特点，以及影响新闻传播的各种政治、经济、文化因素进行了深刻的观察与思考。马克思、恩格斯认为报刊或新闻媒体不是一个孤立的存在，而是作为社会系统的一部分存在；报纸不仅是传播信息的工具，还是工人必要的生活资料，他们极力捍卫工人享受免费文学的权利。马克思提出报刊"是把个人同国家和世界连接起来的言谈的纽带，是使物质斗争升华为精神斗争，而且把斗争的粗糙物质形式观念化的一种获得体现文化"。读报是为了在"报纸上寻找当今的精神和时代精神"，以报刊或新闻媒体为传播平台的新闻传播空间，是基于人类交往复杂性的开放空间。

丰富的新闻实践和解决现实问题的经验，使马克思对报刊和报刊行为的本质即"交往"有了深入而全面的洞察和思考，"交往"概念成为马克思主义新闻观建立的关键要件。由此，马克思将交往（在马克思主义新闻观的范畴里，交往即指"传播"）延展至社会系统的诸多领域，进而构建出马克思主义新闻传播思想与政治学、经济学、社会学、历史学、人类学等学科的联系。

20世纪中期，在马克思、恩格斯等马克思主义思想家的推动下，马克思主义新闻传播的学科意识和理论体系逐步建立，马克思主义新闻观体现出以实践为导向、面向工业革命后报刊实践发展的鲜明气质。

依据深度学习的概念，不难发现深度学习的实现是一个长期系统的过程，在实现方式上可以概括为三个重要方面：建立明确的学习目标；相关内容的系统整合；基于新闻实践的学习场景。其中，"实践"场景不但可以充分利用新媒介环境在线共享、及时交互和跨时空切换的优势，而且对于学生走出课堂提升思维能力和建立马克思主义新闻观均具有重要而积极的作用。

马克思主义新闻思想从实践出发，以实践为导向，对新闻客观性、新闻真实性、报刊的职责、新闻职业道德等重要议题进行了深刻的探索与总结。从以马克思、恩格斯为代表的马克思主义经典作家到中国共产党历届领导人，都始终遵循理论联系实际的哲学世界观和方法论，以实践作为检验真理的唯一标准，向实践学习，通过实践不断丰富和完善理论、思想与方法。面对日新月异的新媒介环境，马克思主义新闻观的教学研究需要继承和发扬马克思的实践观，适应新媒介环境和互联网共享资讯的特点，应用多媒体和网络技术，通过教师、学生、媒体等多边多方互动方式及时对标新闻现场和宣传实践，逐步增加以真实社会场景为主题的教学环节，引导学生培养问题意识，增强职业理想，涵养关怀他人的公益精神和勇于奉献的爱国主义情怀。

网络教学中的课程思政

——以"云班课"平台的新闻史课程为例 *

张春华 **

摘要： 网络教学不仅仅是教学平台的变化，更迫使大学教师进行教学理念和教学方式的改革与创新。当教师没有机会面对面接触学生，课程思政的实施第一步就面临困难。在网络教学条件下如何创新性进行新闻史课程思政？本文提出了两个思路："细水长流"式关系建构和适应网络平台的教学活动。

关键词： 课程思政　网络教学　"蓝墨云班课"

一、"课程思政"的概念与新闻传播教育的任务

"课程思政"是"课程思想政治教育"的简称。韩宪洲教授认为，"课程思政"是铸就教育之魂的创新理念和创新实践，坚持以"用好课堂教学这个主渠道"为总要求，以"培养什么人"这个教育的首要问题为根本导向，以促进学生成长成才为出发点和落脚点，旨在"将思想政治教育有机融入各门

＊ 本文系 2020 年北京联合大学应用文理学院院级教育教学改革项目"基于'云班课'的新闻史课程移动教学研究"的成果。

＊＊ 张春华，北京联合大学应用文理学院讲师，主要研究方向为国际传播、话语分析、跨文化传播。

课程的教学和改革,实现知识传授与价值引领的有效结合,实现立德树人的润物无声",进而实现培养"拥护中国共产党领导和我国社会主义制度、立志为中国特色社会主义奋斗终身的有用人才"的根本任务。❶

具体到大学新闻传播教育的任务,罗子文认为,崇高的新闻理想与高尚的职业道德、广博的知识、娴熟的职业技能是新闻教育的三块基石。❷ 然而,在实践层面,被列为第一块"基石"的新闻理想和职业道德教育,却往往被忽略,让位于职业技能培养。具体表现为,大学中的新闻史类、新闻伦理类课程不受重视,处境尴尬,中国知网上关于新闻史教学的论文也不过寥寥数篇,"新闻史在整个新闻教学领域受尊不受重的现实便成为长久以来困扰新闻史教研者的一道难题"❸。另外,路鹃❹、宗春启❺等都提出了目前在新闻伦理教育方面的不足。针对这些问题,李明文和方琪认为,应该综合性地开发学生在身心活动层面、政治社会层面、美感经验层面、人伦道德层面和批判精神层面的价值认识,从而使新闻教育形成新的范式,达到一个新的境界。❻ 这里提出的五个层面的价值观教育,可以作为新闻传播教育设计课程思政任务的指导。

新闻史类课程作为新闻学教育的"三驾马车"(另外"两驾马车"是新闻理论和新闻业务)之一,其具体的课程思政目标包括哪些内容呢?

笔者认为,新闻史课程的思政目标可以包括:以人为本,促进学生的身心健康发展,帮助学生从历史学习中理解社会,掌握历史发展规律,进而树立马克思主义新闻观,通过与历史人物事迹的"共情"获得美感体验与道德层面的洗礼,通过历史资料收集、整理和批判性解读提高批判能力。

---

❶ 韩宪洲. 深化"课程思政"建设需要着力把握的几个关键问题 [J]. 北京联合大学学报,2019 (2):1-6, 15.

❷ 罗子文. 重塑我国新闻教育的三块基石 [J]. 现代传播,2007 (1):155-157.

❸ 陈娜. 跨越新闻史教研的三重门——谈中国新闻史教研的发展路径 [J]. 国际新闻界,2008 (4):15-18.

❹ 路鹃. 我国目前新闻伦理教育的误区与发展路径 [J]. 新闻界,2009 (3):18-119.

❺ 宗春启. 媒体亟待伦理教育 [J]. 新闻与写作,2013 (9):69-70.

❻ 李明文,方琪. 人才培养:"互联网+"时代新闻教育的核心问题 [J]. 当代传播,2015 (6):109-112.

二、以"蓝墨云班课"为平台的新闻史网络教学特点

"蓝墨云班课",也称"云班课",该平台便于用电脑、手机登录,还针对教学的各个环节提供了较为丰富的功能。例如,辅助师生进行课前学习准备和课后复习的资源、通知、活动功能;用于课堂学习和交流的功能包括课堂签到、调查、头脑风暴、课堂讨论、网络直播等;对学生的课外学习管理的功能包括发给教师每周学习报告,特别指出哪些学生学习积极或消极,学生参加学习活动和浏览学习资源时,系统能自动给经验值,教师也可以根据活动成绩方便地导出全班成绩单。

具体到新闻史课程的教学,利用蓝墨云班课平台,在资源分享和教学活动方面都具备较多的便利。比如常规的教室教学无法迅速完成的课堂签到、课堂投票统计和课堂测试结果统计,在蓝墨云平台上则可以高效完成。课堂讨论时同一时间可以允许多名学生同时文字发言,发言机会增加了,讨论深度和广度也会随之增加。还有,与课程相关的学习资源可以被教师分门别类上传到资源库,尤其是视频资源和电子版教材资源,对于培养学生自主学习能力以及翻转课堂的实施,都是极其便利的。蓝墨云平台的作业活动可以设置多样化评价方式,包括教师评价、学生相互评价、小组相互评价等,有利于开展小组活动和过程性评价。活动结束后,学生可以查看全班的作业、成绩和评价,有利于相互学习。

作为教学辅助,蓝墨云平台能够与面对面教学互相配合,形成合力。但是,在全面单纯网络教学的情况下,该平台也存在一定的局限,比如视频直播效果不理想、考试题型单一等。

单纯用云班课进行网络教学相对于单纯的面对面教学,在以下三个方面存在问题。第一,课堂学习的氛围很难创造,学生在无人监管的环境下,难免出现边听课边玩、一心多用的问题。第二,在课堂教学环节,面对面教学时学生相对来说精神集中,点名回答问题的时候反应迅速;而网络教学时,

学生不太愿意开摄像头甚至开语音，更愿意文字参与，有时老师点名发言，需要等待较长时间才有反应，甚至还有同学因为没有集中精神听讲，无法回答问题。再者，面对面时老师可以根据学生的身体语言，挑选适当的学生参加课堂讨论，网络教学时老师基本无法看到任何身体语言，只能根据学生留言或者之前对学生的了解来点名，基本处在一种"盲点"状态。第三，网络教学也为课堂问题的设计提出了更高的要求。对于大部分问题，学生往往直接用搜索引擎给出答案，这样就达不到通过问题检测预习效果的目的。但是，新闻史课程知识体系比较成熟，大部分的知识类问题和规律总结类问题的答案都可以一键获取。

因此，如何充分利用云班课平台的便利，规避单纯网络教学的短处，同时，创造性开展课程思政，就成为值得在实践中摸索和研究的问题。

单纯网络教学改变了教学沟通的方式，因此，很多适用于面对面教学的技巧和课堂管理方式都变得不再适用，有必要采用创新性方法和手段，建构新型的网络课程，实施课程思政。

三、新闻史课程单纯依靠网络教学进行课程思政的思路

结合上文所提到的新闻史课程的课程思政目标与单纯网络教学的特点，笔者认为可以从两大方面进行课程思政的设计。

（一）"细水长流"：建构网络上师生关系和同学关系，促进学生身心健康发展

社会信息处理理论认为，即使单纯通过网络交往（甚至不包括视频交流，而是主要依靠非即时的文字交流），假以时日，人际关系也能达到面对面交流所达到的程度，只不过这是一个细水长流的过程。通过网络使用非即时的文字交流，对人际关系的建立也有正向的促进作用，主要表现在交流的准备时

间较长，可以让人们有机会展示自己更优秀的方面；交流的空白期可以增加人们的期待；人们之间的正向期待能够对对方产生积极的促进效应。

在单纯网络教学中，教师需要成为师生关系发展的积极发起者和促进者。因此，在开课之时就需要尽量多、尽量全面地展现自己，比如视频出镜、语言展示、课程设计以及适当的教学环境营造等。视频中教师的个人形象、身体语言能够迅速拉近和学生的距离；教师为网络教学而设计的上课铃声、视频背景等都会吸引学生的注意力，有利于营造课堂学习氛围。比如，有的老师每次课之前都会在背景摆放一束不同的鲜花，同学们会注意到老师对美的追求，也会感受到老师对直播很用心，这就是一种无形中的思政教育；有的老师提前来到网络平台，和早来的同学聊聊专业知识在生活中的应用，不仅有利于沟通感情，也潜移默化地让学生得到了专业精神的熏陶。

在网络教学中，学生大部分不愿意打开摄像头，甚至不愿意开语音，但是很多人愿意输入文字参与课堂，有些在面对面教学中不愿发言的学生，反而在文字参与时表现得非常积极。从社会信息处理理论的视角来看，这是有利于推进关系建立的。实践中很多教师不会要求学生开摄像头和语音，而是用文字交流的途径，逐步建立关系。文字交流所需时间更长，也更加考验教师的耐心，但是一个愿意在学生身上投入更多时间的教师，也会收获更多学生的尊敬和信任，这是课程思政得以实施的前提。在课程初期，可以设计多样化的"破冰"活动或游戏，更容易调动学生参与的积极性，建立积极的课堂氛围。比如在新闻史课程中，可以评选"历史上我最钦佩的新闻人"，让学生分成小组为各自推荐的候选人制作介绍材料，在这个过程中学习历史人物的事迹，得到思想启示和道德熏陶的同时，也锻炼收集、整理信息、文字和视频创作的能力。同学们在竞争过程中也加深了交流，带动了学习积极性。

（二）适应网络教学平台的教学活动设计：依托网络教学平台，设计综合性活动，以实现课程思政的目标

1. 善用数据库，从历史材料中挖掘信息，体会、总结历史规律

大学生在新闻史类的课程中接触到的材料，不应只有现成的别人研究的成果。网络教学为学生从数据库中自己主动挖掘信息提供了条件。国家数字图书馆的报刊数据库资源中包含数十个中外文报刊数据库。教师可以根据课程安排，设计难度不等的数据库挖掘任务，让学生锻炼数据收集与分析能力，同时研读一手的历史材料，锻炼批判性分析能力。比如，难度较小的项目，教师截取"17—18 世纪伯尼典藏报纸数据库"中英国资产阶级革命期间的数据，让学生从该数据列表中看出当时报纸的发展状况并推断出背后的原因，结合当时的社会政治状况，发现报纸发展与社会政治的关系。难度较大的项目，给定关键词，让学生在数据库中，自主搜寻相关文章并进行梳理，从宏观视角进行报道趋势分析。比如清华大学新闻学院"外国新闻传播史"课程让同学们以小组为单位梳理历史上关于疾病和瘟疫的报道，形成研究报告并将精华报告发表在微信公众号上。

2. 对新闻史重点人物和事件进行专题研究，让学生在创作作品中实现共情

新闻史课程的资源不仅有丰富的数据库，更有数量庞大的故事性强的资料，比如名记者作品、著名人物传记、重点事件资料等。这一类资料更能够打动读者，增强学生的职业荣誉感和自豪感，同时也能辅助塑造职业伦理与价值观。比如外国新闻史课程让学生合作研究埃德加·斯诺等著名记者、"水门事件"中的《华盛顿邮报》，形成故事类作品并发表在新媒体平台上。学生查找资料的过程也是价值观塑造的过程。比如一些做女记者专题的学生，在自己的文章中讴歌勇敢、睿智的女记者，感动了读者；研究马克思、恩格斯、列宁的"媒体人"生涯的学生，研究过程中革命导师的正面形象逐渐鲜活起

来，对他们在艰苦的条件下进行革命斗争的勇气和毅力感到钦佩。

3. 对重点的思想家著作进行批判性阅读，展开讨论，锻炼批判能力

新闻史的核心内容是新闻思想及与之密切相关的资产阶级民主思想和马克思主义新闻思想。鉴于思想性著作阅读难度相对较大，教学过程应提供全程的引导和辅助。这个过程包括：引发阅读兴趣—设计阅读问题—提供讲解资源—多样的讨论形式（与教师讨论、小组内部讨论、全班集体讨论）—灵活的成果产出形式（读书笔记、新媒体文章、口头汇报等）。

以外国新闻史课程中阅读弥尔顿《论出版自由》为例。首先，通过弥尔顿本人的生活故事、弥尔顿的文学作品、当时英国的出版管制制度以及一百多年后法国大革命之前的社会思想状况来引发学生的阅读兴趣。其次，阅读问题的设计应避免局限于文本本身，而应发散思维，尽量把文本与学生已学习的知识、相关思想著作等联系起来。比如，可以让学生运用劝服理论和修辞理论分析《论出版自由》如何对观众进行劝服；可以对比《论出版自由》提出的思想和柏拉图的思想、约翰·密尔的思想、杰斐逊的思想、马克思的出版自由思想等。这种问题避免学生"一键搜索"走捷径，同时，引导学生开阔视野，有利于培养批判阅读的能力。再次，提供讲解资源，包括网络视频资源，或者教师自制的对其他思想著作的介绍。如果让学生一口气独立阅读大量思想著作，工作难免过于艰巨，让人望而却步。当我们要学生对比其他著作的时候，就可以对其他著作进行精华摘要、基本介绍，让学生的主要学习精力还保持在一本主要著作上。从次，开展多种形式的讨论。云班课平台提供了丰富的教学交流活动形式，比如教师可以创建一个活动，让单个的学生分别与教师进行讨论，或者让学生小组之间进行相互提问和讨论，也可以用轻直播形式进行全班集体讨论。最后，值得强调的是，讨论活动是基于之前的阅读问题和讲解资源的，同时，也并非学习活动的终结，讨论之后要学生产生成果也会驱动学生提高讨论质量，在讨论中得到自己想要寻找的答案。最后的成果展示部分，可以根据所读著作的重要性，给予不同的设计：教师指导学生申报研究课题并发表论文；写成文章发表在新媒体平台上；在

云班课资源内给全班分享、在网络课堂上进行口头汇报等。

四、结语

新闻史的网络教学改革的方向，始终应与培养合格的社会主义建设者和接班人这一总体目标保持一致。课程形式的改革，目的也是完成课程的人才培养目标。单纯的网络教学，可以利用平台的功能采用适当的破冰活动建立良好的师生关系，并在深入的教学活动中保持和加强师生联系和学生之间的联系，力图达到与面对面教学对等的关系强度。这既是课程思政得以实施的基础，也是课程思政的一部分。网络教学平台为开展锻炼学生资料收集和分析能力、团队合作能力的项目提供了便利，也为学生能够"身临其境"感受历史提供了新的途径，这些都是进行课程思政设计之时需要重点考虑的因素。网络教学平台上的课程思政离不开教师对教学活动每一步的精心引导，帮助学生克服困难，分清主次，澄清疑问，建立马克思主义新闻观。